KB273870

권노갑 百人 평전

권노갑 百人 평전

권노갑 百人 평전

민주와 포용의 한 세기

메디치

프롤로그

우리 부부가 늘 감사해온 이름, 권노갑

권노갑 고문은 김대중 대통령의 비서실장이었지만 비서를 넘어 동지였습니다. 권노갑 고문은 20대 때 영어교사를 그만두고 김대중 대통령이 정치에 입문하여 국회의원과 대통령이 되기까지 쉬지 않고 진심으로 도와주었고, 정치적 박해와 고난도 함께 겪었습니다.

권노갑 고문도 김대중 대통령과 함께 정치입문을 하고 국회의원도 하고 정치적 큰 꿈도 펼쳐보고 싶었을 것입니다. 그러나 권노갑 고문은 자신의 정치적 입지보다 언제나 김대중 대통령을 생각하는 것이 먼저이므로 대통령의 뜻에 따라 국회의원도 사퇴하고, 억울한 외유생활을 했으나 단 한 번도 원망하지 않았습니다. 김대중 대통령은 권노갑 고문을 전적으로 신뢰했고 아꼈습니다.

김대중 대통령과 나는 권노갑 고문에게 항상 감사한 마음을 가지고 있습니다. 우리 부부는 권노갑 고문과 일생을 함께한 것이 행복합니다.

― 2014년 8월 《순명: 권노갑 회고록》 이희호 여사 친서에서 발췌

사람과 신의를 중심에 둔 정치를 행동으로 증명해온 분

권노갑 이사장님의 삶을 되돌아보면, 이사장님의 정치 인생은 파란만장한 대한민국 민주주의의 여정과 함께였음을 새삼 확인하게 됩니다. 이 평전은 한 사람의 정치적 궤적을 넘어, 김대중 대통령과 함께 시대의 파고를 헤쳐온 동행의 역사 기록입니다.

권 이사장님은 김대중 대통령과 뜻을 함께하며 혹독했던 유신 시절과 숱한 정치적 격랑을 온몸으로 견뎌오신 분입니다. 민주주의의 가치가 위태로울 때마다 권 이사장님은 말보다 행동으로, 김대중 대통령의 신념과 방향이 흔들리지 않도록 늘 곁에서 힘을 보태주셨습니다.

민주주의를 위해 함께 걸어온 이들과 평생의 기억을 모은 이 평전이, 권노갑 이사장님 개인의 발자취에 머무르지 않고 정치의 본령과 역사의 현장을 다시 성찰하게 하는 기록으로 남기를 바랍니다.

— 2026년 3월 《권노갑 百人 평전》 권양숙 여사 친서에서 발췌

선당후사의 표상 권노갑

권노갑 고문의 삶의 중심에는 걸출한 지도자 '김대중' 이름 석자가 있다. 민주주의가 가장 혹독한 시련을 겪던 시절부터 천신만고 끝에 사상 최초의 수평적 정권 교체를 이뤄내기까지, 그는 한국 민주주의의 굴곡진 역사를 김대

중 대통령과 함께 헤쳐왔다. 고초는 길었고, 영광은 짧았
다. 민주주의의 대의에 자신을 온전히 바친 세월이었다.

내가 더욱 아름답게 생각하는 것은 김 대통령이 떠
난 후에도 권 고문의 동행이 지금까지 이어지고 있는 점
이다. 김 대통령을 따랐던 많은 이들이 새로운 양지를 찾
아 떠나갔지만, 그는 한순간도 김 대통령의 곁을 떠나지
않았다.

권노갑 고문의 삶은 한 개인의 정치 이력을 넘어, 민
주주의를 쟁취해온 한 시대의 기록이다. 이제는 그 존재
만으로도 든든함을 주는, 민주당과 민주 진영의 큰어른으
로서 오래오래 건강하시길 기원한다.

― 2026년 3월 《권노갑 百人 평전》 문재인 전 대통령 친서에서 발췌

차례

2부 권노갑과 그의 시대

3부 권노갑의 일과 삶

4부 권노갑의 끝없는 배움

부록

1부
시대의 이름이 말하는 권노갑

시대의 이름이 말하는 권노갑

대한민국의 어제를 이끈 이들과 오늘을 이끄는 이들이, 한 사람의 이름을 떠올린다. 그들의 기억 속에서 권노갑은 그 어떤 직함으로 설명되지 않는다. 그는 김대중 대통령과 함께 혹독한 시련을 건너왔다. 봄처럼 찾아온 희망도, 겨울처럼 몰아친 탄압도, 그 모든 계절을 지나는 동안 그는 늘 같은 자리에 서 있었다.

방향이 흔들릴 때, 묵묵히 받쳐주는 자리. 그것은 맹목적인 충성이 아니었다. 신의였다. 단순한 희생이 아니었다. 순명이었다. 분노할 만한 순간에도 그는 분노하지 않았다. 그것이 그의 품격이었고, 그것이 그를 오래도록 남게 한 힘이었다.

1부에 모인 글들은 단순한 헌사가 아니다. 서로 다른 자리에서 같은 시간을 건너온 이들의 증언이다. 신의와 지조, 통합과 절제로 빚어진 한 인간의 품격에 관한 기록. 그 증언들 사이에서 권노갑은 직함을 넘어, 민주주의의 긴 시간을 함께 떠받친 이름으로 천천히, 그러나 또렷하게 아로새겨진다.

1987년 9월 8일, 김대중 대통령의 정치규제가 풀리고 처음으로 광주
방문 당시, 금남로에 환영 나온 수많은 시민들과 함께(대통령 왼편이
권노갑 고문)

위: 2016년 8월 30일 오전 서울 동작구 국립서울현충원 김대중 전 대통령 묘역을 찾아 분향하는 모습

아래: 2025년 8월 21일 용산 대통령실 청사에서 열린 더불어민주당 상임고문단 오찬 간담회를 마치고, 원로들과 함께 기념사진 촬영(대통령 왼쪽이 권노갑 고문)

우리 부부가 늘
감사해온 이름,
권노갑

이희호

제15대 김대중 대통령 부인

권노갑 고문은 김대중 대통령의 비서실장이었지만 비서를 넘어 동지였습니다. 권노갑 고문은 20대 때 영어교사를 그만두고 김대중 대통령이 정치에 입문하여 국회의원과 대통령이 되기까지 쉬지 않고 진심으로 도와주었고, 정치적 박해와 고난도 함께 겪었습니다. 또한 김대중 대통령이 감옥에 있을 때나 해외 망명생활을 할 때도 변함없이 도와주었고, 대통령 서거 후에도 나를 보살펴 주고 있습니다.

권노갑 고문도 김대중 대통령과 함께 정치입문을 하고 국회의원도 하고 정치적 큰 꿈도 펼쳐보고 싶었을 것입니다. 그러나 권노갑 고문은 자신의 정치적 입지보다

언제나 김대중 대통령을 생각하는 것이 먼저이므로 대통
령의 뜻에 따라 국회의원도 사퇴하고, 억울한 외유생활을
하기도 했으나 단 한 번도 원망하지 않았습니다. 김대중
대통령은 권노갑 고문을 전적으로 신뢰했고 아꼈습니다.

　김대중 대통령과 나는 권노갑 고문에게 항상 감사한
마음을 가지고 있습니다. 우리 부부는 권노갑 고문과 일
생을 함께한 것이 행복합니다.

　권노갑 고문은 명석하고 기억력도 탁월한 분입니다.
이번에 출간된 《순명》을 보면 감탄하지 않을 수 없습니
다. 권노갑 고문은 출중한 능력을 가지고 있으므로 용기
를 내어 80을 넘은 나이에 영문학 석사를 하고 박사학위
까지 할 수 있다고 생각합니다.

　권노갑 고문이 국민에게 행복을 주는 훌륭한 정치
원로가 되기를 바랍니다.

2014년 8월

출처:《순명: 권노갑 회고록》

사람과 신의를
중심에 둔 정치를
행동으로 증명해온 분

권양숙

봉하재단 이사장
제16대 노무현 대통령 부인

권노갑 이사장님의 삶을 되돌아보면, 이사장님의 정치 인
생은 파란만장한 대한민국 민주주의의 여정과 함께였음
을 새삼 확인하게 됩니다. 이 평전은 한 사람의 정치적 궤
적을 넘어, 김대중 대통령과 함께 시대의 파고를 헤쳐온
동행의 역사 기록입니다.

그 오랜 동행의 깊이와 무게를 가장 간결하게 전해
주는 말씀이, 생전에 이희호 여사님의 말씀에 담겨 있습
니다. 여사님께서는 "우리 부부는 권노갑 고문과 일생을
함께할 수 있었던 것이 참으로 행복했다"라고 말씀하셨
습니다.

이 말씀 속에는 김대중 대통령 내외와 권 이사장님 사이에 오랜 세월 쌓여온 신뢰와 우정, 그리고 오랜 시간 서로의 버팀목이 되어온 세월의 힘이 담겨 있습니다.

권 이사장님은 김대중 대통령과 뜻을 함께하며 혹독했던 유신 시절과 숱한 정치적 격랑을 온몸으로 견뎌오신 분입니다. 민주주의의 가치가 위태로울 때마다 권 이사장님은 말보다 행동으로, 김대중 대통령의 신념과 방향이 흔들리지 않도록 늘 곁에서 힘을 보태주셨습니다.

국민의 시선은 늘 앞에 선 이에게 모이지만, 그 선택과 지지가 흔들리지 않도록 자신의 몫을 묵묵히 감당해온 분이 바로 권노갑 이사장님입니다. 그 절제된 태도와 변함없는 충정은, 대한민국 정치가 지향해야 할 품격과 책임을 가늠하는 잣대로 남을 것입니다.

권 이사장님의 삶은 사람과 신의(信義)를 중심에 둔 정치가 무엇인지를 일생을 통해 조용하지만 분명하게 행동으로 증명해온 과정이었습니다. 민주주의를 위해 함께 걸어온 이들과 평생의 기억을 모은 이 평전이, 권노갑 이사장님 개인의 발자취에 머무르지 않고 정치의 본령과 역사의 현장을 다시 성찰하게 하는 기록으로 남기를 바랍니다.

선당후사의 표상
권노갑

문재인

제19대 대통령

권노갑 고문의 삶의 중심에는 걸출한 지도자 '김대중' 이름 석 자가 있다. 민주주의가 가장 혹독한 시련을 겪던 시절부터 천신만고 끝에 사상 최초의 수평적 정권 교체를 이뤄내기까지, 그는 한국 민주주의의 굴곡진 역사를 김대중 대통령과 함께 헤쳐왔다. 고초는 길었고, 영광은 짧았다. 민주주의의 대의에 자신을 온전히 바친 세월이었다.

내가 더욱 아름답게 생각하는 것은 김 대통령이 떠난 후에도 권 고문의 동행이 지금까지 이어지고 있는 점이다. 김 대통령을 따랐던 많은 이들이 새로운 양지를 찾아 떠나갔지만, 그는 한순간도 김 대통령의 곁을 떠나지 않았다. 지금도 그는 〈김대중재단〉 이사장으로서 그분의 정신과 유지를 이어가는 데 중심 역할을 하고 있다. 〈노무현재단〉과 〈포럼 사의재〉 등 역대 민주정부의 정신을 계승하는 단체들과 함께한반도 평화의 가치를 실현하고 발전시키는 데도 힘을 보태고 있다. 나는 연세 아흔여섯의 지금까지도 민주 진영의 든든한 맏형 역할을 하고 있는 그 한결같음이 무엇보다 존경스럽다.

나는 정치를 하기 전까지 권 고문을 알지 못했다. 아무 인연이 없었고, 다른 세계의 사람이었다. 당시 정치권에는 이른바 '친노'에 대한 적대적인 분위기가 적지 않았다. 이른바 '친노 불가론'이 팽배했다. 노무현 대통령처럼 나도 여의도 정치 문법을 깨려는 사람이었다. 하지만 내가 민주당 대선후보가 되자, 그는 민주당의 맏형으로서 마치 오랜 정치 동지처럼 성의를 다해 나를 도와주었다.

그에겐 민주당의 대선 승리가 지상과제였고, 나와의 개인적인 인연은 중요하지 않았다. 내가 겪어본 권노갑 고문은 '선당후사'의 표상 같은 분이었다. 그의 선당후사는 그 후 내가 민주당 대표가 됐을 때와 또다시 민주당 대선후보가 됐을 때에도 이어졌다. 그 세월 동안 그는 단 한 번도 내게 뭔가 요구한 적이 없었다. 활동비를 요청하지도 않았고, 인사 청탁 같은 것도 일절 없었다.

단 하나 내게 주문한 것이 있었는데, 그것은 김영삼 대통령 쪽의 구민주계 인사들을 껴안아서 3당 합당으로 쪼개진 민주 진영의 통합을 이뤄달라는 것이었다. 그는

3당 합당으로 민주 진영이 영·호남으로 쪼개진 것을 누구보다 가슴 아파했고, 다시 통합을 이루는 것을 남은 생의 숙원으로 여겼다.

덕분에 대선 국면에서 그분들의 집단적인 지지 선언을 이끌어 낼 수 있었고, 유세장에서 그분들이 단상에 올라 지지 연설을 해주기도 했다. 권 고문이 앞장서서 이끌어 낸 일이었다. 누구나 통합을 말하지만 진정성 있는 실천은 보기 힘들다. 권노갑 고문은 내가 만나본 정치인 가운데 누구보다도 진정성 있는 통합의 정치인이었다.

권 고문의 삶에서 무엇보다도 깊은 감명을 받는 것은 나이도 멈추게 하지 못하는 배움에 대한 열정이다. 국내 최고령 석사학위 취득에 이어 지금은 아흔여섯을 넘긴 연세에 한국외대 영문학과 박사과정을 수료하였고, 박사학위 논문을 준비 중이시다. 논문이 통과된다면 국내 최고령 박사학위 취득이 된다. 해외 사례는 모르겠지만, 기네스북에 오를 만한 일이다.

나는 노년의 공부가 신기해서 만날 때마다 공부가 어떤지, 힘드시지 않은지 여쭤본다. 그러면 아주 반색하며 대답을 해주시는데, 자신이 생각하기에도 신기할 정도로 강의가 쏙쏙 귀에 들어오고 재미있다는 것이었다. '이 재미를 지금까지 모르고 살았구나' 하는 후회가 들기도 한다는 것이다. 그러니 젊었을 때 공부를 못 한 한을 푸는 것이거나 노년의 소일거리 차원이 아니라, 진심으로 공부를 좋아하며 즐기는 것이다.

깜짝 놀랄 만큼 사고의 젊음을 유지하는 비결이 멈추지 않는 공부에 있다고 생각하니 경의를 표하지 않을 수 없다. 그 연세에도 배움과 성찰을 멈추지 않는 그의 자세는 우리 모두에게 큰 귀감이 되고 있다.

권노갑 고문의 삶은 한 개인의 정치 이력을 넘어, 민주주의를 쟁취해온 한 시대의 기록이다. 이제는 그 존재만으로도 든든함을 주는, 민주당과 민주 진영의 큰어른으로서 오래오래 건강하시길 기원한다.

실세였으나 권력이
아니었던 사람

김원기

제17대 전반기 국회의장
더불어민주당 상임고문
제10·11·13·14·16·17대 국회의원

나는 10대 국회 때, 전북 정읍에서 신민당 국회의원으로 당선되었다. 권노갑 고문님은 그 당시에도 실세였다. 그런데 그 당시 측근 정치에 대한 비판이 가끔씩 있었다. 그런 와중에도 권 고문은 누가 뭐라 해도 측근 중의 측근이었으며, 실세였기 때문에 그 누구도 감히 비판하기 어려웠다.

그럴 만한 이유도 있었다. 가령 DJ가 어떠한 잘못을 하더라도 반대파들은 측근들을 공격했는데, 권 고문께서 대신 화살을 맞곤 했었다. DJ 주변에 많은 사람들이 있었지만, 내가 겪은 권 고문은 충신 중의 충신이었다. 오랜

세월에 걸쳐 사심 없는 가장 진실한 사람은 권노갑이었
다. '권노갑'이라는 사심 없는 측근이 있었기 때문에 그런
덕을 DJ가 많이 봤다고 해도 과언이 아니다.

　나는 〈동아일보〉 기자 출신이었기 때문에 DJ께 비판
적 목소리를 전달하는 역할을 자주 했다. 한편, DJ를 모시
는 그룹 중에서 권 고문은 요지부동으로 가장 충성스럽고
가장 진실한 사람이었기에 결코 그를 무시할 수 없었다.
권 고문은 바탕이 진실하고 착한 분이다 보니 그 누구도
그를 부정할 수 없었으며, 인간적으로 인정을 받아왔다.

　나도 DJ 측근들과 입장을 달리한 적은 있었지만 인
간적으로 대립하는 감정을 가진 적은 없었다. DJ와의 교
량 역할을 권 고문께서 잘 수행한 이유도 있었다. 권 고문
은 누구를 미워하고 그런 사람이 아니다. 정치적 행태는
다를지 몰라도 인간적으로 싫어하거나 그런 적은 없었다.

　나는 권 고문과 정치적으로 일치한 적은 별로 없었
지만 전혀 충돌한 적도 없었다. 그러한 배경에는 권 고문
과 같은 마음씨 좋은 훌륭한 측근이 있었기 때문에 가능
했다.

　지금도 참 순박한 분이어서 연세가 많으심에도 권
고문을 따르는 선후배들이 많은 것은 그의 인품과 덕성
때문이다.

나이를 잊은 도전,
웃음을 잃지 않는 사람

임채정

제17대 후반기 국회의장
제14·15·16·17대 국회의원

대부분의 사람들은 다른 사람 앞에 서면 약간 긴장을 하게 마련이다. 인간관계가 원래 그런 것이다. 나 역시 그렇다. 그러한 나에게 한 분의 예외가 있다. 바로 권노갑 선배이다. 생각하면 좀 기이한 일이다.

웬일인지 그분을 만나면 마음이 편해지고 장난기가 솟아나곤 한다. 실없는 농담도 하고 때로는 놀리기까지 한다. 나보다 딱 10년 선배이시니까 함부로 장난칠 처지도 아닌데 나는 그냥 농담도 하고, 그분은 또 그 농담을 아무렇지도 않게 받아들이며 맞장구를 친다. 이러니 친해지지 않을 수가 없다.

내 고향은 전남 나주이다. 그래서 그분은 나를 "나주

춘놈”이라고 놀렸다. 오기가 발동한 나는 그분을 “갯가 주먹”이라고 반박했다. “갯가”는 갯벌이 많은 바닷가를 뜻한다. “주먹”은 그가 권투선수 출신인데다 한주먹 하던 분이라 내가 일부러 약을 올리려는 의도였으나 그것도 소용없었다. 그는 웃으면서 이 말을 재미있어 하는 것이었다. 그러니 놀리려는 나의 의도는 효과 없이 멋쩍은 일이 되고 만다.

몇 번 그 비슷한 시도를 하면서 도전했으나 결과는 항상 웃음으로 받아주는 이분의 태도 때문에 나의 투쟁 의지는 무산되고 말았다. 그러니 친해지지 않을 수가 없다. 이분의 타고난 장점이다.

권노갑 선배는 옛날부터 영어를 잘하셨다고 한다. 그렇지만 이 선배가 느닷없이 문학박사, 그것도 영문학 박사에 도전하겠다는 선언(?)을 듣고 처음에는 기겁을 하며 귀를 의심했다. 그런데 이분은 만년의 나이에도 진지했고 충실하게 대학원을 이수하면서 박사과정을 수료하였다.

그리고 나의 경악은 존경으로 바뀌었다. 내 존경은 그의 박사학위 성패와는 상관없다. 이러한 그의 삶에 대한 무한한 낙관과 노력은 골프에서도 나타난다. 그의 골프에 대한 집념은 세상이 모두 안다. 끊임없이 샷을 연구하고 골프장 캐디의 조언까지 경청하며 연습에 열을 올린다. 어이없게도 그의 이러한 태도는 성과를 내고 있다.

샷 한 공의 비거리에 대한 '뻥'은 좀 있지만 실제 그의 골프 실력은 늘었다. 거짓말 같지만 사실이다. 김원기 전 국회의장은 "90세가 넘어 골프 실력이 늘어난 사람은 권노갑 씨가 유일하다"고 진지하게 선언했다.

서로 장난처럼 웃으며 이야기하지만 나는 내심 그의 노력을 존경한다. 그런데 그는 남처럼 비장한 태도로 결의를 다지고 실천하지 않는다. 그냥 웃고 즐기면서 노력하고 또 성과를 낸다. 멋있다. 그의 인생 끝까지 멋있고 뿌듯한 경로이기를 바라는 마음 크다.

제2선에 머물렀으나
시대를 꿰뚫은 사람

김형오

제18대 전반기 국회의장
(전) 한나라당 원내대표

권노갑, 한국 정치의 이면을 그만큼 꿰뚫고 있는 인물은 극히 드물 것이다. 생 자체가 파란곡절의 한국사라 해도 과언이 아니다. 식민지 시대, 해방과 분단, 한국전쟁, 민주주의, 독재, 쿠데타, 산업화와 민주화 시기를 숨 가쁘게 살았고, 정권 교체의 숨은 주역이자 무관의 제왕이었다. 96세, 여전히 기억력은 또렷하고 사리 분별력은 뛰어나며 허리는 꼿꼿하다.

오랜 기간 한국 정치에 깊이 관여하고 역할을 하면서도 언제나 그의 자리는 제2선, 제3선이었다. 다만 책임질 일이 있을 때는 앞장섰다. 멍에를 덮어쓰기도 했다.

그의 회고록을 보면 소설 《삼국지》에서 주군에게 충

성을 다하는 영웅을 보는 듯하다. 이런 가신, 심복, 충신을 둔 DJ가 부럽고, 이런 분이 있었기에 김대중 시대가 열린 것이리라.

영어교사를 하다 DJ를 만나 평생의 인연을 맺는다. 권투 태권도를 연마했으며 늦게 배운 골프 실력도 단연 화제다. 매일 운동을 거르지 않는 줄 알지만 망백(望百)을 훌쩍 넘어서도 일주일 평균 두 번은 기본이고, 7일 연속 필드를 누비기도 한다니 믿기지 않는다.

권력욕은 절제하는 대신 다른 욕구는 왕성하다. 뒤늦게 영문학 박사과정을 수료한 것만 해도 대단한데 학위까지 따면 아마 기네스북에 오를 듯하다.

인재를 키운 정치,
권노갑의 길

정세균

제20대 전반기 국회의장
제46대 국무총리
(전) 민주당 대표

DJ의 분신, 권노갑 이사장님은 김대중 대통령님을 50여 년간 보필한 비서이자 동지로 대표되는 분입니다.

많은 분이 각자 다른 이유로 권 이사장님을 높이 평가합니다. 최고 권력을 누릴 만한 위치에서도 자리를 탐한 적이 없는 굳은 소신을 존경하는 분도 있고, 어떤 분은 세계의 변화에 대한 이사장님의 깊은 통찰력을, 또는 고령에도 불구하고 끊임없이 공부하시는 그 열정에 탄복하는 분도 있습니다.

제가 권 이사장님을 존경하고 또한 따라 배우고자 하는 이유는, 이사장님께서 정치권의 인재 영입에 그 누구보다 헌신하신 분이기 때문입니다.

지금 우리 정치에서도 인재 영입에 많은 공을 들여 각기 다른 현장에서 실력을 쌓은 전문가를 정치의 영역으로 충원하고 있습니다. 그들이 정치권에서 새로운 활력을 만들어가는 경우가 많습니다.

그런데 이미 30년 전에 미래세대의 정치를 위한 '젊은 피' 수혈에 앞장서고, 그들의 정치활동 공간을 열어준 분이 이사장님입니다. 저 역시도 그렇게 정치에 입문했고, 우상호, 김민석, 정동영 의원 등도 '능력과 비전 중심 정치 플랜'의 수혜자였습니다. 그런 노력이 김대중 정부 탄생의 밑거름이 되었습니다.

어쩌면 지금 우리는 정치 인재 영입의 필요성과 중요성에 대해 30년 전의 권 이사장님보다 못한 수준에 머무르고 있는 것은 아닌가 하는 부끄러움도 있습니다. 권노갑 이사장님의 평전 출간을 계기로, 우리 정치의 미래는 결국 인재에 달려 있다는 진리를 다시 한번 마음에 새기면 좋겠습니다.

후배 정치인들을 위해 언제나 큰 힘이 되어주시기를 빌겠습니다.

김대중 대통령의
영원한 비서실장

문희상

김대중재단 상임부이사장
김대중정치학교 교장
제20대 후반기 국회의장

권노갑 이사장은 항상 몸가짐이 깨끗하고 단정한 분입니다.

권노갑 이사장을 처음 뵌 건 김대중 대통령을 처음 만나러 동교동에 갔던 1979년 12월 어느 날이었습니다.

두 번째 만났을 때 내게 제일 먼저 충고하신 말씀은 "매일 머리를 감아라, 매일 이발소에 가라, 구두는 매일 깨끗이 닦아라"였습니다. 그래야 진창을 밟지 않는다고 하셨습니다. 그런데 나같이 게으른 축에 들어가는 사람은 매우 괴로웠습니다.

권노갑 이사장은 기억력이 뛰어납니다.

현재 96세의 고령임에도 한 번 약속해서 일정을 입

력하면 절대 잊어버리는 일이 없습니다. 심지어 사람을 만나면 만 명이면 만 명의 학력과 경력을 전부 꿰고 있습니다. 그래서 그분의 별명은 '걸어 다니는 사전'입니다.

권노갑 이사장은 인품이 훌륭합니다.

'다정함의 정치'를 몸소 실천하시는 분입니다. 김대중 대통령에게 서운함을 느끼는 사람들이 권노갑의 훈훈함을 느끼고 기분이 다 풀어지게 됩니다. 정신적·재정적으로 어려움을 겪는 동지들에게는 항상 베풀었습니다.

권노갑 이사장은 김대중의 한결같은 영원한 비서실장입니다. 권노갑 이사장은 자기 묘비에 '김대중의 비서실장'이라고 써달라고 했습니다. 김대중 선생 곁에 늘 권노갑이 있었습니다.

순명(順命)
권노갑 선배

박병석

제21대 전반기 국회의장(6선 국회의원)
서울대학교 국제대학원 특임교수
제34대 서울특별시 정무부시장

내가 초선으로 여당인 새천년민주당 대변인직을 맡고 있던 2000년 가을쯤, 김대중 대통령 겸 새천년민주당 총재가 청와대에서 민주당 최고위원회 회의(비공개 회의)를 개최했을 때의 장면이 떠오른다.

참석자는 DJ와 7명의 최고위원과 당 대변인(나)이었다. 당시에는 대통령이 당 총재를 겸임했고 당과 원내를 통틀어 대변인은 한 명이었다. DJ 집권 반환점을 돌아섰던 당시 정국은 정부와 당에 대한 부정적 여론이 높았다.

DJ는 최고위원들에게 돌아가며 발언하라고 했다. A 최고위원이 바로 옆에 있는 권노갑 최고위원을 지목했다.

"권 고문이 여론 악화의 주요 타깃이니 권 고문을 정리해 주십시오."

이에 권 고문은 미동도 하지 않았다. 말 그대로 눈도 꿈쩍하지 않았다. DJ는 아주 짧은 말씀만 하고 나갔다.

순명(順命), 권 고문의 자서전 제목이다.

2025년 8월 용산 대통령실. 이재명 대통령 초청, 민주당 상임고문단 오찬이 있었다. 95세의 권노갑 고문이 고문단을 대표해 인사 말씀을 했다. 힘있는 목소리, 공감 있는 논리정연한 말씀이었다.

DJ하면 제일 먼저 떠오르는 측근 권노갑. 민주화의 길에서 고문도 투옥도 겪었다. 논란의 중심에도 있었다. 백세를 앞두고 있다. 굽히지 않았다. 한길을 갔다.

순명 너머의 단심

우원식

제22대 전반기 국회의장
(전) 더불어민주당 원내대표
(전) 여천 홍범도기념사업회 이사장

권노갑 고문과의 인연은 1987년 대선 직후로 거슬러 올라 갑니다. 6월 항쟁 이후 저는 '비판적 지지' 그룹의 일원으로 김대중 후보의 대통령 선거운동을 도왔습니다. 그러나 대선 패배 후 단일화 실패와 정권 교체 무산의 책임을 떠안다시피 하며 은퇴 압박을 받던 김대중 총재를 돕기 위해, 문동환, 임채정, 이해찬 등 재야인사 98명이 1988년 초 평민당에 집단 입당했습니다. 평화민주통일연구회, 이른바 평민연입니다. 저도 그중 한 명이었습니다.

당시 평민당은 '용공정당'이라는 부당한 공격을 받던 시기였습니다. 재야 출신이 당에 들어간다는 것이 쉬운 선택은 아니었지만, "불의한 현실을 외면하지 않는 정치가 필요하다"는 신념으로 평민당의 문을 두드렸습니다. 중앙당 민권국 부국장으로 일하며 권노갑 총재 비서실장을 처음 만났습니다. 그해 총선에 출마하셨기 때문에 함께한 시간이 길지는 않았습니다. 1992년 제가 임채정 의원 보좌관으로 국회에 첫발을 들였을 때, 권노갑 고문은 이미 재선의원이었습니다.

그럼에도 불구하고 권 고문께서는 이후에도 늘 애정을 갖고 저를 높이 평가해 주셨습니다. 1960년 고교 선배 김대중이 연거푸 낙선하자 힘을 보태고자 영어교사를 그만두고 상경했고, 김대중 의원 비서관으로 국회 생활을 시작한 자신의 경험 때문이었을까요? 김대중 총재를 돕기 위해 평민당에 왔고, 그분의 리더십과 정치철학을 흠모하며 함께 실현하고자 했던 저를 늘 지지하고 격려해 주셨습니다.

어디 저만이겠습니까. '걸어 다니는 인명사전'이라 불릴 만큼 마당발에 사람을 잘 기억하는 권노갑 고문은 수많은 후배, 동지들에게도 그러셨을 것입니다. 권 고문은 항상 중심을 잡고, 궂은일에 앞장서며, 때로는 묵묵히 뒤에서 사람을 챙기는 분이었습니다. DJ에게뿐만 아니라, 민주당과 우리 민주주의, 그리고 후배 정치인들에게도 든든한 버팀목이 되어주셨습니다.

김대중 대통령님께서 "노갑이는 맡기면 끝까지 한

다"고 하신 말씀이 왜 사람들에게 신뢰의 기준처럼 남았는지 저는 곁에서 확인할 수 있었습니다.

권노갑 고문께서는 본인의 인생 역정을 순명(順命)이라고 말씀하셨지만, 저는 그 안에 있는 단심(丹心)을 봅니다. 사람들은 권 고문의 명성과 영향력만을 기억할 뿐, 58세 되는 해에야 처음 국회의원 배지를 달았다는 사실은 잘 알지 못합니다. 김대중의 복심이었기에, 때로는 공격받고 물러서야 했던 순간 또한 많았기 때문일 것입니다.

누군가를 운명처럼 만나서 한평생을 던질 수 있는 사람은 흔치 않습니다. 그것을 희생이라 생각하지 않고, 행복이자 자부심으로 여기는 것은 더욱 쉽지 않은 일입니다. 그저 운명을 받아들이는 삶이 아니라, 뜨거운 마음, 변하지 않는 진심이 있기에 가능한 일이었을 것입니다.

권노갑 고문의 뜨거운 마음은 현역 정치를 떠난 후에도 여전히 우리를 놀라게 했습니다. 여든네 살에 회고록을 내며 처음 출판기념회를 했고, 60세에 골프를 시작해 95세에 쉽지 않다는 '샷 이글(shot eagle)'을 기록하고, 구순 넘는 나이에 박사학위에 도전하는 변함없는 열정을 보면서 '여명보다 아름다운 황혼'이 있음을 느낍니다.

지금도 매일 같이 운동과 영어 공부를 빠트리지 않는 부지런함과 자기 관리는 후배들이 본받아야 할 모습입니다. 요즘도 행사 현장에서 뵐 때면, 연단으로 가볍게 뛰

어 올라가 청년 같은 목소리로 연설하시는 모습에 감탄하
곤 합니다. 정치적 경륜과 삶의 지혜가 담긴 말씀들을 앞
으로도 더욱 오래 들려주시기를 바랍니다.

분노하지 않는
정치의 품격

이수성

제29대 국무총리
제20대 서울대학교 총장

권노갑 형과 형제처럼 지나온 세월이 어언 40년 가깝게 되었다. 정당이 다르다, 생각이 다르다고 한 번도 얼굴 붉혀본 적이 없다.

총리직을 맡고 있을 때 조순승 선배님, 노갑이 형, 김원기, 추미애 의원을 비롯한 십여 분의 항의 방문을 받았지만, 처음부터 끝까지 화기애애하고 덕담을 주고받는 아름다운 자리가 되었고, 총리 퇴임 때는 여당뿐만 아니라 노갑이 형을 필두로 한 야당의원까지 국회에서 박수로 전별해준 고마운 추억이 절절하다.

노갑이 형은 함부로 분노를 표출하지 않는다. 관점이 달라 상하 간에, 동료 간에 이견이 커도 조용하고 침착하게 상대를 이해하고 스스로를 달래는 놀라운 포용력을 지니셨다.

한번은 수사기관에서 고문을 당하고 양쪽 발이 심하게 손상되어 필동 어느 병원에 입원하신 적이 있다. 조용히 면회를 가서 여러 가지 이야기 중에 당 총재의 오해를 받은 이야기를 한 적이 있다. 노갑이 형은 "다 내가 부족한 탓이다. 그분은 그럴 수밖에 없는 사정이시니 내가 억울해도 참고 넘어가야지"라며 웃음을 지었다.

자기 이익을 위해 배신을 밥 먹듯 하는 오늘의 세태를 보며 윗분과의 사이에서 억울한 사정이 생겨도 의연히 순화하며 스스로를 달래고, 주변 모든 사람에게도 노갑이 형, 노갑이 형이라 칭호 속에서 화합의 길을 열고 걷는 노갑이 형은 참으로 존경받아 마땅하다.

사귀면 사귈수록 정이 더 깊어지게 만드는 품격에 저절로 존경심이 우러난다. 형님 내외분의 평안과 행복을 마음속으로 빌고 있다.

주변 사람들을
챙겨주는 넉넉하고
큰 느티나무

김부겸

제47대 국무총리
초대 행정안전부 장관
제16·17·18·20대 국회의원

우리 민추협과 민주 인맥에서 오랫동안 큰형님 역할을 해오신 권노갑 고문님. 올해 96세 연세에도 건강하시고, 늘 주변 사람들을 챙겨주시는 넉넉하고 큰 느티나무이시다.

내가 그분을 처음 뵌 것은 1978년 봄, 고척동에 있었던 옛 영등포구치소였다. 짧은 운동 시간에 인사를 나누었는데 첫인상은 좀 날카롭게 보였다. 그 자리에서 교도관이 '3·1명동사건으로 구속된 권노갑 선생'이라고 소개해 주셨다. 그때 긴 이야기를 나눌 수는 없었지만 정치권에 계시는 분을 처음 만나는 터라 '권노갑'이라는 이름은 내게 깊이 각인되었다.

1991년 9월, 70석의 신민주연합(평민당 후신)과 8석의 (꼬마)민주당이 통합하여 민주당으로 새롭게 출범하였다. 나는 당 부대변인에 임명되어 가끔씩 동교동에 들려서 김대중 총재님과 식사를 나누는 자리에 참석하게 되었는데, 그 뒤로 권 고문님과 자주 이야기를 나누게 되었다.

과거의 인연을 중시하고 동지와 후배들을 아껴주시는 권 고문님의 성정 탓인지 무엇이든 잘 챙겨주시고 가끔씩 늘 부족한 언론대책비도 마련해 주셨다. 화투를 치건, 당구를 치건, 내 주머니를 털어가던 언론인들은 내 주머니가 빈 눈치만 보이면 "빨리 권 보스(권 고문)한테 다녀와"라고 윽박지르곤(?) 했다.

나는 민주당이 분당할 때, 새정치민주연합에 따라가지 않고 있다가 통일민주당과 신한국당이 합당하여 탄생한 한나라당에서 2000년 제16대 국회의원에 당선되었다. 그때 경기도 군포에서 당선되었는데, 선거법 위반 시비로 수많은 당원들과 함께 강도 높은 검찰 수사를 받고 있었다. 그때 권 고문께서 검찰이 무리한 수사를 하지 않도록 여러 가지로 도와주셨다.

그 당시 비록 당은 달라졌지만 한번 인연을 맺은 사람을 끝까지 아껴주시고 챙겨주시는 그 마음씨에 다시 한번 감동하고 감사했다. 그 뒤 국회에서 '김대중 대북송금

특검안'이 통과될 때, 결과적으로 유일한 반대표를 던진 나에게 전화를 주셔서 격려해 주시기도 했다.

2023년 2월, 권 고문님 93세 생신 때, 옛동지들을 초청해서 축하하는 식사 자리가 있었다. 그때 권 고문께서는 여야, 동교동계, 비동교동계 할 것 없이 참석한 한 사람 한 사람을 모두 따뜻하게 안아 주시는 모습을 보았다. 나는 다시 한번 그분이 왜 큰형님이고, 넉넉한 큰 느티나무인지 알게 되었다.

이제 96세가 되신 권노갑 고문님, 우리들의 영원한 큰형님, 늘 건강하고 건투하셔서 이 수많은 동생들을 살펴주시기를 기대해 봅니다!

권노갑 고문의
백년 삶에 부쳐

김민석

제49대 국무총리
제15·16·21·22대 국회의원
(전) 김대중 (대통령) 총재 비서실장

권 고문님은 돌아가신 내 아버님과 동갑인 1930년생이시
다. 정치뿐 아니라 인간적으로 아버님처럼 생각하는 이유
중 하나다. 인간적으로는 참으로 부럽고 존경할 만한 삶
을 사셨다. 본인께서 평생 받드신 김대중 전 대통령처럼
정치권력의 정점에 오르진 못하셨지만, 백세를 바라보는
연세에도 많은 주변 사람들과 따뜻한 인간관계를 누리고
계신다는 점에서는 김대중 전 대통령보다 행복한 인생을
누리셨다고 감히 생각한다.

무엇이 권 고문님의 인생을, 이토록 따르는 이 많은
풍성한 삶으로 이끌었을까?

첫째, 무엇보다 그의 덕이라 생각한다. 정치 인생 내내 DJ, 그리고 동지와 후배들, 즉 타인을 배려하며 사셨다.

둘째, 그의 평생 사표였던 DJ의 가르침에 충실해 책과 공부를 손에서 놓지 않았다. 지금도 영어 회화 공부를 하며, "정말 영어를 잘해보고 싶다"는 청년 같은 마음을 간직하고 계심을 익히 알고 있다. 덕과 향학열이 있다 해도, 그것을 구순에 이르기까지 흔들림 없이 이어간 것은 그의 성실성 때문이다.

이 모든 인간적 장점에 더해, 평생 그를 보필한 아내가 노년에 망각의 어려움을 겪고 있는 지극히 인간적 고통의 시간을, 자신에 대한 평생 헌신의 보답이라 여기고 종일 극진히 보살피는 아내 사랑, 그 바탕이자 본질인 인간에 대한 의리와 지조야말로 인간 권노갑의 진면목이다.

정치는 결국 사람이 하는 것이고, 선한 사람이 선한 정치를 한다고 믿는다. 억울한 옥살이를 하며 얻은 각기병으로 퉁퉁 붓는 그의 다리를 만지며 울컥했던 시간을 잊지 못한다.

너무 사람이 좋아, 그를 따르고 이익을 얻고자 하는 모두에게 귀를 열어주신다는 권 고문님의 유일한(?) 단점에도 불구하고 그가 대한민국의 가장 멋진 노년이자, 멋진 사나이로서 국민의 사랑과 존경을 받는 건강한 여생을 영위하시길 진심으로 기도한다.

말보다 행동으로
증명한 사람

한광옥

(전) 새천년민주당 당대표
(전) 김대중 대통령 비서실장
제11·13·14·15대 국회의원

권노갑 선배님께서는 평소 말보다는 조용한 행동으로 실천하시는 분이기 때문에 아쉬운 감이 많았습니다. 그런데 이번 기회에 타인의 글을 통해 자신의 평을 듣는다는 것은 참으로 의미 있는 일이라고 생각합니다.

김대중 대통령님께서 가장 어려운 환경에 계실 때 가장 믿었고, 어려운 일을 감당해 내신 분이라고 생각합니다. 그래서 많은 후배가 그분의 인내와 성실성에 대해 존경하고 높이 평가하고 있는 것입니다.

외유내강의 성격으로 과거 군부독재 시대부터 민주화 시대까지 묵묵히 투쟁해 오신 것은 그분의 인생에 있어서 큰 업적으로 기록될 것입니다.

저하고는 오랫동안 김대중 대통령님을 같이 모시면서 많은 대화를 나누었고, 여러 우여곡절을 함께 겪었습니다. 그때마다 이해와 화이부동의 자세로 서로를 이해하고 격려했습니다. 권노갑 선배님은 사람 냄새가 나는 분입니다. 따뜻한 포용력으로 후배들의 대소사에 깊은 관심과 격려를 아끼지 않으셨습니다. 특히 자신과 견해가 다른 사람도 역지사지(易地思之)의 정신으로 이해하고 설득하는 대단히 훌륭한 모습은 우리가 모두 본받아야 할 자세입니다.

과거에 제가 민주화추진협의회 대변인으로 활동하다가 구속된 적이 있었습니다. 재판 이후 석방되어 사회에 나와서 참으로 외롭고 어려운 생활을 할 때, 제일 먼저 찾아와 위로와 격려를 해주신 적이 있습니다. 지금도 그 고마움을 잊지 않고 있습니다. 그 당시에는 민주화 투쟁을 하고 수사기관에 쫓기는 사람들을 경계하고 멀리할 때였음에도 불구하고 저를 찾아주셨습니다.

일반적으로 용기 있는 사람이란 남이 무섭고 어렵다고 생각할 때 감히 헤쳐 나가는 소신과 결단력이 있는 사람입니다. 권노갑 선배님이야말로 바로 그런 분이라고 생각합니다. 권노갑 선배님께서 지금도 강건하신 몸과 마음으로 역사적으로 의미 있는 일에 적극적으로 임하시는 것은 후배들에게 좋은 귀감이 되리라 생각합니다.

　그분이 오래 강건하신 것은 강인한 성격과 부드러운 인간미가 작용했기 때문이 아닌가 생각합니다. 아무쪼록 이번 출간되는 권노갑 평전이 그분의 진면목과 후배들에게 교훈이 될 것을 믿어 의심치 않습니다.

사람을 품은
권노갑 형님

한화갑

(전) 새천년민주당 당대표
(전) 새천년민주당 원내총무
(전) 국회 운영위원장

김대중 대통령과 평생을 함께해온 동교동 사람들은 권노갑 고문님을 '노갑이 형님'이라고 부른다. 김대중 대통령님과 동교동 사람들 사이에서 노갑이 형님이 의사소통의 통로가 되어주었기 때문이다.

김대중 대통령님과 노갑이 형님은 1950년부터 항상 함께 있었고 같은 길을 걸어온 정치적 동지이다. 노갑이 형님이 김대중 대통령을 위해서 많은 일을 했지만, 특히 인재를 발굴해서 천거하는 일도 마다하지 않았다.

그 과정에서 오해와 불만도 있었고 비난을 받은 때도 있었다. 그러나 노갑이 형님은 그 모든 사람을 이해하

고 용서하고 포용했다. 어렵게 살고 있는 후배들을 정성
껏 도와주고 있는 그의 인간성은 고마운 형님으로 정평이
나 있다.

　노갑이 형님은 95세 연세에 영문학 박사학위 과정을
수료했으며, 김대중 대통령의 정치적 사상과 철학을 주제
로 학위 논문을 집필 중이시다. 노갑이 형님은 한때 유명
한 권투선수였지만 농구나 배구도 잘했던 만능의 운동선
수였다. 지난여름에는 95세 나이인데도 골프에서 이글을
했다고 세상을 깜짝 놀라게 하기도 했다.

　어디를 가나 사랑과 존경을 받는 사람이 되었으니
노갑이 형님은 성공적인 생을 누리고 있는 분이다. 노갑
이 형님의 일생을 조명할 권노갑 평전이 나온다고 하니
그 아니 반가울 수가 없다. 앞으로 권노갑 평전이 널리 읽
혀서 모든 후학들에게 생의 지표가 되기를 바란다.

　더구나 혼탁한 정치 현실에서 정치를 정화하고 선도
할 지침서가 되었으면 하는 것이 나의 바람이다. 또다시
태어나도 김대중 대통령과 함께 걸어온 그 길을 마다하지
않을 권노갑 형님께 권노갑 평전의 출간을 진심으로 축하
드린다는 말씀을 드린다.

김대중 대통령님의
주춧돌

김무성

(전) 한나라당 당대표
(전) 한나라당 원내대표
제15·16·17·18·19·20대 국회의원

민주화 투쟁의 대열에 참여하면서 새로운 세상을 경험하는 과정에서 어느 사회에서나 존재하는 긍정적·부정적 모습을 보게 되었는데, 부정적인 면은 동교동계와 상도동계의 벽이 너무 높았다.

동교동계는 권노갑 실장님의 역할이 절대적이었던만큼 부정적 이미지도 컸다. 그러나 세월이 흐르면서 언제부터인가 그 부정적 생각이 존경의 마음으로 바뀌어, 지금은 내 마음속 가장 존경하는 어른 중에 한 분으로 자리하고 있다.

권노갑 실장님이 없었으면 김대중 대통령님도 없었

을 것이라 생각한다. 김대중 대통령님의 가장 큰 주춧돌
은 권노갑 실장님이었다. 언제부터인가 가까이 모시면서
구십 노인 권노갑 어른을 겪어오고 있는데 가히 놀라움의
연속이다.

철저한 자기 관리로 건강을 잘 유지하셔서 최고령
기록을 세우시리라 생각된다. 아직도 공부를 계속하셔서
박사학위를 받으시는 모습은 우리는 엄두도 내지 못할 일
이다. 각종 행사에서 연설하실 때나 대담하실 때, 옛일을
구체적인 이름은 물론, 심지어 일자까지 말씀하시는 모습
이 그저 놀라울 따름이다.

부디 건강하시게 오래 사시면서 후배들에게 존경받
는 '큰 바위 얼굴'로 버팀목이 되어주시기를 간절히 바랍
니다.

‘김대중의 권노갑’,
그 이름으로
충분하다

박지원

제14·18·19·20·22대 국회의원
제14대 국가정보원장
(전) 김대중 대통령 비서실장

권노갑! 형님을 떠올리면 늘 짠하다.

정치권에서는 선후배를 막론하고 예우 차원에서 이름 뒤에 그 사람의 대표 직책을 붙인다. 그러나 노갑이 형님은 대표 직책이 없다. 민주화운동의 산 증인, 아시아 최초의 수평적 정권 교체 주역, 이제는 대한민국의 중심이 된 386세대 정계 진출의 멘토, 형님의 업적은 차고도 넘친다. DJ를 위해 평생을 헌신했고, 마침내 정권을 교체했지만 야속하게도 그때부터 형님의 인생은 시련이었다.

형님은 DJ 당선을 위해 대선 전 동교동 가신들의 임

명직 포기를 주도했고, 정권 교체 후에는 권력 2선으로 물러나 일본에 머물렀다. 도일(度日)을 설득할 때 형님이 쏟아냈던 하소연과 절규는 지금도 생생하다. 형님은 누구보다 권력에 가까웠고 권력을 잘 알았다. 그래서 권력의 변화무쌍함을 담담히 받아들이며 자리 욕심 내지 않고 사셨기에 대표 이력이 없다.

형님을 권노갑이 아닌 다른 말로 표현할 수 있을까. 그 어떠한 직책, 경력도 형님의 인생을 대변할 수 없다. '김대중의 권노갑', 그 이름 하나로 족하다. 우리는 김대중 대통령, 이희호 여사님을 모신 가족이다. 그래서 권노갑은 우리 모두의 큰형님이시다.

형님은 모든 것을 할 수 있었지만, 김대중, 이희호 두 분께서 하지 말라는 것은 절대로 하지 않았고, 말하지 말라는 것도 절대 말하지 않았다. 형님 일생의 철칙이었고, 만약 누군가 이를 어기면 비단결 같은 마음을 가진 형님이지만 가장 매섭게 혼내고 비판하셨다.

나는 그런 형님을 정치인으로 존경하고 인간적으로 좋아한다. 특히 세월이 흐를수록 더욱더 멋지게 익어가는 형님의 모습이 부럽다. 형님은 늘 청춘이다. 이제 형님을 검색하면 연관어로 건강, 골프, 영어가 나온다. 평생 정치에 매여 있던 형님이 이제는 새로운 배움으로 지난날을 보상받고, 그 분야에서도 일가를 이루고 있다는 점이 역시 우리가 아는 권노갑답다.

나는 형님과 정치할 때 많은 것을 상의했다. 때로는 대통령님의 성공을 위해서 형님의 마음을 아프게 한 적도 있다. 대통령님께서 떠나시고, 세 명의 진보 대통령이 집권하는 동안 형님은 현실 정치에 있는 내가 가장 깊게 상의할 수 있는 멘토였다.

이제 형님은 나의 롤모델이다. 형님 뒤만 따르면 나의 인생도 성공하고 평가받을 것이다. DJ께서 자신의 저서 《다시 새로운 시작을 위하여》에서 '평생 공부하며 생각하며 살 것'이라고 하신 것처럼 나도 형님을 늘 배우고 살 것이다. 형님의 반만이라도 닮으면 나도 성공한 인생으로 남을 것이라는 희망으로 말이다.

노갑이 형님! 지금처럼 멋지게 오래오래 즐기십시오. 대통령님 내외분도 지금 형님의 모습을 보시며 마음의 짐을 덜고 흐뭇해하실 것입니다. 형님은 '김대중의 권노갑'입니다. 평소 바람처럼 묘비명에 '영원한 김대중의 비서실장'으로 남으시면 됩니다. 저도 그렇습니다. 저 역시 형님의 길을 가겠습니다.

'정풍(整風)'의 칼날을
'순명(順命)'으로
품어낸 거인, 권노갑

정동영

제31·44대 통일부 장관
제17대 대통령 후보
(전) MBC 뉴스데스크 앵커

역사의 뒷모습을 본다는 것

사람은 누구나 자신만의 역사를 가집니다. 그러나 어떤 이의 역사는 개인의 성취를 넘어 한 시대의 풍경이 되기도 합니다. 내게 권노갑 고문은 단순한 정치적 선배가 아닙니다. 그는 내가 정계라는 낯선 바다에 돛을 올렸을 때 만난 첫 번째 항구였고, 때로는 내가 거친 파도를 일으켜 무너뜨리려 했던 거대한 성벽이었으며, 끝내 그 파도를 모두 품어 안아준 드넓은 대양이었습니다. 그의 백수(白壽)를 앞두고 펜을 든 지금, 내 기억의 필름은 30년 전 그 차가웠던 여의도의 겨울로 되돌아갑니다.

1996년의 여명: 거인의 손에 이끌려 광야로

1995년 겨울, 나는 MBC에서 주말 저녁 9시 〈뉴스데스크〉의 앵커로 세상을 향해 질문을 던지고 있었습니다. 저널리스트로서의 자부심이 정점에 달해 있던 그때, 〈중앙일보〉 기자였던 동창생 친구(고도원)의 안내로 만난 권노갑 고문과의 대면이 내 인생의 궤도를 뒤흔들었습니다. 처음 만난 권 고문의 인상은 온화했지만 범상치 않은 위엄과 신뢰가 서려 있었습니다. 그는 투박한 전라도 사투리로 말했습니다.

"정 앵커, 이제 관객의 자리에서 내려와 무대 위로 올라오게. 총재님(김대중)께서 자네의 감각과 열정을 간절히 원하고 계시네."

당시 새정치국민회의의 실권자, 권노갑 고문은 'DJ의 분신'으로 불리며 당의 인사와 자금을 총괄하던 실질적인 2인자였습니다. 정계 입문을 결심한 후, 나는 그가 얼마나 세심하게 나를 배려했는지 뒤늦게 알게 되었습니다. 그는 전주 덕진이라는 상징적인 고향 땅을 내게 열어주기 위해 당 내부의 거센 반발을 온몸으로 막아냈습니다.

권 고문은 "정동영이 당의 간판이 되어야 97년 대선 승리에 도움이 된다"며 반대 세력을 설득하고 다독였습니다. 그가 보여준 정교한 당무 조정은 단순한 정치 공학이 아니었습니다. 그것은 스승이 제자에게 베푸는 파격적인 축복이자 헌신이었습니다. 그 든든한 산맥의 그늘 덕분에 나는 15대 총선에서 전국 최다 득표라는 기록을 세우며 화려하게 등판할 수 있었습니다.

2000년 겨울, 예고된 폭풍과 쇄신의 목소리

시간은 쉼 없이 흘러 2000년 겨울에 당도했습니다. 김대중 정부는 역사적인 남북정상회담과 대통령의 노벨평화상 수상이라는 환희를 맛보았지만, 내치는 급격히 얼어붙고 있었습니다. 이른바 옷 로비 의혹이라는 폭풍 속에 '실세'들을 둘러싼 각종 게이트 사건이 터져 나왔고, 경제 위기 속에서 민심은 차갑게 식어갔습니다. 권노갑 고문은 대통령을 향한 충정으로 당의 궂은일을 도맡았으나, 언론과 야당은 그를 '비선 실세'와 '가신 정치'의 표상으로 규정하며 맹공을 퍼부었습니다.

　젊은 소장파 의원들 사이에서는 "이대로는 다음 대선에서 정권을 빼앗긴다"는 절박한 위기감이 팽배했습니다. 나는 당의 최연소 40대 최고위원으로서 그 목소리를 외면할 수 없었습니다. 당의 지지율이 곤두박질치고 갈수록 사납고 차가워지는 민심 앞에서 '사사로운 은혜'는 '국가와 당의 명운'이라는 대의에 밀려나야 했습니다. 그것은 개인의 배신이 아니라, 정당 민주화라는 시대적 파도를 타기 위한 고독한 결단이었습니다.

12월 2일 청와대 만찬

운명의 날인 12월 2일 저녁, 청와대 본관 만찬장. 화려한 식탁 위에는 진수성찬이 차려졌지만, 내 입술은 타들어가고 있었습니다. 대통령과 최고위원들이 마주 앉은 그 엄숙한 자리에서, 공교롭게도 나는 마지막 발언자였습니다. 사전에 준비한 원고를 꺼냈습니다. 둥근 원탁의 중앙 대통령 옆자리에는 권 고문이 평소처럼 인자한 미소를 띠며 앉아 있었습니다.

"대통령님, 감히 말씀드립니다. 지금 민심은 우리 당에 등을 돌리고 있습니다. 시중에는 권노갑 최고위원이 제2의 김현철이니, 또는 모든 인사를 좌지우지하는 부통령이니 하는 말이 공공연히 돌고 있습니다. 당의 전면적인 쇄신을 위해 권 고문께서 모든 직책에서 물러나 용퇴하셔야 합니다. 그것이 대통령을 살리고 민주당을 살리는 유일한 길입니다."

순간 만찬장은 얼음물을 끼얹은 듯 적막에 휩싸였습니다. DJ의 표정은 석상처럼 굳었고, 참석자들은 숨소리조차 내지 못한 채 벽만 쳐다보고 있었습니다. 내 목소리를 바로 앞에서 듣던 권 고문의 표정은 경악과 충격, 그리고 말로 다할 수 없는 배신감으로 일그러졌습니다. 훗날 그는 회고록에서 "가장 아끼던 자식에게 불시에 심장을 찔린 기분이었다"고 당시를 기록했습니다.

내가 그 결심에 이르기까지 숱한 고민에 휩싸인 것도 사실이었습니다. 청와대 만찬 전날 밤 집 근처 양재동 성당의 불 꺼진 캄캄한 본당 예배실에서 자정이 넘도록 아내와 함께 기도하며 누구도 꺼낼 수 없는 말을 대통령 앞에서 직언할 것인지 말 것인지를 고민하고 또 고민한 끝에 내린 결심이었습니다.

비정한 정치의 생리와 밤샘의 참회

만찬 직후 여의도는 거대한 폭풍 속으로 빨려 들어갔습니다. 동교동계는 "배은망덕한 하룻강아지"라며 나의 제명을 요구했고, 소장파 의원들은 "정동영의 용기가 민주당을 살렸다"며 결집했습니다. 정치부 기자들의 펜 끝은 날카로웠습니다. '정동영의 난'인가, '시대의 쇄신인가'. 하지만 그 화려한 기사들 뒤에서 나는 처절하게 부서지고 있었습니다.

만찬을 마치고 돌아온 밤, 나는 입술이 다 터질 정도의 심한 몸살을 앓았습니다. 성당에서 기도하며 사심 없이 내린 결심이었지만, 막상 인간적인 죄책감에 밤새 천장을 보며 "내가 과연 옳은 일을 했는가"를 묻고 또 물었습니다. 정치는 이토록 비정한 것인가. 사람을 얻기 위해 사람을 버려야 하는 것이 정치의 숙명인가. 그 밤은 내 생애 가장 길고 고통스러운 시간이었습니다.

순명(順命): 거인이 보여준 위대한 후퇴

하지만 권 고문은 역시 거인이었습니다. 당이 극심한 내홍으로 치닫고 대통령의 리더십마저 흔들리자, 그는 결단을 내렸습니다. 사흘 뒤인 12월 22일, 그는 당직 사퇴를 선언했습니다.

"나의 퇴진으로 대통령과 당이 편안해질 수 있다면 그것이 나의 길이다. 나는 운명에 따르겠다."

그가 남긴 '순명(順命)'이라는 두 글자는 한국 정치사에 길이 남을 명구(名句)가 되었습니다. 그것은 단순한 패배의 선언이 아니었습니다. 자신을 찌른 제자의 칼날조차 '당의 미래를 위한 도구'로 인정하겠다는 성숙한 어른의 고백이었습니다.

기자의 눈에 비친 이 장면은 한국 정치사의 질적 전환점이었습니다. 정동영은 스승을 치는 고통을 감수하며 '정당 민주화'라는 시대적 과제를 완수했고, 권노갑은 자신을 밀어낸 후배를 품어줌으로써 '가신 정치의 수장'이라는 낡은 이미지를 벗고 '정치 어른'으로서의 품격을 획득했습니다. 이 비정한 생리와 따뜻한 인지상정의 기묘한 공존이야말로 2002년 국민경선제 도입과 노무현 돌풍을 가능케 한 민주당의 내적 동력이었습니다.

구치소의 쇠창살, 그리고 싹튼 인간적 화해

진정한 인간적 화해는 정치적 화려함이 사라진 자리에서 이루어졌습니다. 2002년 5월, 권 고문은 다시 한번 시련을 맞이했습니다. 진승현 게이트와 관련해 구속수감된 것입니다. '권력의 2인자'에서 '차디찬 수감자'로 전락한 그를 향해 세상은 등을 돌렸습니다.

나는 주변의 강한 우려를 뒤로하고 의정부구치소 면회실로 향했습니다. 권 고문의 백발이 성성한 모습과 야윈 얼굴을 보며 나는 목이 메었습니다.

"고문님, 그때의 제 발언은 인간적인 미움 때문이 아니었습니다. 민심이 멀어진 당을 살려야 한다는 절박함 때문이었습니다."

내 고백에 그는 낮은 목소리로 답했습니다.

"정 의원, 나는 자네의 뜻을 안다. 인식의 차이는 있었으나 자네가 한 일은 당에 대한 충정이었다. 나는 이미 자네를 다 용서했네. 그러니 이제 마음의 짐을 내려놓고 더 큰 정치를 하게."

그 순간 우리 사이를 가로막았던 7년의 앙금은 눈 녹듯 사라졌습니다. 그는 제자가 던진 돌에 맞으면서도, 그

돌이 민주당이라는 집을 수리하는 데 쓰인다면 기꺼이 맞겠다는 자세로 서 있었던 것입니다.

2007년의 헌신과 2009년의 구원: 사제(師弟)를 넘어선 동지(同志)

2007년 대선, 내가 당의 후보로 선출되었을 때 권 고문은 가장 먼저 나를 찾아와 선대위 고문단장을 맡아주었습니다. 7년 전 자신을 몰아냈던 제자를 위해 그는 80에 가까운 노구를 이끌고 전국의 유세 현장을 누볐습니다. "정동영은 민주당의 적통이며 DJ의 철학을 계승할 후보"라며 사자후를 토하던 그의 모습은 정치적 원한을 대의로 승화시킨 거인의 표상이었습니다.

2009년 전주 재보궐 선거 당시, 당 지도부가 나를 배척할 때도 그는 "민심이 천심이다. 고향 사람들의 평가를 직접 받으라"며 묵묵히 내 편에 서주었습니다. 2000년의 정풍운동이 제자가 스승의 가슴에 상처를 낸 사건이었다면, 2009년은 스승이 제자의 상처를 어루만지며 정치적 재기를 축복해 준 시간이었습니다. 우리는 그렇게 사제를 넘어선 동지가 되었습니다.

에필로그: 백수(白壽)의 거울에 비친 정치의 참뜻

고문님, 당신의 100년 인생은 대한민국 민주화의 궤적 그 자체입니다. 1961년 DJ의 비서로 시작해 투옥과 고문, 망명과 실각을 반복하면서도 당신은 단 한 번도 '버팀목'의 자리를 떠나지 않았습니다. 당신의 삶은 권력의 중심에 있을 때보다, 오히려 그 권력을 내려놓고 후배들의 길을 닦아준 '순명'의 순간에 가장 찬란하게 빛났습니다.

나는 당신을 향해 칼을 던짐으로써 정당 민주화의 문을 열었고, 당신은 그 칼을 맞고도 나를 끌어안음으로써 정치의 품격이 무엇인지 온몸으로 증명하셨습니다. 이제 백수를 맞이한 당신의 맑은 눈빛에서 나는 다시금 정치의 본질을 배웁니다. 정치는 칼로 베어내는 것이 아니라 마음으로 품어 안는 것이며, 과거를 징벌하는 것이 아니라 미래를 위해 화해하는 예술이라는 것을 말입니다.

26년 전 청와대 만찬장에서 당신을 향해 차가운 독설을 내뱉었던 그 젊은 최고위원은, 이제 머리칼이 희끗해진 노정객이 되어 당신의 생신상 앞에 엎드려 깊은 참회와 존경의 술잔을 올립니다. 고문님, 부디 만수무강하십시오. 당신은 영원한 나의 스승이자, 민주당의 뿌리이며, 제가 평생 닮고 싶은 참된 어른입니다.

우리 시대 정치사의
보통명사 권노갑

송영길

제5대 더불어민주당 대표
민선 5기 인천광역시장
연세대 초대 총학생회장

권노갑! 노갑이 형, 권노갑 고문님, 영원한 김대중 대통령의 그림자. 고유명사가 보통명사가 되는 이름이 있다. 역사와 시대를 짊어지고 가는 한 위대한 정치인을 만들고 그늘에서 뒷받침하는 인물의 삶은 아름답다. 권노갑 고문은 《누군가의 버팀목이 되는 삶이 아름답다》라는 책을 펴내기도 했다. 권노갑이란 이름은 우리 시대 정치사의 보통명사가 되어가고 있다.

이번 내란 사태를 겪으면서 변절해 가는 사회 저명 인사들을 볼 때 존경을 유지하기가 힘들구나 하는 생각이 들었다. 그중 두 사람이 허영 헌법학자와 조대현 전 헌법

재판관이다.

고시공부를 할 때 허영의 헌법책을 보면서 권녕성, 김철수 헌법과 비교할 수 없는 새로운 시각을 배우게 되었다. 칼슈미트 결단주의, 켈젠의 실증주의를 넘어선 스멘트 통합주의 헌법관의 새로운 문제제기였다. 그런데 완전히 윤석열 내란 옹호 헌법학자로 타락했다. 헌법학의 배신이다. 너무 실망이 컸다.

조대현 전 헌법재판관, 노무현 대통령 고시동기이다. 내가 사법연수원 다닐 때 존경했던 민사소송 교수였다. 이번 윤석열 탄핵 심판 사건에서 윤석열 변호인으로 나와 말하는 논리를 보고 아연실색했다. 국회를 봉쇄하는 포고령 1호가 위헌이 아니라 계몽용으로 보아야 한다는 황당한 논리에 머리가 멍했다. 곡학아세의 전형이었다. 나이가 들면 저렇게 되는가. 나이가 들어도 흔들리지 않고 중심을 지킨 분이 있어 그래도 위안이 된다. 후배들에게 귀감이 된다.

특히 김대중, 노무현, 문재인 대통령 모두에게 사랑을 받았고, 민주당 대표까지 하셨던 이낙연 전 총리의 윤석열 지지 선언은 충격이었다. 사슴을 보고 말이라고 해도 따라가는 진나라 때 환관 조고의 위력이 옛날 일이 아니라 지금도 재현되고 있다. 이럴 때일수록 버팀목이 있어야 한다. 끝까지 김대중 대통령의 유지를 이어가고 지키고 계신 분이 있어 다행이다.

사람을 보고 지켜낸 선택

1971년 대통령선거 때 초등학생 시절 동네 담벼락에 붙었
던 김대중 대통령 후보의 포스터가 지금도 눈에 선하다.
"10년 세도 썩은 정치, 못 참겠다 갈아 치우자!" 어린 마음
에도 가슴에 꽂히는 구호였다. 1985년 학생운동으로 서대
문구치소에 감옥생활을 하다 석방된 후 김대중 선생을 처
음 만났다. 감격스러웠다. 그러나 양김 분열로 대선 패배
이후 실망이 컸다.

1994년 북핵 위기가 터졌다. 당시 클린턴 행정부는
대북 폭격을 검토했다. 김영삼 정권은 핵을 가진 북한과
대화할 수 없다는 강경입장으로 돌파구를 마련하지 못했
다. 김대중 선생께서 카터 전 미 대통령의 특사임명 방북
을 통해 북핵문제 일괄타결을 주장했다. 한 줄기 빛을 보
는 느낌이었다. 양김 분열에 따른 실망감이 해소되었다.
김대중은 역시 필요한 인물이었다. 그렇게 나는 그와 마
음의 화해를 했다.

사법연수원을 마치고 김대중 대통령을 돕기 위해 민
주당 인천시당 정책실장으로 참여했다. 마침내 김대중 대
통령 젊은 피 수혈론의 일환으로 1999년 재보궐선거에 나
섰다. 공천 경쟁이 치열했다. 권노갑 고문님을 만났다. 권

노갑 고문님의 판단은 정확했다. 수많은 로비를 물리치고 송영길에게 힘을 실어주었다.

1999년 6월 3일 인천 계양구 재보궐 선거는 이기문 의원이 선거법위반으로 의원직을 상실해서 치러지는 선거였다. 권 고문님은 선거운동 과정에서 수차례 직접 내려와 지원을 해 주었다. 호남 출신 김요섭 후보가 무소속으로 나와 지지표가 이탈하기도 하였다.

그러나 당시 김태정 법무부 장관 부인 연정희에게 외화 밀반출 혐의로 구속 직전에 있던 신동아그룹 최순영 회장의 부인 이형자가 고가의 호피코트를 주면서 로비를 벌인 소위 '옷 로비 사건'이 발생했다. 김대중 대통령은 여론의 마녀사냥이라 보고 김태정 법무장관을 해임하지 않고 유임을 발표했다. 바로 1999년 6월 3일 선거 당일날이다. 민심이 요동쳤고, 나는 9천여 표 차이로 참패했다.

후보를 잘못 선택했다는 이야기가 당내에서 나왔다. 2000년 4월 총선에 공천 여부가 불확실해졌다. 최선을 다해 지역구활동을 하였다. 16대 총선 공천 경합은 치열했다. 대한제당과 경인방송 사장 출신 박상은이 물량공세로 도전했다.

당내 원로들이 흔들렸지만 권노갑 고문과 정균환 총장이 흔들리지 않고 송영길을 지켜주었다. 집 한 채 없이 돈도 없는 송영길을 후원해 주면서 박상은의 치열한 로비를 단호하게 차단한 것이다. 나는 16대 총선에서 4천표 이상의 압도적 승리로 보답했다.

386 정치시대가 시작되었다. 천정배, 신기남, 정동영 의원 등 천신정의 정풍운동과 동교동 비판이 거셌다. 386 정치인들도 이 흐름에 동조했다. 정동영 의원의 발언으로 권노갑 고문을 큰 상처를 받고 정치일선에서 물러났다. 젊은 정치인들을 뒤에서 후원해 주었던 권노갑 고문의 마음이 아팠을 것이다. 그러나 권 고문은 정동영 의원을 감싸 안고 포용하였다.

나에 대해서도 일관되게 애정과 지지를 보내주었다. 권 고문은 김대중 대통령과 송영길을 자주 비교하였다. "책을 손에서 놓지 않고 끊임없이 공부하여 사회의 어려운 곳을 찾아다니는 정치인이다." 과찬의 말씀이다.

배우며 즐기고, 원망하지 않는다

고비고비마다 권노갑 고문님은 고난을 이겨내라고 격려를 해주셨다. 권 고문님은 알려진 대로 담배를 입에 댄 적이 없으며 술도 거의 드시지 않는다. 지금도 꾸준히 운동을 하고 골프도 즐긴다. 최근에 샷 이글을 했다고 한다. 재판 중이라 같이 골프를 하지는 못하지만 골프를 마친 만찬자리에 가끔 찾아뵙고 인사를 나누었다. 고문님은 영문학 박사과정을 수료하고 열심히 논문을 준비하고 계신다. 볼수록 감탄이 나온다.

옥중에서 내가 번역한 트럼프 행정부의 정보국장 털시 개버드의 책《민주당을 떠나며》번역본을 보내드렸다. 원서가 보고 싶다고 하셔서 영어 원서도 함께 보내드렸다. 권노갑 고문님을 보면 공자의 '인생삼락(人生三樂)'을 그대로 즐기시는 분 같다.

학이시습지 불역열호(學而時習之 不亦說乎, 때때로 배우고 익히니 즐겁지 아니한가). 젊은 청년들과 같이 대학수업을 들으며 지금도 매일 영자신문을 읽고 배움을 즐기시는 분이다. 유붕자원방래불역낙호(有朋自遠方來 不亦樂乎, 친구가 먼 곳에서 찾아오니 이 또한 즐겁지 아니한가). 지금도 수많은 후배들이 고문님을 존경하고 찾아오고 담소를 나눈다. 〈한겨레신문〉 박찬수 기자와 함께 권 고문을 뵌 적이 있다. 아들보다 어린 젊은 세대와도 격의 없는 대화를 즐긴다. 세 번째 즐거움이 어렵다. 인부지불온불역군자호(人不知而不慍 不亦君子乎, 사람들이 나를 알아주지 않더라도 섭섭하지 않으니 이가 바로 군자가 아닌가).

돈 봉투 사건으로 윤석열 정권에 정치 보복을 당해 감옥에 갇혀 있을 때 외롭게 고립된 처지에서 서운할 때가 많았다. 박석무 선생님이 감옥에 찾아와 화두를 전했다. 불원천불우인(不怨天不尤人, 하늘을 원망하지 말고 사람을 탓하지 마라).《중용》에 나온 말이다. 위 두 가지 화두가 감옥생활을 견디는 데 큰 힘이 되었다.

이 두 가지 화두를 몸소 즐기고 실천하고 계신 분이 바로 권노갑 고문님이다. 김대중 대통령을 이어 송영길이 잘되는 것을 꼭 보시겠다는 말씀이 나에게 격려가 된다. 100세 시대에 건강한 모습으로 우리 후배 정치인들의 든든한 버팀목으로 남아주시기를 바라는 마음이다.

우연처럼 시작된
필연의 동행

정청래

더불어민주당 당대표
제17·19·21·22대 국회의원
(전) 국회 법사위원장

뽀얗게 내려앉은 먼지를 조심스럽게 쓸어내고 세월이 스며든 종이의 냄새를 한껏 들이마시며, 묵혀 두었던 사진첩을 한 장 한 장 찬찬히 살펴보듯 권노갑 상임고문님과의 인연을 가만히 더듬어 봅니다.

제가 권노갑 상임고문님을 처음 뵈었던 곳은 신민당 유진산 총재님의 장례식장이었습니다. 유진산 총재님은 1974년 4월 28일에 돌아가셨는데, 제가 당시에 초등학교 3학년임에도 불구하고 그 장례식장을 아버지와 함께 찾아갔었던 기억이 납니다.

물론 당시에는 고작 열 살에 불과한 어린 나이였기

에 아버지 친구분의 부친상이라는 것과, "우리 사회에 큰 별이 졌다"고 탄식하던 어른들의 말씀이 기억의 저편에 작은 조각으로 남아 있을 뿐입니다. 세월이 흘러 미루어 짐작하건대 '아마도 그 자리에는 김대중, 김영삼 전 대통령께서도 오셨을 것이고, 그렇다면 권노갑 상임고문께서도 그 자리에 함께하지 않았을까' 하는 생각이 어느 날 갑자기 스쳐 지나갔습니다.

그래서 최근에 권노갑 상임고문님을 뵌 자리에서 기억의 끈을 씨줄과 날줄로 함께 엮어보니, 정말로 우리가 그때 한 공간에 같이 있었다는 것을 확인할 수 있었고, '사람의 인연이라는 것이 참으로 담쟁이덩굴처럼 얽히고설켜 길고도 넓구나'라는 점을 새삼 깨닫게 되었습니다.

인생은 우연의 연속인 것처럼 보여도 결국은 필연의 얽힘이라고 생각합니다. 권노갑 상임고문께서 걸어오신 삶의 궤적은 굴곡진 대한민국의 민주주의 역사만큼이나 굽이진 것이었습니다. 김대중 전 대통령의 삶의 여정 또한 그러했고, 더불어민주당의 70년사 또한 그러했습니다. 굽이굽이 흘러온 긴 세월 속에서 권노갑 상임고문과 김대중 전 대통령, 더불어민주당은 서로 떼어놓고서는 이야기할 수 없을 정도로 단단히 뭉친 필연의 얽힘이었습니다. 그리고 그 필연을 만들어낸 것은 민주주의 발전을 향한 서로의 신념과 굳은 의지였습니다.

"인생은 아름답고, 역사는 발전한다"고 했던 김대중 전 대통령님의 말씀처럼, 권노갑 상임고문의 인생 또한 아름답고, 그 아름다운 인생은 민주주의 발전과 늘 함께였습니다. '중요한 것은 꺾이지 않는 마음'임을 몸소 실천해 오셨던 권노갑 상임고문님은 한 그루의 멋진 소나무처럼 지금도 더불어민주당을 든든히 지켜주고 계십니다.

특히 지난 2025년은 더불어민주당이 창당 70년을 맞이한 해였습니다. 저는 당대표에 당선되자마자 더불어민주당 창당 70년을 다양한 방식으로 기념하는 사업들을 추진해야겠다고 마음먹고 '창당70년 기념사업 추진위원회'를 꾸려서 공동위원장으로 권노갑 상임고문님을 모셨습니다.

김대중재단의 이사장으로, 민주화추진협의회 공동이사장으로, 그리고 더불어민주당 창당70년 기념사업 추진위원회 공동위원장으로 왕성하게 활동하시는 권노갑 상임고문님을 뵈면서, '나도 96세의 나이에 권노갑 상임고문처럼 현장을 누비며 내게 주어진 역할을 충실히 다할 수 있을까? 시대에 뒤처지지 않고 끊임없이 도전하며 젊은이들의 귀감이 될 수 있을까?' 하는 생각을 많이 했습니다.

권노갑 상임고문께서는 83세였던 2013년, 국내 최고령으로 한국외대 영문학과 석사학위를 받으신 데 이어, 2025년에는 역시나 국내 최고령으로 95세의 나이에 한국외대 영문학 박사과정을 수료하셨습니다. 아울러 인공지능 챗봇인 '챗GPT'와 함께 학습과 연구를 계속 이어가고 계시다는 언론 기사를 접했을 때, '역시 권노갑 상임고문의 열정과 패기만큼은 대한민국 누구도 따라갈 자가 없다, 끊임없는 도전 정신이 정말 대단하시다'는 생각을 많이 했습니다.

역사는 직진하지는 않지만, 결코 후퇴하지도 않습니다. 저는 권노갑 상임고문님의 삶과 더불어민주당의 지난 70년, 그리고 대한민국 민주주의 발전상이 이 말을 증명해 준다고 생각합니다. '김대중 정신'의 산증인이자 행동하는 양심으로 언제나 불의에 맞서 시대를 밝혀오신 '우리의 영원한 청년' 권노갑 상임고문께서 더불어민주당의 100년과 전 세계에 우뚝 서는 K-민주주의의 찬란한 미래를 오래오래 지켜봐 주시고, 또 든든하게 지켜주시기를 희망합니다.

저도 권노갑 상임고문님께서 매진해 오셨던 드높은 기백의 길, 뜨거운 열정의 길, 쉼 없는 도전의 길을 힘차게 뒤따르며, 더불어민주당과 대한민국 민주주의가 가진 필연의 힘을 더욱 단단하게 보태 나가겠습니다. 오래오래 함께해 주시고 건강하십시오.

버팀목의
정신을 잇다

조국

조국혁신당 당대표
(전) 문재인 정부 초대 민정수석비서관
(전) 서울대학교 법학전문대학원 교수

"민주주의는 한 사람의 용기만으로 완성되지 않는다."

김대중이라는 거인이 한국 민주주의의 대로(大路)를 여는 내내, 권노갑 선생은 언제나 거인과 함께했다. 자신을 드러내기보다 버팀목이 되는 삶을 지향했던 선생의 삶은 그 자체로 아름다움이었다.

내가 영어(囹圄)의 몸이었을 때 선생은 친히 면회를 오셨다. 좁은 접견실에서 건네신 말씀은 위로이자 동시에 경고였다. "옥중에 있는 시간을 공부하는 데 쓰라. 누구를 미워하거나 복수하려 하지 말라." 그리고 "경제와 복지를 공부해라. 이념형 인간이 아니라 실용형 인간이 돼라." 증오가 아닌 성찰을, 이념이 아닌 실용을 선택하라는 그 사려 깊은 당부 속에서 나는 김대중 정신의 정수를 다시 만났다. 선생은 나에게 사소한 일에 얽매이지 말고 목표 달성을 위해 굳세게 걸어가라고 당부했다.

그날 나는 선생께 김대중 대통령의 저서 《김대중 육성회고록》, 《다시, 새로운 시작을 위하여》을 밑줄 그으며 읽었다고 답했다. 극한의 시간 속에서도 민주주의를 포기하지 않았던 거인의 기록이, 또 다른 수감의 시간을 지나고 있던 내게 길을 내어주고 있다고 말씀드렸다. 선생의 방문은 김대중 대통령이 선생의 목소리를 빌려 내게 시대적 소명을 묻는 것 같았다.

조국혁신당이 창당의 순간부터 김대중 정신을 이야기해온 이유는 분명하다. 민주주의와 인권, 평화와 민생의 토대 위에서 통합과 실용을 잃지 않겠다는 국민과 한 약속이었다. 우리는 검찰 해체와 윤석열 탄핵을 외치며 시대의 문을 두드려왔다. 그 과정에서 국민의 '공적 분노'는 결코 사사로운 감정이 아니라, 무너진 민주주의를 다시 세우려는 시민의 의지였다.

하지만 분노는 목적이 아니라 출발점이다. 분노가 길을 열었다면, 그 길을 따라 '책임의 정치'가 들어서야 한다. 선생이 내게 반복해 남긴 "경제와 복지, 그리고 실용"의 말씀은 바로 그 책임의 방향을 가리키는 좌표다.

나는 선생의 물음에 행동으로 답하고자 한다. 시대의 문을 두드리는 것만으로는 부족하다. 문이 열리는 순간, 그 안에 어떤 나라를 세울 것인지 행동으로 증명해야 한다. 조국혁신당의 제2막은 더 큰 구호가 아니라 더 무거운 책임으로 열려야 한다.

선생의 회고록《순명》에 담긴 고백처럼 "국민을 위한 버팀목, 김 대통령을 위한 버팀목, 동료 후배들을 위한 버팀목"으로 자신을 낮추어 역사를 세우는 그 태도는 우리가 계승해야 할 유산이다.

김대중의 곁에서 길을 지켜낸 선생의 시간이 있었기에 우리는 민주주의를 말할 수 있다. 나는 그 길 위에서, 국민의 하루를 책임지는 작은 버팀목이 되겠다는 다짐을 새긴다.

2부

권노갑과 그의 시대

2부

권노갑과 그의 시대

권노갑은 역사의 중심에서 이름이 불리는 자리가 아닌, 그 중심이 흔들리지 않도록 곁을 지키는 자리에 더 오래 머물렀다. 군사독재의 어두운 밤과 민주주의가 위태로웠던 순간 속에서, 그는 스스로를 드러내기보다 시대를 견디는 쪽을 선택했다.

2부 '권노갑과 그의 시대'는 그가 통과해온 시대의 결을 펼쳐 보인다. 산업화와 민주화, 분열과 연대가 교차하던 시간 속에서 권노갑이 붙들었던 것은 권력이 아니라 '옳다고 믿은 방향'이었다. 그 선택은 충성이 아니라 신의였고, 계산이 아니라 '순명'이었다.

2부의 글들은 그 시대를 함께 건너온 이들의 목소리다. 각자의 위치와 시선은 달라도, 모두 같은 시간을 기억한다. 권노갑이라는 이름이 하나의 개인을 넘어 하나의 시대적 태도로 남게 된 이유가, 이 증언들 사이에서 조용히 드러난다.

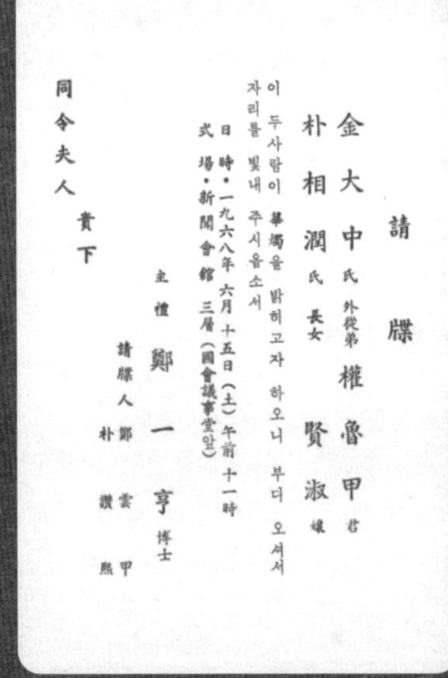

請　牒

金大中氏 外從弟 權魯甲君
朴相潤氏 長女 賢淑孃

이 두 사람이 華燭을 밝히고자 하오니 부디 오셔서
자리를 빛내 주시옵소서

日時·一九六八年 六月 十五日 (土) 午前 十一時
式場·新聞會館 三層 (國會議事堂앞)

主禮 鄭一亨 博士
請牒人 鄭雲甲
朴讚熙

同令夫人 貴下

위: 1987년 11월, 김대중 대통령 후보 여의도 유세 현장에서 부인(박현숙 여사)과 함께
아래: 1968년 6월 15일(토), 오전 11시. 신문회관에서 열린다는 권노갑 군 결혼식 초청장. '김대중 씨의 외종제 권노갑 군'이라는 표현이 의미 깊다.

1968년 6월 15일(토) 결혼식 당일 처가 앞마당에서, 신랑 권노갑군과
신부 박현숙 양

위: 김대중 총재에게 보고하는 장면
아래: 1987년 11월 김대중 대통령후보 보라매 유세현장에서 밀착 경
호하는 모습

95년 지방선거 연기 음모 폭로 기자회견. 그해 6월 27일 서울시장을 비롯한 전국 광역·기초단체장 선거가 실시됐다.

위대한 이름 곁의
또 다른 이름

김상근

한국기독교장로회 목사
제11대 KBS 이사회 이사장
제12대 민주평화통일자문회의 수석부의장

권노갑 선생의 평전, 너무 늦게 나오는 겁니다. 이제라도 출판된다니 반갑습니다. 한 시대의 권노갑, 그 '삶의 보따리'에 한국 현대사가 고스란히 담겨 있을 것이기 때문입니다. 나아가 인간 권노갑을 면대할 수 있을 것이기 때문입니다.

이 평전에 글을 더하라는 부탁을 받았습니다. 영광입니다. 글을 쓰려니 제 선생님들이 떠오릅니다. 문동환 목사님 같은 분들입니다. 그 어른들께서 써야 격에 맞겠지요. 그러나 모두 이승에 계시지 않습니다. 아쉽습니다. 떠오르는 어른 중에 문동환 목사님이 제일 먼저입니다. 제

대학 스승이고, 교수와 목회를 겸하실 때 제가 부목사로 보조했습니다. 그 연을 따라서 감히 제 글을 보태고자 합니다.

정치사 기록은 마냥 그렇지만 위대한 인물을 중심에 놓게 됩니다. 그러나 실제 역사가 그렇게 된 데는 항상 그 위대한 인물 곁에 있던 사람을 함께 조명해야 합니다. 그의 결, 그와의 미묘한 거리와 온도의 변화 속에서 역사가 완성됩니다. 그런 의미에서 권노갑의 삶을 바라보는 일은 단순히 한 정치인의 부침을 보는 것이어서는 안 됩니다. 위대한 인물 곁에서, 시대를 통과한 사연, 정치적 긴장과 오랜 우정, 신뢰와 어긋남, 이런 것을 기술해야 합니다.

위대한 인물, 그는 물론 '김대중'입니다. 김대중과 권노갑의 관계는 흔히 '가신(家臣)'으로 단순화하곤 합니다. 그러나 '가신' 개념으로는 이들의 초기 관계를 충분히 파악하지 못합니다. 두 사람의 관계는 패배와 탄압의 시간 속에서 형성된 것입니다.

야당 정치 자체가 곧 삶의 위험이었습니다. 그 시대의 가신 권노갑의 삶은 김대중과 삶을 공유했습니다. 김대중의 정치적 전략가이면서 김대중 정치의 구현을 조직하는 사람이었습니다. 그는 김대중의 '인내하는 정치'의 관리인이었으며 자신 또한 '인내하는 정치'를 했습니다.

김대중은 사상과 노선을 만들고 걸었습니다. 권노갑

은 이를 구현해 내는 조직과 인간관계를 만들고 생을 걸었습니다. 김대중은 미래를 설계했고, 권노갑은 그 미래가 현실이 되게 했습니다. 김대중은 위에, 권노갑은 그 아래에 있는 수직관계가 아니었습니다. 차라리 기능적이었습니다. 김대중 없는 권노갑이 없고, 권노갑 없는 김대중이 있을 수 없었습니다.

김상근, 저는 정치권 내부의 사람이 아니었습니다. 여기서 '김상근'은 단수가 아니라 '문동환 등'을 지칭하는 '복수 보통명사'입니다. 김상근은 시민사회와 종교 영역에서 민주화운동의 도덕적 정당성을 만들어 보탰습니다. '복수 보통명사 김상근'은 김대중 정치가 단순한 권력투쟁이 아니라 시대적 요구라는 대의명분을 체현(體現)하고자 했습니다. 이에 결정적 역할을 했다고 자부합니다. 권노갑이 정치 조직을 담당했다면, '복수 보통명사 김상근'은 사회적 신뢰 획득을 담당했습니다. 권노갑의 지역·조직·정치적 동원과 '복수 보통명사 김상근'의 종교·시민사회·도덕적 지지라는 두 축이 만나는 지점에 김대중이 있었습니다.

따라서 김대중-권노갑-복수 보통명사 김상근의 관계는 개인적 친분 이상의 것이었습니다. 그것은 정치권력, 시민사회, 도덕적 권위가 한 축으로 묶여 있던 민주화 동맹 구조였습니다. 당시 우리는 개인이 아니라 '역할의 동맹'이었습니다.

김대중의 '국민의정부'도 과거가 되었습니다. 그러나 권노갑에게 김대중은 여전히 정치적 기준점입니다. 이제는 권노갑의 정치적 기준점이 해석의 대상이 되었습니다. 시민사회에서 김대중은 정치 지도자이면서 동시에 역사적 인물이 되었습니다. 권노갑의 기억은 '함께했던 시간'을 더듬을 것이고, 복수 보통명사 김상근은 '함께했던 데 대한 의미'를 더듬을 것입니다.

권노갑과 복수 보통명사 김상근의 관계는 때로 변해 왔습니다. 투쟁기에는 서로가 필요해서 가까운 관계를 만들었습니다. 집권기에는 역할이 달라져 거리가 생겼습니다. 이제 역사화 시점입니다. 역사화는 해석입니다. 저는 감히 해석합니다. 권노갑에게 김대중은 함께 견딘 현실이었습니다. 복수 보통명사 김상근에게 김대중은 시대가 요구했던 가치의 이름이었습니다.

권노갑 평전은 한 측근의 충성이나 권력 내부의 비화를 기록하는 작업이어서는 안 됩니다. 한 정치인의 성공이나 실패가 아니라, 한 시대의 정치가인 인간 권노갑의 진실이 우리 가슴에 오래 남는 평전이었으면 합니다.

권노갑 선생은 저보다 아홉 살 위입니다. 뵐 때마다 부럽습니다. 총명함, 건강함, 부지런함, 학구열 등 따라갈 수 없습니다. 지금처럼 오래 사시길 바랍니다.

신(信)의 면류관,
믿음으로 남은 사람

고도원

(전) 김대중 대통령 연설 비서관
아침편지문화재단 이사장
국제 AI윤리협회 명예회장

칼끝은 안에서 나왔다. 나의 죽마고우 정동영이 칼을 들었고 그 칼끝이 DJ의 영원한 비서 권노갑 가슴에 깊이 박혔다.

2000년 12월 2일, 청와대. 김대중 대통령 겸 새천년민주당 대표 주재로 당 최고위원회가 열렸다. 비공개회의였다. 회의 맨 마지막에 정동영 최고위원이 마이크를 잡았다. "부통령, 제2의 김현철로 불리는 권노갑은 2선으로 물러나야 한다." 청천벽력 같은 정동영의 발언은 '비공개회의'의 벽을 뚫고 나와 정국을 뒤흔들었다. 청와대도 요동쳤다.

당시 나는 청와대에서 대통령 연설 담당 비서관으로 재직 중이었다. 나도 칼끝의 아픔을 느꼈다. 평소 수시로 소통하던 정동영이 아무런 사전 예고 없이 핵미사일을 쏘아 올린 데에는 그만의 고독한 결심이 있었을 터임이 분명했다. 그래도 그럴 수는 없었다 싶었다. 전화를 걸었다. 나는 그에게 왜 그랬느냐고 묻지 않았다. 대신 "권노갑 최고 댁을 찾아가라. 면전에서 진심으로 사과드리면 좋겠다. 그것이 정치적·인간적 도리가 아니겠는가"라고 말했다.

다행히도 정동영은 동의했다. 12월 그 추운 겨울밤, 그는 권노갑 최고 댁을 찾았다. 문은 끝내 열리지 않았다. 정동영과 나는 그날 밤 여러 차례 통화했다. 그때마다 나는 거듭 말했다. "좀 더 기다려 보지 그래."

나는 평소, 정치도 인간도 결국 관계로 완성된다고 믿어왔다. 정치의 본질은 '사람'에 있고, 사람과 사람을 잇는 것이라 생각했다. '사람을 어떻게 대하는가'가 모든 것을 결정한다는 소신을 갖고 살아왔다. 우연처럼 운명처럼 권노갑, 정동영 그 두 사람 사이에 서 있게 된 내가 야속했다.

정동영은 나와 중·고등학교 동창이다. 누구보다 그를 잘 안다고 할 수 있다. 그는 중학 시절부터 남달랐다. 그는 맑았고, 생각이 곧았다. 고교 시절 그는 의분에 넘쳤고, 세상에 민감했다. 언변도 남달랐다. 그가 입을 열면

"어라!" 친구들이 귀를 쫑긋 경청하고 감탄했다. 게다가 그는 인물도 출중했다. 언제 봐도 빛이 났다. 태생도 운명적이었다. 그는 1953년 7월 27일, 6·25전쟁 휴전협정이 체결된 날 태어났다. 대통령 후보를 거쳐 통일부 장관을 두 차례 하게 된 것도 그의 태생과 관련이 있다고 생각한다. 역사의 신이 있어 한반도 평화와 통일의 사명을 예시라도 한 듯이.

삐뚤어진 넥타이를 고쳐주던 날

내가 권노갑 고문을 만난 것은 1987년 김대중 평민당 총재의 동교동 자택이었다. 나는 당시 〈중앙일보〉 정치부 기자로 이른바 '동교동 출입반장'이었다. 당시 〈중앙일보〉는 석간이었으므로 나는 아침 새벽마다 득달같이 동교동에 달려가 당시 〈동아일보〉 정치부 이낙연 기자와 더불어 DJ와 조찬을 함께했다.

나는 지금도 DJ와 아침 식사를 같이 했던 그 시간이 얼마나 값지고 귀한 시간이었는지를 회고한다. 그 자리에 이따금 권노갑 비서도 함께했다. 그와 처음 만나던 날, 삐뚤게 맨 나의 넥타이를 바로잡아 주던 기억이 새롭다. DJ는 당시도 이른바 '젊은피 수혈'에 심혈을 기울였다. 어느 날, DJ는 나에게도 현실 정치 참여 의사를 지나가듯 물었다. 나는 당돌하게 아뢰었다. "저는 아닙니다. 대신, 친구

중에 정동영 MBC 앵커가 있습니다.” DJ가 반색했다. 나는 덧붙였다. “저는 총재님께서 대통령이 되시면 연설문 하나 쓰고 죽는 것이 꿈입니다.” DJ가 다시 반색하며 “권노갑 비서를 만나보라”고 말했다.

그리고 며칠 후 나는 당시 〈중앙일보〉 정치부 기자였던 정순균(나중에 국정홍보처장을 거쳐 민주당 출신 첫 강남구청장을 지냈다)과 더불어 권노갑과 저녁 식사를 하면서 DJ와 나눈 얘기를 건네주고, 내가 아는 정동영에 대한 이야기를 소상히 했다. 권노갑은 신속히 움직였다. 정동영이 입당하고, 빠른 속도로 성장했다.

나는 DJ 앞에서도 말했듯이, 그가 대통령이 되고 그의 연설문을 하나라도 쓰고 죽는 것이 꿈이었다. 연세대 대학신문인 〈연세춘추〉 편집국장을 지냈던 나는 ‘십계명’ 기명 칼럼이 문제가 되어 1975년 4월 긴급조치 9호로 제적되었다. 당시 786명의 대학생이 집단 제적을 당했다. 나의 청춘이 쫑나고 말았다. 콩밥 먹고, 강제징집 당하고 반병신이 되어 제대한 나는 ‘제적학생’이라는 딱지 때문에 이력서조차 받아주는 곳이 없었다.

전기밥솥 하나 놓고 어렵게 결혼했던 나는 아내와 맨날 박 터지게 부부싸움을 했다. 우선 호구지책으로 포장마차를 시작했으나 하루 만에 접었다. ‘땅 짚고 헤엄치는 장사’가 ‘학교 앞 문방구’라는 말에 문방구를 열려다가

사기당하고, 이대 앞 아현동 고개에서 웨딩드레스 가게를 열었지만 아내는 임신 8개월을 넘긴 유산을 두 번이나 겪었다.

궁핍에 꿈과 희망까지 사라지면 서로 부딪치기 마련이다. 격하게 싸우다 보면 바싹 마른 혀끝에서는 극단적인 말도 쉽게 튕겨 나오곤 했다. "그래, 오늘 한강에 가서 함께 떨어져 죽어버리자. 아니 고층빌딩이 빨라." 그러면서 또 밤새 싸웠다.

그러던 어느 날 나는 아내에게 말했다. "우리 싸우지 말자. 다시는 한강에 가자는 말을 하지 않을게." 그러고는 울먹이며 말했다. "나에게 꿈이 있어. 신문기자가 되고 싶어." 아내가 대꾸했다. "웃기네. 제적생에, 대학 졸업장도 없는 사람이 무슨 신문기자야. 언론고시가 300 대 1,500 대 1인 걸 몰라?" "그냥 꿈이야. 꿈도 못 꿔?" 내가 한마디 더 했다. "나는 죽기 전에 대통령 연설문 하나 쓰고 죽고 싶어." 아내의 동공에 잠깐 빛이 보였다. "그건 좋은 꿈이네. 당신 글 잘 쓰잖아. 나도 당신 편지에 뽕 간 사람이잖아."

그런 일이 있고 나서 얼마 후 나는 고(故) 한창기 사장이 창간한 《뿌리깊은 나무》 기자가 되었다. 5년 동안 진짜 혼신을 다해 열심히 뛰었다. 그런데 그 좋은 잡지를 5·18 광주민주화항쟁 직후 전두환이 강제 폐간을 했다.

나는 다시 절망의 계곡에 빠졌다. 그러나 당시 〈중앙

일보〉 경제부장이던 고(故) 최우석 부장의 천거로 〈중앙일보〉에 특채되어 꿈꾸던 신문기자가 되었다. 펄펄 날랐다. '손이 빠른 정치부 기자'가 되어 평민당 반장이 되고 DJ와 동교동에서 아침 식사를 하고 권노갑도 만났다.

어느 날이었다. DJ가 "고 기자는 인생의 책이 있느냐?"고 물었다. 그리고 당신 인생의 책, 아놀드 토인비의 《역사의 연구》를 소개했다. 이 책은 공교롭게도 내가 중학교 2학년 때 시골교회 목사였던 아버지로부터 매를 맞으며 읽고 '독서카드' 쓰는 법을 배웠던 책이었다.

"사람이 한 살이라도 어렸을 때 단단한 음식을 씹을 줄 알아야 한다. 부드러운 음식만 먹으면 이가 상한다. 정신도 그와 같아. 이 책 읽고 밑줄 긋고, 아버지처럼 독서카드를 써봐라."

그러면서 주신 책이 함석헌 선생의 '뜻으로 본 한국역사'와 아놀드 토인비의 《역사의 연구》였다. 무슨 뜻인지도 모르고 엉터리로 밑줄을 긋고 만든 독서카드가 연세춘추 '십계명' 칼럼을 쓸 때부터 빛을 내기 시작했다. 《뿌리깊은 나무》 기자 때, 〈중앙일보〉에서 정치전문기자로 발령 받아 기사를 쓸 때는 더 많은 영감을 주었다. 그래서 아마도 열 번은 넘게 읽었던 것 같다. 그런데 그 책이 DJ의 '인생의 책'이라는 것이었다.

이 책을 두고 DJ와 나는 꽤 긴 시간, 꽤 여러 차례, 깊은 대화를 나누었다. 노련한 정치가와 젊은 기자가 한 권의 책을 놓고 나누는 쫄깃쫄깃한 지적 대화였다. DJ가 마침내 대통령이 되었다. 나는 청와대로 불려가 대통령 연설 비서관이 되었다. 아내 앞에서 울먹이며 말했던 꿈이 현실이 되었다. 모든 에너지를 쏟아붓고 여한 없이 연설문 작성에 몰두했다. 그러던 어느 날 느닷없이 정동영의 핵폭탄이 터진 것이었다.

침묵과 기다림의 정치

정동영의 정치 인생에서 권노갑의 존재는 남다르다. 정치 멘토이자 은인이고 감히 스승과 같은 존재라 말할 수 있다. 앞에서 말했듯이 정동영의 정치 입문에서부터 권노갑의 도움이 큰 몫을 했다. 정동영의 빠른 성장, 그 뒤에는 언제나 권노갑의 조용한 지원과 헌신이 있었다. 그러나 정치의 세계는 종종 큰 풍랑을 만나면서 사람을 시험한다.

'정풍운동'. 이 또한 그 풍랑 중의 하나였다. '천신정'(천정배·신기남·정동영)으로 일컬어지는 당 쇄신파 선두에서 정동영은 총대를 멨다. 청와대, 대통령 앞에서 권노갑을 향해 날카로운 비수를 날렸다. 그날의 권노갑은 아무 말도 하지 않았다.

그의 침묵은 오래 이어졌다. 그리고 그에게 오래 남는 상처가 되었다. 그 일로 인해, 권노갑은 김대중 대통령의 노벨평화상 유럽 5개국 순방 수행자 명단에서 빠지게 되었고, 그것을 그는 지금도 몹시 아쉬워한다. '천추의 한' 처럼. "턱시도까지 준비하고 기다렸는데 끝내 못 갔다"는 말을 시시때때로 반복하곤 했다.

세월이 제법 흘렀다. 구름 한 점 없이 하늘도 맑았던 어느 날 권노갑과 정동영 두 사람이, 내가 충주에 세운 명상치유센터 '깊은산속 옹달샘'을 찾아왔다. 날씨가 화창했던 때문일까? 두 사람의 표정도 밝았다. 오랫동안 은둔생활을 하고 있는 나를 찾아 두 사람이 함께 왔다는 사실만으로 그간의 많은 사연을 함축하고 있었다.

권노갑은 다시 정동영에 신뢰를 보내고 있었고 정동영은 권노갑에게 다시 더 큰 존경과 경의를 표하고 있었다. 두 사람의 옹달샘 동행은 사람과 사람 사이의 깊은 신뢰 회복을 뜻하고 있었다. 서로가 믿음으로 돌아오는 길은 좀 멀었으나 그 끝에서 기다리고 있는 것은 진심뿐임을 알았다. 정치의 본질은 '사람'이라는 의미도 새롭게 깨달았다.

정치의 세계는 손을 잡고도 언제든 등을 돌릴 수 있는 곳이다. 그러나 어떤 관계는 끝내 사람으로, 초심으로 돌아온다. 권노갑은 그가 평생에 걸쳐 DJ에게 의리와 신의를 지켰듯, 사람과 사람 사이의 관계를 끝까지 포기하지 않은 '정치 어른'의 이름이다. 그는 '누가 옳았는지'를 넘어, 사람이 얼마나 귀한 존재인지를 깨닫고 그 신의를 지키기 위해 오래 기다리고 참아주는 인생 멘토, 정치 스승의 상징이다. '신뢰'는 가장 오래가는 언어다. 그것은 오랜 기다림에서 가능하다. 오래 기다리고 믿어주는 마음에서 나온다.

그러면 흐르는 세월과 더불어 다시 본래 신뢰했던 그 사람의 모습으로 돌아오게 한다. 바로 그 모습을 깊은 산속 옹달샘을 함께 찾아온 두 사람의 얼굴에서 나는 바로 읽을 수 있었다. 두 사람의 신뢰 관계는 끈끈히 이어지고 있다. 정치는 결국 누구를 믿고, 어떻게 함께 가는가의 문제다. 그 본질은 의리일 수도 있고, 책임일 수도 있고, 이해관계의 균형일 수도 있다. 그러나 시간이 흘러도 남는 것은 결국 신(信), 즉 상대에 대한 믿음을 버리지 않는 마음이다.

세월은 다시 제법 흘렀다. 정동영은 다시 이재명 정부의 통일부장관이 되었다. 그가 못다 이룬 대통령의 꿈(나는 그의 친구로서 그가 틀림없이 대통령이 될 것이라 믿었고, 그래서 안심하고 깊은 산속에 들어와 깊은 명상을 할 수 있었다)을 이재명 대통령의 '국민주권정부'에 투영해, 신뢰와 신의로 혼신의 힘을 기울일 것이라 믿는다.

나는 근래 권노갑 고문과 몇 차례 식사를 하며 대화를 나눈 적이 있다. 고맙게도 그는 깊은산속 옹달샘을 잊지 않고 다시 찾아와 주었다. 95세 연세에도 싱글 골퍼에 홀인원 상을 받고, 박사 공부를 하는 그 건강함과 청년 같은 열정에 탄복하고 있다. 권노갑의 존재는 점점 더 많은 사람의 마음에 닿았고, 그의 이름은 점점 더 많은 기대와 무게를 품고 있다. 그는 지금도 말없이 누군가의 등을 밀어주고 조용히 지켜보며 기다리고 있다.

시간은 사람을 끊기도 하지만, 다시 이어주기도 한다. 정치는 사람이다. 그리고 사람 사이에 끝내 남는 것은 신뢰다. 신의다. 신뢰와 신의를 잃으면 정치뿐 아니라 모든 것을 잃는다. 아무리 큰 일시적 권력과 영달과 명성도 오래 머물지 못한다. 그런 점에서 권노갑은 DJ의 영원한 '신(信)의 면류관'이다. 아마도, 아니 틀림없이, 지금도 하늘에서 지켜보고 계실 DJ가 흐뭇한 표정으로 바라보고 이렇게 말씀하며 눈물 글썽일 게 분명하다.

"노갑이, 고맙네. 내 믿음의 자리를 끝까지 지켜줘서."

정치의 길에서 믿음은 때때로 시험을 받는다. 그러나 더러는 그 험난한 믿음의 풍랑을 건너 화신이 되는 사람도 있다. 끝내 남는 그 한 사람의 믿음에 나 또한 희망을 건다.

민주주의를 함께
건너온 동반자

김덕룡

민주화추진협의회 공동 이사장
제13·14·15·16·17대 국회의원
제17·22대 정무장관

돌이켜보면, 나는 권노갑 선배님과 50년이 넘는 시간을
함께 걸어왔다. 때로는 민주화 동지로, 때로는 맞서는 경
쟁자로 긴 세월을 마주하며 나는 권 선배님을 인간적으로
도, 정치적으로도 이해하게 됐다. 사람들은 흔히 'YS의 영
원한 비서실장'과 'DJ의 영원한 비서실장'으로 우리를 부
른다. 권노갑 선배님과 나는 서로 닮은 공통적인 역할을
하며 '양김 시대와 현대 정치사'를 함께 통과해온 증인이
다. 그래서일까. 우리는 누구보다 서로를 이해하는 사람
으로 남아 있다.

　나는 인간적인 면에서 권 선배님을 대인이라고 생각

한다. 군부독재 시절, 민주화운동 과정에서 권 선배는 DJ의 비서실장으로서 무수한 탄압과 감시, 억압의 시간을 견뎌냈다. 그 고통은 말로 다 표현할 수 없는 수준이었다. 하지만 놀랍게도 권 선배님을 보면 항상 평온하고 따뜻한 마음과 여유를 가지고 있으며 어느 한편에 기울지 않는, 그러니까 중심을 잃지 않는 균형적인 분이기 때문이다. 나와 비록 진영과 정견이 달랐어도 우리가 끝끝내 적이 되지 않았던 이유가 바로 여기에 있다.

무엇보다도 권 선배님과 내가 같이 했던 중요한 일 중 하나가 지금 국회에 등록되어 있는 사단법인 민주화추진협의회(민추협)를 만드는 과정에서 우리가 뜻을 합쳤다는 게 큰 의미가 있다고 생각한다.

YS와 DJ, 두 분이 87년 대선 때 분열됨으로써 사실상 민추협은 해산되고 정치적으로 결별해서 대립적인 입장에 있었다. 그러나 두 분이 돌아가시기 전에 주변에 있는 우리 둘이 이제는 서로 화해하고 협력할 수 있는 기회를 만들어야겠다고 화합의 자리를 추진했었다. 두 분이 함께 광주를 들러 부산에 가서 화합 행사를 하려던 중 갑작스레 김대중 대통령께서 먼저 돌아가시게 되어 기회를 놓치고 말았다. 그걸 안타깝게 생각한 YS께서 김대중 대통령을 모셨던 측근 비서진들을 불러서 식사를 대접하고 위로를 한 일이 있었다.

그 이후 김영삼 대통령이 서거하신 후에 우리가 이대로 있어서는 안 되겠다 해서 만든 것이 바로 지금 국회에 등록된 (사)민주화추진협의회이다. 권 선배님과 내가 중심이 돼서 설립하는 역할을 했고, 현재 나는 상도동 쪽을 대표하여, 권 선배는 동교동 쪽을 대표하여 민추협 공동이사장을 맡아서 같이 일하고 있다는 것이 참 의미가 있다고 생각한다.

올해 내가 회고록을 쓰게 된 것도 권 선배님의 권유가 있었기 때문이다. 나는 오랫동안 회고록에 비판적이었다. 자기변명, 자기과시가 가득한 글들이 오히려 역사나 정치학자들에게 혼란과 부담을 주는 글들이 많이 있지 않았는가?

10여 년 전에 권 선배님이 나한테 "김 실장도 회고록을 한번 쓰면 어때요?" 하면서, 최근에 젊은 정치학자들이 모여서 서로 의논을 했는데 꼭 회고록을 써주고 가야 할 사람이 세 사람 있다는 얘기가 나왔다는 말을 꺼내셨다. 그 한 사람이 김종필 총재이고, 그리고 권노갑 실장이고, 또 한 사람이 김덕룡 실장이란다. 그 이야기를 전해주며 나에게 회고록 발간을 권유했다. 당시 김종필 총재는 〈중앙일보〉에 회고록을 집필하고 있었고, 권 선배님도 곧 〈동아일보〉에 회고록을 쓸 예정이라 하였다.

70년대 80년대에는 언론의 자유가 짓밟히고, 군사독

재로 사실상 기록이 거의 없어서 어떤 의미로는 기록의 공백기이다. 그 당시를 정확하게 알려줄 사람이 별로 없지 않은가? 권 선배님의 권유는 내가 다시 한번 회고록에 대해서 생각하는 계기가 되었다.

권 선배님과 나는 현실 정치권을 떠난 입장이지만, 정치권의 선배로서 우리 두 사람이 해야 할 일이 그래도 뭔가 있지 않는가? 이렇게 생각하는데 그 첫 번째 일이 바로 개헌이라고 생각한다. 지금 이 헌법은 1987년에 민추협이 중심이 돼서 우리들이 만들었던 체제이다.

사실상 그 당시로서는 대통령을 내 손으로 뽑자는 87년 개헌체제가 가장 시대적 사명을 담은 헌법이었지만 이제는 그 소명을 다했다고 생각한다. 그렇기 때문에 현행 제왕적인 대통령제를 시대에 맞는 헌법으로 바꾸는 개헌 운동은 나와 권 선배님이 같이 해야 할 일이라 생각한다.

권 선배님과 내가 진짜로 해야 할 일이 또 하나 남아 있다. 영호남 화합과 국민통합이다. YS와 DJ 두 분이 함께 힘을 합하여 민주화운동을 했지만, 두 분이 87년에 서로 갈라져 대통령 선거에 나온 뒤로 영호남의 갈등이 더 심해졌다. 그 뒤로 더 깊어진 지역 갈등을 이제는 두 분을 모셨던 우리가 다시 잇고 풀어야 한다는 책임감이 있다. 나와 권 선배는 현실 정치인은 아니다. 그렇다고 정치를 완전히 떠났다고 생각하지 않는다. 정치를 권력의 장이 아니라, 국민을 위한 책임으로 본다면 우리는 여전히 할 일이 남아있다.

권노갑. 그는 경쟁자가 아니라 이 나라의 민주주의를 함께 만들어온 동반자이다. 그런 권 선배님을 오랫동안 곁에서 지켜봐온 사람으로서, 함께했던 시간을 감사하게 여긴다.

앞으로 얼마나 시간이 남아있을지 모르지만, 나는 권 선배와 다시 한번 손을 맞잡고 개헌과 국민통합이라는 마지막 사명을 향해 나아가고 싶다. 그것이 YS와 DJ의 길을 함께 걸었던 우리 두 사람의 숙명이자, 남은 책무라고 믿는다.

여동생의 투정을
받아주는
마음이 넓은 큰오빠

김방림

대한민국헌정회 여성위원장
한국여성정치연맹 총재
제16대 국회의원

권노갑 고문님은 나에게 친정 오빠같이 푸근한 분이다. 옛날 여자들에게 일반적으로 아버지는 너무 엄격하고, 형제 중에는 큰오빠가 가장 편하다. 어떤 불평을 늘어놓아도 큰오빠는 안쓰러운 막내 여동생의 투정을 다 받아주기 때문이다. 나에게 권노갑 고문은 그런 친정 큰오빠 같은 분이다. 실제 나이도 열 살이 많고, 우리 집에 오빠가 없으니 더욱 그런 애틋한 오누이 같은 사이가 되었다.

나는 고등학교를 졸업하고 1960년 당시 민주당 국회의원이었던 박순천 여사와 함께 이승만 정권의 3·15부정

선거 반대운동을 하였다. 그 뒤 1963년 김대중 의원이 전남 목포에서 국회의원으로 당선돼 서울에 올라오면서, 김대중 비서로 있던 권노갑 고문을 처음으로 만났다.

박순천 여사와 김대중 의원이 같은 민주당을 하니, 박순천 여사를 따르던 나와 김대중 비서인 권 고문이 자연스럽게 같은 당 생활을 하게 되었다.

권 고문은 가끔 옛날이야기를 하면서 말한다.

"나가 민주당에 와보니, 방림이가 있더랑께. 방림이가 나보다 정치는 선배야."

우리는 권 고문의 구수한 옛이야기에 깔깔깔 웃는다. 권 고문의 첫인상은 깔끔했다. 누군가 권 고문에 대해 "목포에서 영어 선생하다 김대중 의원 비서로 왔다"고 소개했다.

그 뒤로 나는 권 고문과 함께 60여 년이 넘도록 김대중 대통령을 모시는 동교동계의 한길을 걸어왔다. 지금도 동교동계 하면 '남자는 권노갑, 여자는 김방림'이라고 사람들이 말한다. 나는 오누이처럼 권 고문과 함께 내 이름이 불리는 것이 자랑스럽다. 큰오빠가 훌륭하면, 막내 여동생이 덩달아 기분 좋아지는 것과 같다.

권 고문은 평생 자기 자신보다 김대중 대통령을 위해 살았다. 김대중 대통령을 살리기 위해 자기 목숨도 기꺼이 희생한 분이었다. 박정희 유신 말기 구속되었던 권 고문은 교도소에서 "카터가 미국 대통령에 당선되면 김대중 선생이 살아날 수 있다. 유신 독재는 곧 망할 것이다"라고 말했다가, 유신 헌법 모독으로 2년 형을 더 살았다. 교도소에서조차 오로지 김대중 선생의 정치적 부활과 대통령 만들기에 골몰했다.

권 고문은 그 뒤로도 정치적 이유로 몇 차례 더 교도소를 갔는데, 김대중 대통령과 민주당을 위해 담담히 십자가를 받아들였다. 나는 교도소로 권 고문 면회를 갈 때마다, 이렇게 김대중 선생을 위해 희생하는 분이 계시구나 하며 놀란 적이 한두 번이 아니다. 권 고문같이 많은 사람들의 희생이 있어, 군사독재정권의 용공조작 등을 이기고 김대중 대통령이 탄생할 수 있었다.

권 고문은 여성 정치인의 정계 진출을 위해서도 크게 이바지했다. 당시 내가 여성 정치인의 지방의원이나 국회의원 공천을 위해 다리 역할을 많이 했다. 나는 새벽 5, 6시에 일찍 서울 종로구 평창동의 권 고문 자택으로 찾아갔다. 내가 몇 차례나 현관 벨을 누르면 마지못해 권 고문이 문을 열고 나왔다.

내가 악을 써댔다.

"김대중 총재님은 남녀평등을 주장하시고 이희호 여사님은 여권신장을 주창하시는데, 여성의원들을 많이 공천해 줘야 하는 것 아닙니까?"

그러면 권 고문이 놀라서 말한다.

"아야, 조용히 해라잉. 옆집에서 아침부터 부부싸움 하는 줄 안다야."

우리 둘은 서로 얼굴을 보면서 씩 웃었다.

권 고문은 나를 빤히 쳐다보며 "방림이는 니 공천은 부탁 안 하고 다른 여성 공천을 위해 새벽부터 찾아오냐"며 덕담을 했다. 그리고 한마디 덧붙인다. "방림이는 거짓말을 안 해야, 장난도 안 치고…. 그라서 나가 미워할 수가 없다야." 그럴 때마다, 내가 부탁한 여성 공천은 대부분 들어주었다.

권 고문은 통이 그렇게 클 수가 없다. 내가 오래전 지방의원 공천 관련해서 어떤 인물에 대해 절대 공천해 주면 안 된다고 극구 반대했다. 사람이 겉과 속이 다른, 믿을 수 없는 인물이었다. 그런데도 권 고문은 "아야, 그 사람도 고생했는데 어쩌냐"며 공천을 해주었다. 아니나 다를까, 그 사람은 당선되자마자 모든 언론에 권 고문을 음해하는 문건을 뿌려댔다.

내가 "그것 봐라"라며 항의하자, 권 고문은 "놨둬야. 내가 그렇지 않으면 되지, 그 사람 욕한다고 뭐 달라지냐. 그러다 말겠지"라고 담담하게 넘어갔다. 권 고문은 그 뒤로도 수많은 정치적 배신을 당했지만, 그럴 때마다 "놨둬야"라며 허허 웃었다. 권 고문의 대범함은 누구도 따라 올

수 없다. 마음이 드럼통보다 더 큰 사람이다. 그러니 그 넓은 가슴으로 동교동계를 다 품고 있다.

지금도 권 고문은 지금도 불쌍한 사람들 부탁을 거절하지 못한다.

"오죽하면 나를 찾아왔겠냐. 내가 욕먹더라도, 힘들다는데 도와줘야지 어떡하겠냐."

권 고문은 자신이 욕을 먹더라도 모든 사람을 포용한다. 빈말이 아니라, 진심으로 불쌍한 사람을 안쓰럽게 생각한다.

권 고문이 96세가 되었는데도, 그 주변에 사람들이 떠나지 않는 이유가 있다. 남을 위하는 따뜻한 인간성이 있기 때문이다. 내 정치 인생 65년 동안, 권 고문만큼 포용력이 큰 정치인을 본 적이 없다.

권 고문이 여전히 건강하고 왕성한 사회활동을 하고 있어, 정말 고맙다. 육체적 건강뿐 아니라 정신도 총명하고 기억력도 그대로다. 권 고문이 있어 동교동계가 흩어지지 않고 '김대중 정신'을 이어가고 있다.

권 고문이 밖으로는 '영원한 김대중 비서실장'이지만, 내 개인적으로는 아무리 떼를 써도 허허 웃어넘기며 받아주는 '영원한 김방림의 오라버니'다.

권 고문처럼 마음이 넓은 사람을 오빠로 둔 나는 행복한 누이다.

정직하고 한결같은
마음으로 오직
한길로 살아오신 분

김성재

김대중평화센터 이사장
김대중노벨평화상 기념관 이사장
제39대 문화관광부 장관

권노갑 고문(민주당 상임고문, 김대중재단 이사장)은 올해 만 96세인데, 지금까지 정직하고 사심 없이 한결같은 마음으로 오직 한길의 삶을 살고 있다. 내가 김대중 대통령과 56년(생전 40년, 사후 16년) 동행하면서 권노갑 고문과도 56년 동행하는 과정에서 직접 경험한 그의 진면목이다.

이희호 여사는 권노갑 회고록《순명》추천사에서 이렇게 말했다.

"권노갑 고문은 김대중 대통령의 비서실장이었지만 비서를 넘어 동지였습니다. 권노갑 고문은 20대 때 영어교사를 그만두고 김대중 대통령이 정치에 입문하여 국회의원과 대통령이 되기까지 쉬지 않고 진심으로 도와주었고, 정치적 박해와 고난도 함께 겪었습니다. 또한 김대중 대통령이 감옥에 있을 때나 해외 망명생활을 할 때도 변함없이 도와주었고, 대통령 서거 후에도 나를 보살펴주고 있습니다.

권노갑 고문도 김대중 대통령과 함께 정치입문을 하고 국회의원도 하고 정치적 큰 꿈도 펼쳐보고 싶었을 것입니다. 그러나 권노갑 고문은 자신의 정치적 입지보다 언제나 김대중 대통령을 생각하는 것이 먼저이므로 대통령의 뜻에 따라 국회의원도 사퇴하고, 억울한 외유생활을 하기도 했으나 단 한 번도 원망하지 않았습니다. 김대중 대통령은 권노갑 고문을 전적으로 신뢰했고 아꼈습니다. 김대중 대통령과 나는 권노갑 고문에게 항상 감사한 마음을 가지고 있습니다. 우리 부부는 권노갑 고문과 일생을 함께한 것이 행복합니다."

권노갑 고문은 이희호 여사의 말 그대로 김대중 대통령과 이희호 여사 삶의 처음과 나중이다. 권노갑 고문은 김대중 대통령이 정치에 입문할 때부터 자기를 버리고 오로지 김대중 대통령의 정치적 성공을 위해 헌신하며 한 길만 걸어왔다.

가장 험한 길을 맡은 책사

김대중 대통령은 1987년 평화민주당 창당 때부터 국민이 행복하고 나라가 발전하려면 정치혁신과 지역차별을 넘어선 국민통합이 필연이기 때문에, 이후 1992년 신민주연합, 1995년 새정치국민회의, 2000년 새천년민주당까지 당명을 바꾸면서 학계, 언론계, 법조계, 여성계, 민주화운동 및 민중운동, 시민사회운동 인사들을 대폭 영입했다.

나는 대학교수를 하면서도 민주화와 민중운동 그리고 시민사회운동을 계속했기 때문에, 김대중 대통령은 나에게 새로운 정치인재 영입인사 자료를 만들어달라고 했다. 김대중 대통령은 직접 인재를 찾기도 하고, 권노갑 고문의 추천도 받고, 내가 만든 자료를 참고로 하기도 했다. 이 과정에서 안타깝게도 각 분야에서 인정받고 안정된 생활을 하는 사람들, 그리고 영남 출신 사람들은 김대중 대통령이 창당한 당에 참여하기를 꺼려 했다. 무엇보다도 군사정권에 탄압을 받을 염려와 호남에 대한 부정적 인식 때문이었다. 김대중 대통령은 이런 인재영입의 어려운 우여곡절을 겪으면서도 정치혁신을 위한 노력을 계속했다.

그러나 새로운 정치인재 영입은 인물 찾는 문제만이 아니라 영입된 사람들이 출마할 적합한 지역에서 이미 정치활동을 하는 사람들을 교체하는 어려운 난제가 있었다. 권노갑 고문이 이 난제 해결사 노릇을 했다. 그래서 권노갑 고문은 '저승사자'라는 별칭을 얻고 원망과 비난을 많이 받았다.

그런데 '산 넘어 산'이라는 말도 있듯이 어렵게 지역구 조정을 했지만, 당시 군사독재정부의 탄압 때문에 정치후원금을 제대로 모을 수가 없었고, 영입된 이들 모두가 정치활동을 할 돈이 없었기 때문에 정치자금을 지원해 주어야 할 큰 어려움이 있었다. 김대중 대통령은 군사정권의 탄압 표적이었기 때문에 정치자금 모으는 일은 권노갑 고문이 도맡아 했다. 권노갑 고문은 정치자금을 모으기 위해 서예작품을 파는 등 갖가지 노력을 다했다. 그리고 기업으로부터도 후원금을 받았는데, 이것 때문에 구속되어 옥고를 치르기도 했다. 권노갑 고문은 정치자금을 모으는 과정에서 단 한 번도 사익을 챙긴 적이 없었다.

이렇게 권노갑 고문은 김대중 대통령을 위해 새로운 정치인재 영입을 하고, 정치자금 모으는 일 때문에 억울한 희생을 당했는데, 정치자금을 지원받아 국회의원이 된 사람들까지 자기들 이해관계 때문에 권노갑 고문이 정치자금을 착복하고 구태정치를 한다고 정계에서 물러나야 한다고 비난했다.

권노갑 고문은 민주화과정에서 김대중 대통령에 대한 조작된 증언을 하라고 중앙정보부와 남영동 대공분실에 잡혀가서 발가벗기고 몽둥이로 맞고 물고문까지 당하는 고초를 겪었는데, 그렇게 당한 육체적 고통보다 더 큰 정신적 마음의 아픔을 겪었다. 그러나 권노갑 고문은 이들에 대해 개인적 미움이나 앙심을 품지 않고 그들까지 포용하고 너그럽게 대했다. 후에 그렇게 부정직한 언행을 한 사람들이 스스로 부끄러워한 사람도 있었다.

그런데 이런 사람들은 권노갑 고문에 대한 비난을 그 개인에 국한하지 않고 김대중 대통령에게까지 반기를 들었다. 노무현 정부 출범 직후 '구태정치 청산'이란 명분으로 소위 '천신정'이란 약칭의 의원들 중심으로 민주당을 쪼개고 '열린우리당'을 창당한 것이다. 김대중 대통령이 혼신의 열정과 공을 들여 정치혁신을 위해 영입한 이들이 김대중 대통령마저 구태정치 인물로 낙인찍고, 김대중 대통령의 업적을 모두 뒤엎었다.

김대중 대통령은 마음 아파하며 속으로 눈물을 흘렸다. 나는 로마 황제 줄리어스 시저에게 칼을 꽂은 양자 브루투스, 예수를 로마에 팔아먹은 가룟 유다를 생각하지 않을 수 없었다. 권력이 아무리 좋아도 이렇게 비정한 것인가. 이후 이들을 바로 볼 수가 없었다.

권력 앞에서 달라지지 않은 사람

나는 1969년 6월 대학교 3학년 때 '3선개헌반대범국민투쟁위원회'에 참여해서 신민당 의원으로 참여한 김대중 대통령을 만난 이후 2009년 8월 서거 때까지 민주화운동 동지, 정책자문 교수, 그리고 국민의정부에서 민정수석비서관, 정책기획수석비서관, 한국학술진흥재단이사장, 문화관광부장관 등을 하면서 40년간 김대중 대통령과 동행했다. 그리고 김대중 대통령 서거 이후 지금까지 김대중평화센터와 김대중노벨평화상기념관 이사장 책임을 맡고 있다.

이런 지난 56년 삶의 과정에서 나는 정치를 하지 않았기 때문에 처음에는 권노갑 고문을 멀리서 지켜보았고, 국민의정부에서는 가까이서 만났고, 그리고 김대중 대통령 기념사업을 함께하면서 지금까지 깊은 유대관계를 가지고 있다.

김대중 대통령이 나를 국민의정부 첫 민정수석으로 임명했을 때, 나는 신학대학 교수이고 정관계에 잘 알려진 사람이 아니었기 때문에 민주당 정치인들과 동교동계 인사들이 좀 놀라면서 내게 '부시맨(정관계 원시인)'이란 별칭을 붙여주었다. 그런데 몇몇 사람들은 자기가 대통령과 아주 가깝고, 여론과 청와대 공직자들 문제를 대통령한테 직접 보고하는 사람이기 때문에 자기들이 대통령에게 잘 말해주고 도와주겠다고 했다. 어이가 없었다.

당시 비서실장은 내가 민정수석비서관으로 임명받은 직후 사무실에 들러 민정비서관, 시민사회비서관, 민원비서관의 인사서류에 결재를 하도록 요청했다. 나는 그 결재 서류에 있는 사람들을 보고, 비서실장에게 "나는 청와대에 취직하러 온 사람이 아니고 대통령을 보좌해서 일하러 온 사람이기 때문에 나와 같이 일할 사람은 내가 생각해서 선정하겠다"고 했다. 그러자 비서실장은 이들 비서관 선정은 이미 대통령과 협의해서 결정한 것이기 때문에 형식상 결재만 하면 된다고 했다. 그래서 나는 내일 아침에 대통령과 관저에서 조찬을 함께하기로 했는데, 그때 대통령에게 물어보고 결정하겠다고 했다. 그러자 비서실장은 놀라서 이 인사문제는 없던 것으로 하고 나보고 비서관을 선정하라고 했다. 나는 비서관 세 사람을 모두 새롭게 임명했다.

그리고 당시 대통령과 가깝다는 사람들이 대통령 뜻을 빙자해서 권력을 남용하고, 인사, 취업, 사업 등의 청탁을 하는 경우가 꽤 있었다. 나는 한 번도 이런 청탁을 들어주지 않았고, 공직기강 차원에서 적발해서 시정했다. 그래서 원망도 많이 들었다. 권노갑 고문은 단 한 번도 이런 청탁이나 언행을 한 적이 없었고, 나에게 대통령을 잘 보좌해 주어서 고맙다고 격려해 주었다.

당시 청와대 출입 기자였던 모 신문사 기자가 쓴 책에 보면, "청와대에서 대통령 이름과 뜻을 빙자해서 호가호의하면 김성재 민정수석은 대통령에게 직접 확인하기 때문에 이후에 그런 언행을 하지 못했다"고 했다.

그리고 민정수석실에는 매일 아침 국정원과 경찰에서 여론동향 보고서가 오는데, 이 보고서에는 다수의 공직자와 정치인들의 부정적 행위가 기록되어 있었다. 그러나 권노갑 고문과 관련된 내용은 단 한 번도 없었다.

끝까지 자신을 단련한 사람

권노갑 고문은 자신에 대한 관리를 아주 철저하고 깔끔하게 한다. 매일 규칙적으로 운동을 하고 식사를 잘해서 매우 건강하다. 옷도 잘 입고, 넥타이를 반드시 맨다. 이것은 김대중 대통령에게 배운 것이 아닌가 생각해 본다. 김대중 대통령은 우리나라 디자이너들이 선정한 베스트 드레서였고, 특별한 휴식 때 외에는 언제나 정장 양복에 넥타이를 맸다. 김대중 대통령은 이렇게 하는 것이 공직자가 국민에게 하는 예의라고 했다.

또한 권노갑 고문은 김대중 대통령처럼 끊임없이 공부를 한다. 매일 아침에 〈조선일보〉〈한겨레신문〉 등 보수·진보 신문을 다 보고 〈코리아 헤럴드〉 등 영자신문도 읽고, 아침저녁으로 국내외 방송도 본다. 이렇게 권노갑 고문은 언론을 통해 열심히 국내외 정세를 파악하고 민생문제와 여론도 살피는 공부를 한다.

특히 권노갑 고문은 영어교사와 6·25전쟁 때 미군 통역사 경험을 토대로 영어 공부를 열심히 한다. 주요한 외신과 미국과 영국의 정책 자료들을 제대로 읽기 위해 김대중평화센터에 와서 몇 주간씩 영어 과외공부도 했다. 이런 와중에 외국어대학교에서 영문학 석사를 했고, 현재 외국어대학교에서 영문학 박사과정을 마치고 박사학위 논문을 쓰고 있다.

권노갑 고문은 석사과정 때나 박사과정 때 수업에 대리출석을 하지 않고 6시간 강의를 꼿꼿하게 앉아서 수강한다. 한번은 영문학 박사과정 수업에서 교수에게 문학적 해석이 아니라 문법적 해석을 묻다가 미움을 사기도 했다. 권노갑 고문이 영문학 박사에 도전하는 것은 박사학위라는 명예를 얻기 위해서가 아니라 끊임없는 배움의 도전 과정이다.

또한 권노갑 고문은 요즈음에도 골프를 치는데, 때로는 일주일에 3~4일 골프를 계속하기도 한다. 골프가 운동이고 즐거움이지만, 이보다 골프를 통해 후배 정치인들과 기자들, 그리고 자신을 도와준 사람들을 아우르는 즐거움이 더 크다. 골프도 끊임없는 도전의 과정이다. 그리고 권노갑 고문을 아는 사람들이 이구동성으로 말하듯이 권노갑 고문의 기억력은 가히 국보급이다. 지금도 한국 현대 정치사의 살아 있는 백과사전이고 인명대사전이다.

끝으로 권노갑 고문은 한국 정치계의 바람직한 표상

이라고 생각한다. 또한 우리나라 청소년, 청년들이 권노갑 고문의 끊임없는 도전정신을 배워야 할 것이다.

권노갑 고문의 끊임없는 도전정신과 삶이 백세를 넘어 계속되기를 진심으로 기원한다.

김대중 정신의
영원한 등대지기

김성호

헌정회 대변인
제16대 국회의원
(전) 〈한겨레신문〉 정치부 기자

위대한 '지도자' 뒤에는 언제나 위대한 '헌신'이 있다. '명장 밑에 졸장 없다'는 말처럼 김대중(DJ) 대통령과 그의 '영원한 비서실장' 권노갑 민주당 상임고문은 그 상징적 사례다.

세계 최고봉 에베레스트(8,848m)를 최초로 정복한 뉴질랜드의 에드먼드 힐러리 경 옆에는 네팔의 셰르파 텐징 노르가이가 있었다. 김대중이라는 정치적 거목 뒤에는 '권노갑과 동교동계'가 있었다.

셰르파 텐징은 1953년 정상 입구에 힐러리보다 30분 먼저 도착했으나, 힐러리의 성공을 위해 기다렸다. 역사의 위대한 성취 뒤엔 이처럼 자신을 낮춘 희생이 겹겹이 쌓인다. 네팔 정부는 지금도 에베레스트로 가는 관문 공항의 이름을 힐러리와 함께 '텐징-힐러리 공항'으로 명명해 그를 기린다.

내가 권 고문을 처음 만난 것은 1993년 여름 무렵이다. 〈한겨레신문〉 정치부 기자로 당시 이기택 대표 체제의 민주당을 출입하면서부터다. 권 고문은 그 당시 이기택 대표 체제에서 최고위원을 맡고 있었다. 당시 이기택 체제의 민주당은 김대중 후보가 1992년 제14대 대선에서 패배한 뒤 정계 은퇴해 영국으로 떠나면서 지리멸렬한 상태였다.

이 대표를 비롯한 개성 강한 9명의 최고위원들은 '9인 9색'으로 민주당의 배가 산으로 가고 있었다. 당 리더십은 붕괴되고 김영삼 정부의 정국 주도권에 질질 끌려다니는 한심한 야당이었다. 모두가 자기 정치에 몰두하는데, 유일하게 권 최고위원만이 자기 목소리를 뒤로하고 야당의 재건에 몰두했다. 당을 먼저 생각하는 '선당후사' 정치의 전형을 보여줬다.

권 최고의 이런 살신성인의 희생정신이 결국 김대중 총재의 정계 복귀를 가능하게 했다. 나중에 보니, '권노갑 정치'를 포기하는 대신 '김대중 정치'를 한 것이었다. 정치인 권노갑은 스스로 죽으면서, 김대중을 다시 부활시켰다. 권노갑이 죽음으로 김대중을 살리는 정치는 여기서 끝이 아니었다.

1997년 15대 대선 직전, 권노갑과 동교동계 인사들은 기자회견을 열고 "DJ가 당선돼도 임명직을 맡지 않겠다"고 선언했다. 이는 1960년대 초부터 오직 '김대중 대통령 만들기'에 인생을 바친 권노갑의 위대한 결단이었다. 이순신 장군의 백의종군 선언 이후 역사에 기록될 권노갑의 백의종군 선언이었다.

한국 정치사에서 대통령 최측근이 자발적으로 권력을 내려놓은 사례는 이때가 처음이자 마지막이었다. 권노갑, 한화갑, 김옥두, 최재승, 설훈, 윤철상, 남궁진 등 7인은 수평적 정권 교체의 '훈장'만 받았을 뿐 어떤 '자리'도 차지하지 않았다. 희생 정치의 본보기였다. 동교동계는 한때의 권력을 포기하는 대신 역사에 영원히 사는 길을 선택했다.

나는 당시 〈한겨레신문〉 정치부 기자로 이들의 기자회견을 직접 현장에서 취재했다. 신문기자 경력 중 잊히지 않는 감동적인 장면 중 하나다. 정치 현장에서 탐욕은 넘쳐도, 희생은 찾기 힘든 장면이기 때문이다. 권노갑의 희생 덕분에 DJ는 김대중-김종필(DJP) 연합으로 정권을 잡았고, 경제부처 장관직을 자민련에 양보하며 국민 통합으로 IMF 위기를 극복할 수 있었다. 해방 뒤 '최고의 성공한 대통령' 김대중은 이렇게 해서 탄생할 수 있었다.

이처럼 위대한 대통령 김대중 뒤에는 위대한 희생 권노갑이 있었다. DJ는 2009년 세상을 떠났지만, 권노갑 고문(96세)은 여전히 김대중재단 이사장, 민추협 공동의장, 민주당 상임고문으로 활약 중이다.

나이가 젊었을 땐 '지도자'만 보였으나, 나이 들수록 '헌신'이 더 크게 다가온다. 김대중의 빛나는 업적은 권노갑의 그림자 같은 희생 위에 세워졌다. 두 사람은 민주주의 역사에서 떼려야 뗄 수 없는 동반자다.

'김대중 대통령의 영원한 비서실장' 권노갑은 이제 '김대중 정신의 등대지기'로 그 빛을 이어간다. 김대중이 영원하듯, 권노갑의 이름도 영원히 기억될 것이다.

김대중 대통령의
정신으로
살아가는 분

김옥두

(전) 새천년민주당 사무총장
(전) 김대중 총재 비서실장
제14·15·16대 국회의원

나는 1964년, 김대중 국회의원님의 개인 사무실이었던 '한국내외문제연구소'의 비서로 채용되었다. 당시 권노갑 고문님은 국회에 등록된 비서였는데, 권 고문님과 나와의 인연은 이렇게 시작되었다.

김대중 대통령을 모시면서 힘들고 어려울 때, 권 고문님과 두 손을 마주잡고 울면서 맹세했던 그 시절들이 주마등처럼 스쳐 지나간다. 권 고문께서는 그 당시 봉급을 타면 많은 동지들께 베풀어 주셔서 마음씨 좋은 노갑이 형님으로 불렸다.

형님의 주변에는 항상 많은 사람들이 따랐으며, 우리는 평생 가까운 거리에서 대통령을 모셨고, 행동하는 양심으로 살아왔다. 대통령 주변에는 많은 분들이 있었지만 가장 신뢰받는 인물은 권노갑 고문이었다. 어려울 때나 중요한 일이 있을 때 대통령께서는 항상 노갑이 형님을 찾으셨다.

대통령에 당선되실 때까지 의리와 지조로 그리고 가장 헌신적으로 고생한 대통령의 분신이었다. 특히 권 고문님은 기억력이 특출하여서(수첩이 없어도) 대통령께서 그 어떤 말씀을 하더라도 그대로 실천하는 인물이었다. 또한 박정희, 전두환 정권이 김대중을 죽이려고 교통사고 위장, 납치, 54회 연금, 6년간 감옥살이, 수십 년간 망명생활 등 갖은 중상모략을 할 때, 노갑이 형님은 목숨을 걸고 007 작전으로 대통령을 보호했다.

1980년 중앙정보부에 연행되어 갖은 고문을 당하셨다. '김대중은 빨갱이다'라고 말만 하면, 국회의원도 시켜주고 부귀영화를 누리게 해주겠다고 회유했지만 권 고문께서는 이에 굴복하지 않고 끝까지 대통령을 지키셨다.

지금도 건강한 몸으로 대통령의 정치철학을 전파하기 위해서 왕성하게 많은 활동을 하고 계시고, 고충 있는 동지들을 보살펴준, 내가 가장 존경하는 형님이시다.

대통령 주변에 많은 분들이 있었지만, 권 고문은 가

히 대통령의 오른팔이었다. 그리고 특유의 겸손과 온화함은 지금도 많은 후배들이 따르고 있는 이유이다.

지금껏 이처럼 형님이 건강한 것은 동교동의 건강이요, 대통령을 빛내준 훌륭한 형님이시다. 김대중 대통령님이 남기신 유언 '인생은 아름답고 역사는 발전한다'처럼 형님도 이런 정신으로 살아간다.

나 자신도 형용할 수 없을 만큼 갖은 고통과 모진 고문을 당했지만, 나와 형님은 단 한 번도 그 길을 결코 후회하지 않았다. 한국의 정치 고난사 속에서, 몸이 만신창이가 되어도 김대중 대통령을 끝까지 모시자며 눈물로 맹세했던 그때 그 시절…. 항상 언제나처럼 변함없는 권노갑 형님이 오늘따라 더욱 그리워진다.

마지막까지
민주주의를
책임지려는 사람

김재기

(전) 주택은행장
(전) 외환은행장

젊은 시절, 우리는 서로 걸어가는 길이 달랐다. 이분은 민주화의 맨 앞에 서 있었고, 나는 군사정권하 국책은행에 몸담고 있었다. '독재자의 후예'라는 소리까지 들었지만 나의 시국관은 권 고문과 다르지 않았다.

어두운 시대에 가까이 지내다 보니 여러 일화가 많았다. 권 고문을 만나고 돌아오기만 하면 중앙정보부 담당자가 찾아와 "무슨 얘기를 했느냐"며 뒤를 캐고 다녔다. 감사원에도 불려가 가까이 지내지 말라는 경고까지 받았다.

권 고문께서는 그 차가운 서대문형무소에서 옥고를 치렀던 적이 세 차례나 있었다. 한번은 나까지 연루되어 탄압을 가했다. 모 특수기관에 끌려가 잠도 안 재우면서 위압을 가해도 내가 물러서지 않자 "천만 원이라도 대라"며 얽어매려 하였다. 그 당시는 일단 '거짓말이라도 하라는 대로 불고 나와야 하던 시절'이었다. 그렇지만 나는 타협하지 않았고, 그 사건은 더 이상 확대되지 않았다.

DJ가 대통령에 당선된 후 권 고문은 일본 교토대로 유학을 떠났다. 마침 나도 은퇴하여 와세다대에 기숙사를 얻어 공부하던 차였다. 낯선 타지에서 두 사람이 만났으니 그 반가움이야 이루 말할 수 없었다. 우리는 뉴오타니호텔에서 자주 만나 세상 이야기를 나누며 말벗으로 지냈다.

세상에는 언행일치를 이루는 사람을 찾기 어렵다. 헌정사상 최초로 국민의정부를 세웠으나 권 고문은 어떠한 직함도 받지 않고 백의종군의 약속을 지켰다. 김대중 대통령하에서 '면서기'조차 하지 않은 분이다.

아흔이 훌쩍 넘은 연세에도 박사과정을 수료한 이분은 여전히 '청년'이다. 맨 마지막까지 우리 민주주의의 최후를 책임지려는 사람, 그가 바로 권노갑이다.

충성의 연대기

김종구

(전) 〈한겨레신문〉 편집인
제22대 한국신문방송편집인협회 회장

권노갑 고문의 삶은 한 인간이 다른 한 인간에게 바친 충성의 연대기다. 그 역시 욕망에서 자유롭지 않은 인간이었지만, 그의 삶은 욕망이라는 말보다는 충성이라는 낡고 무거운 말, 이제는 시대의 문법에서 밀려난 단어로만 설명된다. 그는 그 낡은 말을 끝까지 짊어지고 가고 있다

그의 일생은 한 사람을 향한 간결하고 집요한 문장과 같다. 토를 달지 않는 삶, 그 자체가 선택이 아니라 운명처럼 보인다. 권노갑 고문을 처음 만난 1994년 봄, 당시 고 김대중 대통령은 대선에서 패배한 뒤 영국에서 머물다가 귀국해 있었다. 정계복귀론이 끊임없이 제기되고 있었으나 전망은 결코 녹록하지 않았다.

하지만 권 고문에게는 매우 이상한 평온함이 있었

다. 자신이 따르는 빛에 영광의 순간이 오리라는 확신, 그
것은 믿음이라기보다는 신앙이자 기도였다.

　권 고문이 걸어온 길 위로는 늘 바람이 불었다. 시대
의 바람, 권력의 거센 바람이 끊임없이 몰아쳤다. 영광도
있었고, 상처도 있었다.

　이제 아흔을 넘긴 나이, 그는 늙었으나 낡지 않았다.
일생의 숙제처럼 남아 있는 자신의 순명(順命)을 끝까지
완수하려고 분투한다. 그는 김대중 정치사상을 주제로 영
문학 박사 논문을 준비하고 있다.

　한 사람의 생애가 오직 한 사람을 위해 쓰였다는 사
실만으로 그의 존재는 무겁게 남는다.

권노갑,
열전의 시간

김창혁

(전) 〈동아일보〉 논설위원
《권노갑 회고록: 순명》 공저자

사마천은 《사기(史記)》를 쓰면서 기전체(紀傳體)라는 역사 서술 체제를 만들었다. 황제의 사적을 다룬 본기(本紀)를 정점으로, 표(表), 서(書), 세가(世家), 열전(列傳)을 종횡으로 엮는 방식이다. 본기가 중심이지만, 표·서·세가, 특히 열전이 더해지지 않았다면 사기의 명성과 가치는 아마 반감됐을 것이다. 김유신부터 시작하는 김부식의 삼국사기 열전도 마찬가지다.

비록 왕조시대는 아니지만, 대한민국 현대사를 기전체 방식으로 서술한다면 '권노갑 열전'을 빼놓을 수 없을 것이다. 아니, 《삼국사기》의 김유신만큼은 아니겠지만 김종필(JP)과 함께 가장 방대한 분량의 열전이 되지 않을까 싶다.

　권노갑과 그의 시대는 그랬다. 박정희, 전두환, 노태우, 김영삼, 김대중, 노무현으로 이어지는 군사독재정권과 문민정부의 시대, 아니면 산업화와 민주화, 그리고 포스트 민주화의 시대, 그도 아니면 박정희와 3김, 그리고 포스트 3김 시대. 어떤 키워드로 권노갑이 살았던 시대를 설명하든, 열전이 없다면 완성되지 않는 역사다. 그만큼 권노갑의 시대는 '거장(巨匠)'들의 시대였다.

　우리 언론과 정계는 오랫동안 권노갑을 비롯한 양김(兩金)의 동지들을 '가신(家臣)'이라고 불러왔지만, 돌이켜보면 그건 정말 '기레기' 같은 짓이었다.

　권노갑이 1999년 펴낸 회고록 《누군가의 버팀목이 되는 삶이 아름답다》에는 이런 말이 나온다.

　"동교동 동지들은 전부터 '한번 동교동 맨이면 영원한 동교동 맨'이라는 농담을 하곤 한다. 그만큼 강한 유대감과 결속력을 갖고 있다. 오랜 세월 동안 김대중 총재를 모시고 동고동락하면서 생겨난 인간적 신뢰가 없었다면 생각하기 어려운 것이다. 그리고 이러한 신뢰가 총재에 대한 충성심을 낳았다. 세간에서는 이를 맹목적인 충성이라고 비판도 하는 모양이지만, 사실은 그렇지 않다. 한화갑 동지는 '옳은 것에의 복종'이며 '실증적 진실에 대한 복종'이라고 표현한 일이 있다."

가신은 주인의 안색만 살피는 존재다. 그러나 동지는 지도자가 바라보는 지점을 같이 바라본다. 마치 《어린 왕자》의 작가 생텍쥐페리가 "사랑은 같은 방향을 바라보는 것(Looking in the same direction)"이라고 한 것처럼.

김종필의 사랑이 박정희가 아니라 혁명이었던 것처럼, 권노갑의 사랑은 김대중 개인을 향한 것이 아니라 '옳은 것에의 복종'이었다. 그리고 그 사랑을 한평생 지속시킬 수 있었던 것은 권노갑만의 신의와 의리였다.

권노갑의 시대는 그랬다. '옳은 것에 복종'하려는 마음을 순정(純情)처럼 간직하고, '옳은 것에 복종'하는 일을 순명(順命)으로 받아들이며 숱한 역경들을 헤쳐 나갔던 인물들이 밤하늘의 별처럼 빛났던 시대였다. 그 별들이 모여 성운(星雲)을 이루었던 시대였다. 박정희조차도 그랬다고 나는 믿는다.

그러나 박정희가 그랬고, 김종필이 그랬고, 또 누가 그랬던 것처럼 '옳은 것에 복종'하려는 순정을 일생(一生) 간직하는 사람은 그리 많지 않았다. 많은 인물이 명멸하며 죽은 별이 됐지만, 권노갑은 100세가 멀지 않은 지금도 빛을 잃지 않고 있다.

사마천은 백이(伯夷) 숙제(叔齊)의 이야기를 열전의 첫머리로 삼았다. '옳은 것에 복종'하려고 수양산에 들어가 고사리를 뜯어먹다 굶어 죽은 백이 숙제의 이야기를 들려주며 "과연 천도(天道)가 있는가?"라고 외쳤다. 수많은 사람이 사마천과 마찬가지로 조물주의 정의에 의문을 품으며 절규했던 시간이 바로 권노갑의 시대이기도 했다. 권노갑도 그랬을 것이다.

그러나 권노갑은 2024년 김대중(DJ) 탄생 100주년 때까지도 매주 화요일 동지들과 함께 DJ의 동작동 국립묘지를 찾았다. 그의 순정과 순명이 DJ라는 지도자 한 사람만을 향한 것이 아니라, 그 너머에 있음을 보여주는 권노갑만의 역사에 대한 신의와 의리였다. 권노갑 덕분에 현대 한국 정치의 사기(史記) 열전(列傳)은 우울하지 않고, 두고두고 읽을 만한 이야기가 됐다.

형님 계셔
동교동 사람으로 남아

김태랑

제17대 후반기 국회사무총장
제15대 국회의원
(전) 김대중총재 정치특보

1980년 서울의 봄! 현정 80년, 건국 이래 부푼 기대와 희망의 날들이 불행하고 잔혹한 한해로 역사는 기록되었다.

5월 어느 날 상도동 최형우 형님이 나를 불렀다. "동생, 커피 한 잔 하세!" 아스토리아 호텔 커피숍에 가니 형님은 반갑게 나를 맞아주셨다. 나를 마주한 형님은 "너, 임마 뭐 하고 있노?" 말씀인즉 동교동 출입 그만두고 상도동으로 합류하라는 강력한 명령이셨다.

영남 사람인 내가 동교동 선생을 따른 것은 사람을 보고 선택한 나의 결정이었다. 시골에서 중학교 다닐 때 5일장 장터에서 구한 단행본 삼국지를 읽고 밤잠을 설치곤 했다. 영웅호걸들의 '보국충정(保國忠情)'과 '양붕인의(良朋仁義)'를 내 삶의 좌표로 삼고 살아왔다. '새도 숲을 보고 찾아든다'고 했는데, 그러고 보니 김해 종원이도 남해 두식이도 하동의 평정이도 보이질 않으니 형무 형 따라 상도동으로 둥지를 틀고 난 후였다. 동향 형님이 던진 투박한 말 한마디에 온밤을 꼬박 새우고, 내 결심을 굳혔다. '동교동에 남겠다.' 선생님을 만난 지 10년, 잃어버릴 10년도 허송세월이지만, 그보다 같은 경상도 사람이라고 늘 돌봐주시던 노갑이 형님 생각이 영 떠나질 않는다.

정 때문일까? 신의 때문일까? 문득 김용의 대하소설 《정무문》의 한 구절이 생각났다. 한평생 찾던 원수를 눈앞에 두고 정 때문에 고뇌하는 주인공 이막수의 탄식이…. "정이 무엇이길래 생사를 가늠하는가?" 형님의 따뜻한 눈빛을 지우지 못한 나는 오늘까지 동교동 사람으로 남아 있으니 이 모든 것이 정 때문일까?

김대중 선생이 처음으로 자기정당을 만들었으니 평민당이다. 경상도 사람인 내가 평민당 조직국장 자리를 차지했으니 말들이 많을 수밖에…. 혹자는 이희호 여사께서 뒷배가 되어 그 자리에 앉았다지만, 형님이 계셔 가능한 일이었다. 그 후 비서실 차장, 대선 총괄상황실장 등 당내 요직을 두루 거치게 된 것도 형님과 무관하지 않았다.

14대 총선을 앞두고 목포지역 김홍일의 출마 여론이

분분할 때다. 어느 날 최재승과 박광태가 '김대중 총재의 장남인 김홍일 씨를 목포 지역구에 민주당 후보로 공천해야 한다'고 했다는 기사가 〈조선일보〉에 게재되었다. 그 시기 형님은 외로운 사람이었다. '나라도 바른 말을 해야지' 하고 비서실 차장인 내가 총재님 방을 노크했다. 이때 "선생님! 김홍일을 공천하면 300만 표가 도망간다고 합니다"라고 진언한 것이 〈동아일보〉에 보도되어 평지풍파를 일으킨 이후, 나는 선생의 눈 밖에 나서 소원한 관계가 되었다.(〈동아일보〉 "국민의정부 인사 회고", 이동관, 윤영찬, 윤승모)

형님을 모시고 따른 지 어언 반세기를 넘겼으니 질기고 긴 인연이다. 지금도 형님은 우리 모두의 동네 형님으로 백수를 앞두고 있다. 삼시 세끼 그 많은 사람 만나 골프를 즐기시고 젊은 사람 못지않은 반듯한 자세를 유지하시니 모두들 천복 받은 사람이라고 부러워한다.

동국대 출신의 핍박 받던 야당 정치인 김대중 비서가 명가의 명품 규수와 연을 맺어 100년을 동고동락하시며 슬하에 아들 딸 두어 세 손자까지 명문수학 하였으니, 선영의 음력과 수신의 미덕이 오늘을 이룬 결실인 것이다.

보통 사람 같은 권노갑! 그런데 그분은 보통사람이 아니다. 형님은 진실한 사람이다. 김대중 정권의 제2인자 권노갑! 수많은 사람들이 선생을 면담하고 그 답은 형님을 통해 하달하니, 형님은 선생의 전언을 한 치의 오차 없이 전달한다. 상대방의 입장을 가늠하여 자기의 생각을 더하거나 빼지 않고 바르게 전달하니 모두가 권노갑을 진실한 사람으로 신뢰하고 존경한다.

형님은 한없이 넓고 포근한 사람이다. 형님은 세상을 관조하는 지략의 소유자도 아니다. 선생의 절대적 신임을 받는 만큼 상대적 부침도 많았다. 뒷전에서 비난하는 자를 면전에서 면박하지 않고 너그럽게 포용하는 관용의 미력을 지닌 사람이다. 혹자는 그분을 "권 쑥구", 또는 "용각산"이라 칭했다. 즉, 속을 알 수 없는 사람, 아니면 명쾌한 사람이 아니라고 하지만, 형님은 그들의 험담에 개의치 않고 여유 있게 웃어넘기는 자기중심이 확실한 사람이다.

형님은 참고 기다리는 사람이다. "두견새가 울 때까지 봄을 기다린다"는 도쿠가와 이에야스처럼 자신의 인내심을 시험하는 것일까, 아니면 그를 닮은 것일까. 한평생 선생을 지키면서 얼마나 많은 일들을 겪었을까. 비난하는 자를 힐난하지 않고, 욕하는 자는 달래기도 하고, 오랜 세월 참고 견디며 때를 기다리는 사람이다. 오랜 세월이 지난 오늘 우리는 권노갑이란 사람의 참모습을 볼 수 있다.

친구 훈평이는 늘 자기가 권노갑의 좌훈평이라 하

고, 나는 내가 좌태랑이라 할 만큼 한평생 형님을 모시고 살아왔다. 한보그룹 정태수 사건으로 검찰조사를 받으러 가실 때 나는 온종일 차 안에서 형님을 기다렸고, 소장파의 쇄신파동으로 정치 일선에서 물러나 흔히들 말하는 자의반 타의반 해외생활에 1년여 동행했으니, 그 덕분에 싱가포르 에어라인 1등석도 타보고, 페블비치에서 골프도 치고, 오쿠라 호텔의 값비싼 스시도 맛보았다.

풍찬노숙, 어렵고 서러운 날들이 우리에게 더욱 많았지만 그래도 즐겁고 아름다운 추억을 가진 날들도 있었다. 형님께서 LA교민들의 노력으로 명예박사 수여식에 참석해 온 시내를 카퍼레이드 하던 추억을 잊지 못할 것이다. 언제나 그랬지만, 내 인생에서 가장 잘한 일은 형님을 만난 인연으로 지금까지 동교동사람으로 남아 있는 것이 아닐까?

진나라 승상 여불위가 농사꾼의 이익은 배요, 장사꾼의 이익은 열 배요, 사람 장사는 그 이익을 계산할 수 없다 했으니, 그러고 보면 나는 사람장사 잘한 사람 중 한 사람이다. 인생 후반, 남은 삶은 사랑하고 존경하는 우리 형님 모시고 멋지고 아름답게 살아가련다.

민주화 견인의
공헌자

남궁진

김대중평화센터 이사
제38대 문화관광부 장관
제14·15대 국회의원

엄혹한 군사정권 시절과 민주화 투쟁의 시간, 그리고 국민의정부 탄생 등 지난 38년간 가까이서 바라본 권노갑 고문님은 지혜로운 직언과 헌신적 봉사로 김대중 대통령님의 든든한 버팀목으로 민주화를 견인하는 데 공헌한 분이다.

장목(長目), 비이(飛耳), 수명(樹明)의 덕목을 갖추고 민주주의의 성취를 확신하고 매진한 지자(智者)이다.

민주주의, 자유, 평등, 인권, 그리고 한반도 평화를 위해 거리에서, 안기부에서, 감옥에서, 미행·연금·고문 등 수많은 탄압 속에서 굴하지 않고 눈물과 땀을 쏟으며 순명(順命)해온 전사(戰士)다.

성품은 근품(勤品)이요, 정품(精品)이며 중용을 사랑한 묘품(妙品)이고 외롭고 힘든 모든 동지를 차별 없이 품어 안고 적까지도 용서하는 화품(和品)이며 선각자적 지혜를 발현한 일품(逸品) 지도자이다.

나라와 국민 그리고 당을 위해, 언제나 성실(Sincerity), 정직(Honesty), 신중한 태도(Attitude), 열정(Passion)으로 온갖 시련을 이겨 내는 인내(Endurance)를 견지해온 꼴(Shape)을 갖춘 지도자의 모델이다.

늘 잘못된 세상을 바꾸는 일에는 주저 없이 '티쿤 올람(세상을 바꾸자)'을 외치며 선봉에 서거나 뒤에서 용기를 북돋아준 선도자이다.

민주주의와 한반도 평화, 번영하는 나라, 그리고 모든 국민이 화합하며 행복한 나라를 만드는 데 헌신해온 행동하는 양심(良心)의 표상이다.

권노갑 고문님은 인생에 성공한 사람이다

박광태

광주 글로벌모터스 초대 대표이사
민선3·4기 광주광역시장
제14·15·16대 국회의원

사람은 누구나 한평생 살아오면서 성공한 사람이 되고 싶어 한다. 성공한 사람이란 어떤 사람을 두고 말하는가? 그 기준은 정해진 것이 없다. 그러나 성공한 사람을 말할 때는, 첫째 높은 벼슬을 한 사람, 둘째 돈을 많이 벌어서 부자로 사는 사람, 셋째 평소에 베풀면서 복을 많이 쌓고 사는 사람 등등 그 기준이 많다. 그러나 대체로 인생에 성공한 사람을 말할 때는 세 번째 복을 많이 쌓고 사람을 꼽는다. 말년에 외롭지 않고 모든 사람들로부터 사랑과 존경을 받기 때문이다.

인생 90이 넘은 노령에 기준을 두고 볼 때, 많은 사람들로부터 사랑받고 존경받으면서 살아가는 사람이 몇이나 있는가? 쉽게 떠오르지 않는다. 그러나 권노갑 고문님은 금년 96세 나이에 건강이 넘친다. 골프를 젊은 사람들보다 더 좋아한다. 해외여행이나 국내 활동이 왕성한 것을 볼 때 참으로 존경스럽고 부러움을 사고 있다. 지금도 주변 후배들의 어려운 민원들을 마다하지 않고 다 돌봐주고 있다. 더구나 그 연세에 영어 공부를 비롯해서 대학원 박사과정을 밟으면서 박사학위 논문을 작성하신다면 누가 믿겠는가?

특히나 권노갑 고문님은 성품이 긍정적이고 합리적이신 분이시다. 언제 어디서 어떤 일이 있어도 안 된다는 것이 없다. "응, 그래. 어떻게 하면 좋지?" 이것이 답이다. 누구를 미워하거나 욕하는 것을 본 일이 없다. 참으로 성인군자 같은 분이라고 말하고 싶다. 이와 같은 성격이나 품위를 가지고 살아오셨기 때문에 오늘날 성공한 인생이라고 평가받고 있다고 감히 말하고 싶다.

박정희 유신독재 통치하에서

권노갑 고문님과 나는 각별한 인연을 갖고 있다. 두 번이나 정치권력의 탄압을 받고 같은 교도소에서 억울한 징역살이를 했다.

첫 번째는 1974년 박정희 유신 독재 정권 때, 유신독재 반대투쟁으로 긴급조치 9호에 의거 서대문교도소에서 함께 징역살이를 했고, 두 번째 2003년 노무현 정권 때 동교동 사람들이 수난을 겪으면서 의왕교도소에서 함께 징역살이를 했다. 그리고 1980년 5월 17일 밤 11시경 전두환 수경사 사령관이 동교동의 김대중 선생을 강제 연행하면서 권노갑 고문을 비롯한 비서실 사람들이 군인들에 의해 총 개머리판으로 구타를 당하고 감금되어 밤새 고통을 겪은 인연이 있다.

이렇게 권 고문님과 나는 3차례나 어려운 고통을 겪으면서 깊은 정과 사랑을 나누며 살아온 관계다. 그래서 나는 권 고문님을 큰형님으로 모시고 있다.

1972년 대통령 선거에서 김대중 후보의 지지도가 간 곳마다 구름 떼같이 몰려든 것을 보고 놀란 박정희 정권이 대통령 직선제를 없애고 유신헌법을 만들어서 장기집권을 획책했다. 그리고 유신헌법을 반대하지 못하도록 긴급조치라는 명령을 발동했다. 천하에 없는 독재를 시작한 것이다.

그래서 김대중 선생을 비롯한 재야 민주인사들과 학생들이 유신헌법 반대 긴급조치 해제를 외치면서 투쟁 대열에 나섰다. 이 무렵 나도 투쟁대열에 앞장서서 싸우다가 연행되어 남산 지하실에서 고문을 당하고 긴급조치

9호 위반이라는 죄명으로 서대문교도소에 수감되었다.

서대문교도소에는 이미 김대중 선생이 수감되어 있었고 이어서 권노갑, 김옥두 형님들도 구속되어 있었다. 권노갑, 김옥두 형님들은 김대중 선생을 모시면서 긴급조치 9호 위반이라는 죄명으로 수감된 것이다.

권노갑 형님과 나는 감방이 건너편에 있어서 서로 창문을 열면 창살 사이로 얼굴을 볼 수가 있었다. 그래서 매일같이 아침에 일어나면 창살 사이로 "형님" 하고 크게 소리 질러 권노갑 형님을 불렀다. 물론 교도관은 쫓아와서 통방을 못 하게 하였다. 그런데도 나는 매일같이 권노갑 형님과 통방을 하니까 결국 나를 징벌방으로 전방을 시켜서 고생하기도 했다.

노무현 대통령 당선을 위해서

권노갑 형님과 나는 교도소에서 징역살이를 하면서 고생한 인연이 또 있다.

2002년 김대중 대통령께서 임기를 마치면서 노무현 대통령 당선을 위해 온갖 열정을 다하셨다. 사실 그 당시 분위기는 민주당 후보 중 이인제 후보가 가장 유력했다. 그런데 제주, 울산 경선을 마치고 광주 경선으로 가면서 이인제 후보를 제치고 노무현 후보가 1위를 차지한 것이다.

이렇게 해서 광주에서부터 노무현 후보 바람이 불면

서 노무현 후보가 본 경선에서 1위로 대통령 후보가 되었다. 그 후 대통령 선거에서 노무현 대통령 후보가 당선되어 대통령에 취임하셨다.

그런데 노무현 대통령 취임 초에 동교동은 수난을 겪었다. 국무회의 첫 안건이 김대중 대북송금이었다. 그리고 권노갑 고문을 비롯하여 동교동 비서들과 국회의원 약 30여 명이 일괄 구속되어 의왕교도소에서 의원총회를 하자고 할 정도였다. 여기에 권노갑, 박지원, 박광태, 박주선 등이 의왕교도소 동지가 됐다.

이렇게 권노갑 고문님과 나는 두 차례나 교도소에서 징역살이를 한 인연을 갖고 있다.

1980년 5·18 전야 전두환 작전

1980년 5월 17일 저녁 11시경이었다. 전두환 비상계엄 사령관이 이끄는 수경사에서 동교동의 김대중 선생을 연행한다는 정보가 들어왔다. 선생님께서는 응급실에서 대기하고 계셨고 우리 비서실 사람들은 마당에서 긴장한 채 있었다. 그런데 밤 11시경 수경사 군인들이 총에 착검을 하고 쳐들어왔다. 철제 대문을 부수고 쳐들어온 것이다. 물론 비서들이 대문 앞에서 몸으로 막았지만 총 개머리판 앞에서 모두 쓰러지고 말았다.

그들은 김대중 선생을 연행하고 비서실 사람들은 비

서실 방에 감금했다. 물론 착검한 총을 휘두르면서 꼼짝 못하게 감금한 것이다. 여기에 권노갑 고문, 이협(당시 〈중앙일보〉 기자)등도 함께 감금되어 고통을 겪었다. 이것이 1980년 5·18 전야 전두환 작전이다. 이처럼 권노갑 고문님과 나는 징역살이 2차례, 연금 1차례를 겪으면서 어려운 고통 속에서 형님과 동생의 인연을 맺고 살아왔다.

한마디로 권노갑 고문님은 특별한 체질을 갖고 태어난 인물이다. 1960년대부터 2026년 현재까지 약 60여 년간의 세월을 동교동을 지키면서 인생을 바치신 분이다. 김대중 선생의 어려운 수난시대에는 가장 곁에서 고통을 함께해 오신 분으로 젊은 청춘을 다 바치신 분이다.

김대중 선생이 어려울 때 곁에서 어려움을 함께하셨고 김대중 선생에 대한 아무도 모르는 비밀도 권노갑 고문만은 알고 계신 분이다. 물론 동교동이라는 대명사는 바로 권노갑 고문이다. 우리들의 영원한 큰형님 권노갑 고문님의 건강을 빕니다.

DJ의 비서실장이자
만인의 형님

박석무

다산연구소 이사장
우석대학교 석좌교수

비서실장이자 만인의 형님인 권노갑 고문.

"대한민국의 정치인. 김대중 전 대통령의 최측근 중 한 명으로 40년 넘는 세월 동안 보좌역을 수행했다." (나무위키)

사회의 공론으로 인터넷에 올라 있는 권노갑 고문을 소개한 글이다.

그렇다. 권 고문은 첫째가 정치인이다. 둘째가 김대중 대통령의 비서실장으로 평생 그분을 보좌해온 최측근의 인물이다.

김대중 대통령은 독일의 빌리 브란트, 남아프리카공화국의 넬슨 만델라와 함께 노벨평화상을 수상한 현대의

3대 정치가로 평가받게 되었다. 그런 분을 보좌해서 그런 정치가의 반열에 오르게 했다면, 비서실장으로서의 공로 또한 찬양되어야 하건만, 찬양받으려는 의사도 없는 사람이 바로 권 고문이다.

비서실장으로 보좌했다는 사실만이 바로 권 고문이 누구인가를 알게 해주고 있으니, 그 가운데 권 고문의 사람됨과 인품, 정치적 역량과 능력을 증명할 뿐이다.

권노갑 고문, 뚜렷하게 어떤 일을 잘했다고 칭찬할 말을 찾기가 어렵지만, 또 특별하게 잘못한 일이 어떤 것인가를 지적할 수가 없는 분이 바로 권 고문이다.

내가 막상 이 글을 쓰려고 펜을 들고 보니 참으로 난감했다. 그래서 권 고문을 아주 잘 아는 분에게 여쭙기로 했다. 그랬더니 그분의 이야기가 참으로 재미있었다. 바로 그것이 권 고문의 훌륭함이라고 답하는 것이었다.

뚜렷하게 찬양할 일도 없지만 나쁘다고 지적할 일도 없으면서 위대한 대통령을 세계적인 정치가로 보좌해 낼 수 있었다는 것, 그것이 바로 권 고문이라는 답이었다.

인터넷에서 찾은 서두의 소개 글에는 '동교동계의 좌장 혹은 맏형 격'으로 여겨진다는 소개도 이어진다. 언제나 비서실장, 언제나 고문의 역할만 했던 분, 자신을 자랑하지도 않고, 남에게 해코지도 하지 않으면서, 얼굴에는 언제나 미소를 띠어서, 모두에게 늘 형님이라고 불린다.

그러면서 96세에 이른 오늘까지 골프를 즐기면서 젊은 사람들과 함께 살아가고 있는 분이 권 고문이다.

잔인하고 혹독한 5·16 계엄군들 앞에서 미소를 잃지 않았고, 전두환의 12·12, 5·17 계엄군 앞에서도 미소를 머금고 김대중을 지켜내는 강인한 의지를 보여주던 정치인, 가까이 지내는 노소의 모두가 '형님'이라고 불러도 그저 반갑게 즐겁게만 맞아주는 만인의 형님이 권 고문이다.

잘한 일도 보여주지 않고, 잘못한 일도 찾아내기 어렵듯이, 어떤 경우 되는 일도 없지만 안 되는 일도 없는 그저 두루뭉술한 그런 모습이지만, 정도를 벗어나는 일에는 단호히 선을 그어, 절대로 '주군(主君)'에게 해가 되는 일은 하지 않는 충실한 '가신(家臣)'이었음은 분명한 사실이다.

그렇게 보면 권 고문은 훌륭한 포용의 정치인이다. 공자 말씀에 '관즉득중(寬則得衆)', 관용을 베풀면 모두를 얻을 수 있다고 했으니, 모두가 형님으로 부르며 가까이 지내고 있는 것을 보면, 역시 관(寬)을 실천한 정치인이었음을 인정할 수 있다.

1961년 시작된 박정희 독재에서 1998년 김대중 집권에 이르는 40년 세월, 얼마나 매섭고 혹독한 탄압의 시대였던가. 그런 긴긴 세월, 미소와 포용의 힘으로 세계적인 정치가를 보좌했던 비서실장, 뭐라 해도 세월은 속일 수 없다.

96세의 노인, 아직도 미소와 포용력을 잃지 않고 새까만 후배들과 나라를 걱정하며 건강하게 지내고 계시니 참으로 다행한 일이다. 얄팍한 정치인들이 많은 세상인데, 그런 노정치인의 훌륭한 점에서 중후한 정치를 배우기를 권장해 본다.

한 시대의
품격을 남긴 충신

박주선

(전) 대검찰청 수사기획관
(전) 대통령 법무비서관
제20대 전반기 국회 부의장

몇 달 전에 권 고문님께서 안양의 골프장에서 그 어려운 샷 이글을 하셨다는 기사를 읽고 축하 전화를 드렸다. "축하 오찬을 모시겠다"고 했더니 기꺼이 응해주셔서 즐거운 시간을 가졌다.

"95세의 연세라면 일반적으로 보행도 원만하지 않을 터인데, 골프를 하시면서 이글까지 하신 것은 영원히 기억될 경사로서 축하드린다"고 말씀드렸다. 환하게 웃으시면서 감사하다고 말씀하시는데, 그 모습에서 '95세의 연세는 숫자에 불과하고 모든 것을 할 수 있다'는 당당하고 자신감에 찬 의지와 집념을 느낄 수 있었다.

일찍이 80을 훌쩍 넘기신 연세에 대학원에서 석사학위를 취득하고, 현재는 영문학 박사과정을 수료하고 학위논문까지 준비하고 계신다. 머지않아 90대 후반에 박사학위를 받는, 세상에서 아니 지구상에서 상상치 못한 일이 일어날 것을 의심치 않으면서 어서 환희의 그날이 오길 고대하고 있다. 특히 박사학위 논문 주제가 김대중 대통령님의 정치철학에 관한 내용이어서 더욱 의미심장하다.

권 고문님은 내가 1998년 DJ 대통령님의 법무비서관으로 청와대에 재직할 때, 처음으로 뵈었는데, 그때의 모습이 기억에 선하다. 그때는 권 고문님이 DJ의 최측근 실세로 평판을 얻던 시절이었는데, 그 어떤 위세나 권위의 기색을 전혀 느낄 수 없었다. 오히려 조용하고 따뜻한 인상과 나지막한 음성으로 정감 있게 대화하시는 모습에서, DJ의 실세라는 사실이 무색할 만큼 차분하고 겸손한 품격이 느껴졌다.

한편 그 시절, 나에게 인사 청탁을 부탁하는 이들도 적지 않았다. 그러나 당시에는 반세기 만에 이뤄진 역사적 정권 교체의 시기이자, IMF 구제금융이라는 국가적 비상 상황에 놓여 있었다. 그런 만큼 누구보다도 능력과 자질이 검증된 인사를 발탁하여 대통령께 추천해야 할 때였다.

나는 '사사로운 청탁에 따른 인사는 결코 있어서는 안 된다'는 소신을 굳게 지켰으며, 그 인사원칙을 대통령께 보고드렸고, 대통령께서도 그 뜻을 깊이 공감하며 수용하셨다.

권 고문님 역시 DJ 대통령님과 일심동체였다. DJ의 최측근 실세로서, 동교동계의 좌장으로 추앙받던 권 고문께서도 수많은 인사들로부터 인사 청탁을 받았을 터이지만, 나에게 단 한 번도 인사 추천이나 청탁을 하신 적이 없었다.

'권 고문님께서는 진정으로 DJ를 존경하고 사랑하며, DJ 정권의 성공과 DJ의 역사적 위업을 진심으로 염원하시는 분'이라는 확신을 갖게 되었다. 그 진심 어린 마음에 감동하여, 나는 권 고문님을 한층 더 깊이 존경하게 되었다.

더욱이 권 고문님은 DJ의 총애와 신임을 호가호위(狐假虎威)하는 일은 결코 없으셨다. 한결같은 충정으로 DJ에게 헌신하고 봉사하시며, 그 성공과 역사의 완성을 진심으로 기원하신 진정한 충신이었다.

권 고문님의 또 다른 특징은, 어느 자리에서나 누구에 대해서도 험담이나 비난의 말씀을 금하셨다. 그 품격 있는 침묵 속에서 오히려 더 큰 인품이 느껴졌다. "현명한 이는 사람의 허물을 보기보다, 그 속의 빛을 본다"는 공자님의 말씀과 "남을 높이는 말이 곧 자신을 높인다"는 아리스토텔레스의 격언을 연상시킨다.

인간은 희로애락의 감정을 갖는 동물이라고들 하는

데, 권 고문께서는 분노와 슬픔의 감정은 아예 갖지 않고 태어난 분 같다는 인상이 든다. 마치 바람에도 흔들리지 않는 소나무처럼, 언제나 평정과 온화함으로 세상을 대하신다. 그분의 마음은 세속의 풍파를 비켜 흐르는 고요한 샘물과도 같아, 마주한 이로 하여금 절로 마음이 맑아지고 정화되는 듯한 평온함을 느끼게 한다.

"세상에서 가장 귀한 선물은 좋은 사람을 만나게 해 주는 일이다."

나는 이 명언이야말로 인생의 진리를 담고 있다고 믿는다. 그렇기에 세상의 모든 인연들에게 나의 마음을 담은 최고의 선물로 '권노갑' 고문님을 뵙게 해드리고 싶다.

권노갑 고문님께서는 높으신 연세에도 불구하고, 여전히 아무나 따를 수 없는 노익장(老益壯)의 기개를 보여주고 계신다. 부디 그 크신 뜻을 모두 이루시어, 만인의 존경과 감탄 속에 노익광(老益光)의 삶까지 빛내시기를 간절히 소망한다.

든든한 울타리이자
중심을 지키는 폴대

배기선

김대중재단 사무총장
제14·16·17대 국회의원

"왜 울타리가 세워졌는지 이해하기 전에는 그것을 허물지 마라.(Don't ever take a fence down until you know the reason it was put up.)" – G.K. 체스터튼

오래전, 권노갑 이사장이 당 최고위원 선거에 나섰을 때, 나는 강원도 산골을 돌며 지지를 호소했다.

"김대중 선생의 길은 고난의 연속이었다. 그 곁을 지키며 한평생 울타리가 된 권 후보를 이제 우리가 지켜야 하지 않겠습니까?"

그 선거에서 권노갑 후보는 당당히 2등으로 선출되었다.

그는 언제나 곁에서, 그러나 결코 앞서지 않으며 김대중의 길을 함께 걸었다. 그는 '김대중의 울타리'로서 동지와 후배, 국민 모두에게 믿음의 상징이 되었으며, 그 존재 자체가 김대중 정신을 지탱하며 오늘의 민주주의를 일군 살아 있는 증언이었다.

권노갑 이사장의 청춘은 여전히 김대중재단의 텐트를 붙들고 있다. 그는 언제나 폴대를 바로 세워 재단의 중심을 지켜왔다.

3년 전, '김대중 대통령 탄생 100주년 기념사업' 추진에 회의적인 시선이 많았을 때, "한번 해보자"는 이사장의 단호한 한마디가 재단의 폴대가 되었다. 그 결단으로 기념사업은 큰 울림 속에 펼쳐졌고, 국민은 다시 김대중 대통령을 그리워했다.

세계정치학회(IPSA)의 '김대중상' 제정은 재단의 자부심이 되었고, 김대중정치학교와 학술원은 김대중의 철학과 가치를 교육과 연구로 계승하고 있으며, 국내외 250여 지부가 그 정신을 선양하고 있다.

이 모든 중심에는 언제나 권노갑 이사장의 헌신과 신념이 있다. 그의 목소리는 단단하고 걸음은 흔들림이 없다. 곧은 뒷모습과 젊은 눈빛으로 그는 오늘도 김대중의 뜻을 이어가고 있다.

그가 지켜온 김대중재단은 이제 민주·평화 세력의

정통을 잇는 종가로 우뚝 섰으며, 그는 여전히 청춘의 열
정으로 시대가 다시 세워야 할 정치의 폴대로 서 있다.

따스한 봄날의
가슴을 가진 분

서청원

제17대 정무장관
(전) 한나라당 대표최고위원
제11·13·14·15·16·18·19·20대 국회의원(8선)

권노갑 선배님의 평전에 참여할 수 있게 된 것을 큰 기쁨으로 생각합니다. 제가 몇십 년 모시면서 항상 느끼는 것은, 선배님은 따스한 봄날의 가슴을 가진 분이라고 말씀드리고 싶습니다. 민추협 시절이나 현역 의원 때나, 항상 누구에게나 편안하게 대해 주시고 얼굴 한 번 붉히시는 모습을 보지 못했습니다.

40년 전인 1985년 10월 하순경으로 기억합니다. 당시 제가 민추협 기관지 《민주통신》 주간과 운영위원을 맡고 있을 때였는데, 아마 회의를 마치고 현관을 나서는 순간 선배님과 조우하게 됐습니다.

당시 4~5명의 선후배 회원들과 70~80m 떨어진 〈동아일보〉 근처 무교동 포장마차집에서 참새구이를 함께 먹었습니다. 그때나 지금이나 약주를 안 하시지만 우리 일행과 함께 소주 몇 잔과 참새구이를 먹던 추억, 가을이 오면 그때의 기억이 가끔 떠오르곤 합니다.

제가 현역 시절에는 선배님을 모시고 가끔 골프도 함께 쳤습니다. 어떤 때는 선배님이 저보다 10~20야드 티샷을 멀리 보내시기도 했습니다. 그럴 때면 선배님은 "어이, 젊은 사람이 나보다 거리가 짧아…"라며 농담을 하시던 모습이 지금도 기억납니다.

선배님께서 한때 어려운 시절을 보내실 때 제가 병문안을 갔는데, 그때도 흐트러짐 없는 몸가짐을 보이셔서 후배들에게 귀감이 되셨습니다.

선배님도 아시겠지만, 제가 1981년 제11대 국회부터 정치를 시작했습니다. 그 당시의 선배님들 중에는 따스한 마음을 가지신 분들이 꽤 많았습니다. 너무 일찍 돌아가신 거창의 김동영 장관님, 이기택, 김상현, 신상우, 서석재 선배님들은 아직도 제 가슴속에 간직되어 있습니다. 건강을 회복하지 못하신 최형우 선배님은 안타깝기 그지없습니다.

선배님! 작년 5월쯤 신영균 선배님의 주선으로 점심 식사하신 것을 기억하실 겁니다. 그때도 선배님은 일주일

에 2~3번 운동을 하신다고 말씀하셨지요. 신영균 선배님
과 두 분 모두 긍정적인 마음과 꾸준한 운동으로 장수하
고 계신 것 같습니다. 선배님께서 대한민국 정치사상 최
장수하신 분으로 기록되시기를 진심으로 기원합니다.

한길로 지켜낸
충정의 정치

설훈

제15·16·19·20·21대 국회의원
(전) 민화협 공동의장
(전) 김대중 총재 비서

권노갑 고문! 한마디로 멋진 분이시다. 젊은 시절 좋아하고 존경하던 김대중 선생을 위해 온갖 고초를 마다 않고 끝까지 따르며 오직 한길로만 지내온 인생. 인간 승리이기도 하고 젊은 사람들에게는 "저분을 본받아라" 하고 싶은 참으로 요즘 드문 분이시다.

내가 처음 권노갑 고문을 만났던 곳이 서울구치소(서대문구치소)였던 것 같다. 그때도 김대중 선생을 따랐다는 것 외에 유신 체제에 반대했다는 것 외에 아무 잘못 없이 구속되어 옥고를 치렀다. 나는 그때 청년이었다. 그런 이후 1985년 김대중 선생 비서로 들어가면서 권노갑 고문을 비서실의 수장으로 선배로 큰형님으로 모시면서 참 즐겁게 일했다.

그때는 살벌한 시절로 광주항쟁 이후 많은 사람이 죽고 고문당하고 연금되고 툭하면 감옥 가는 시절이었다. 그러니 즐거울 리가 없었다. 그러나 권노갑 고문과 함께 있으면 항상 넉넉한 분위기가 만들어졌다.

돈이 있어서가 아니다. 그때는 누구도 감히 김대중 선생을 도우려고 하지 못했던 시절이었으니 모두 가난할 수밖에 없었다. 그러니 돈이 있어서가 아니라 사람 품성이 넉넉하고 어질어서 함께 있으면 괜히 넉넉한 생각이 들게 하는 분이었다. 특히 내가 동교동 막내 시절이었으니 권노갑 고문은 막내동생쯤으로 생각하고 아껴주셨던 것 같다. '사람 좋은 권노갑' 누구든지 동의하는 바였다.

사람만 좋은 것이 아니었다. 권노갑 고문의 뛰어난 자질은 사람에 대한 정확한 판단과 뛰어난 기억력이었다. 거의 천재적 능력을 발휘했다. 여야를 막론하고 그 사람에 대한 신상 이력이 컴퓨터처럼 줄줄 나오기 마련이었다. 그때는 컴퓨터가 나오기 전이었으니 잘 모르는 사람에 대해서는 권노갑 고문에게 물어보면 바로 답이 나오기 마련이었다.

그래서 나는 권노갑 고문을 '걸어 다니는 인명사전'이라고 농반진반으로 사람들에게 얘기하곤 했다. 참 신기한 능력이었다. 지금도 그 능력이 작동하고 있는 것 같다.

김대중을 위해 앞에 섰던 사람

김대중 선생은 절대 아랫사람에게 하대를 하지 않으셨지만, 꼭 한 사람 권노갑 고문에게는 하대를 하셨다. 아마 10대 때부터 입에 익은 바 있어 그렇기도 하겠지만 친동생처럼 생각되어서 그러하였으리라 짐작한다.

사실 김대중 선생을 모시고 있었던 사람들은 너나없이 '이 분이라면 내 목숨이라도 내놓을 수 있겠다'라는 마음으로 살았던 것 같다. 김대중 선생을 아주 가까이서 24시간 함께 숙식하며 모셨던 까닭에 그분의 숨소리까지 들어 알 수 있는 관계가 되니까 김대중 선생의 모든 것을 다 알게 되면서 그분의 인품, 능력, 조국과 민족에 대한 헌신성, 지도자로서의 모든 점을 구비하고 계신 것을 확인하고는 너나없이 말 그대로 목숨 걸고 모셔야겠다는 생각을 했던 것이다. 그 맨 앞에 권노갑 고문이 서 있었다.

아키노 대통령(필리핀 공항에서 마르코스에게 살해당한 아키노 의원의 부인)이 대통령 되기 위해 한참 정치를 할 때 김대중 선생께서 필리핀에 가신 적이 있다. 어느 식당에서 식사 중이었는데 총격전이 벌어졌다. 그때 필리핀의 치안 상태가 그러했다. 그러자 모두 식당 테이블 밑으로 몸을 숨기고 난리가 났다.

그때 권노갑 고문이 벌떡 일어나 김대중 선생을 뒤에 두고 앞을 노려보며 총알이 날아오면 몸으로라도 막겠다는 자세를 취했다. 그러자 함께 있던 몇몇 사람이 일어나서 행동을 같이 했다. 거의 본능적으로 일어났다고 들었다.

나는 그때 현장에 있지 않았고 전해 들은 이야기다. 이는 평소에 내 몸을 바쳐서라도 선생님을 모셔야 한다는 의식이 있지 않고서는 나오기 힘든 행동이었다. 그것이 필리핀에서 권노갑 선배가 몸으로 보여준 전설 같은 이야기였다.

남북관계 개선을 위한 희생

권노갑 고문은 김대중 대통령을 위해서라면, 조국의 통일을 위해서라면 자기 몸을 던져서라도 해내야 한다는 생각으로 세상을 살아온 분이다. 그것이 잘 드러난 것이 소위 '대북송금 사건'이다. 내용은 김대중 정부가 2000년 6·15 남북정상회담을 성사시키기 위해 현대그룹을 통해 북한에 5억 달러를 지원했다는 것이다.

과거에 노태우 정부가 북방 정책을 진행하면서 소련과 수교를 이루어 냈다. 이것은 남북 경쟁관계에 있어 대한민국이 북한이 따라올 수 없는 격차를 만들어 낸 사건이었다. 이에 북한은 외교적으로 치명적인 타격을 입게 되었던 것을 모든 국민이 잘 아는 바다. 그러나 이 수교가 그냥 이루어진 것은 아니었다. 노태우 정부가 30억 달러를 지원했고 그런 대가가 있었기에 가능했던 것이다. 당시 언론은 정부의 소련 수교를 칭송했다.

북한과의 관계 개선을 위해서 5억 달러를 지불한 것이 그리 큰 잘못이었을까? 그런데 결과적으로 권노갑 고문과 박지원 비서실장(당시 청와대 비서실장)은 구속되고 말았다. 나는 이 사건이 해방 이후 남북 관계에 있어서 가장 불행했던 사건이고 있어서는 안 되는 사건으로 본다.

두 분이 구속됨으로 인해 북한에서는 '민주당 정부가 계속되고 있고 대통령만 바뀌었을 뿐인데 대북송금했다고 구속을 시켜? 앞으로 누굴 믿고 누구와 남북문제를 논의하지?' 북한이 한국 정부를 믿을 수 없게 되는 단초가 되었다고 본다. 대북송금 문제는 그야말로 소련과의 수교에서 보듯 '통치 행위'의 사례로 판단하고 야당의 주장을 물리쳤어야 했다. 그러지 못했기 때문에 다음 정권의 남북문제의 해법에서 치명적으로 안 좋은 사례를 남기게 되었다.

서독과 동독의 관계를 보면 브란트 정부가 동방정책을 취하면서 동서독 관계를 풀어갔다. 우리가 북한에 대해서 지원한 것을 '퍼주기'라고 보수 진영에서 공격했지만 서독은 동독에 '쏟아붓기'라고 해야 적당한 표현이 될

만큼 많은 지원을 했다. 더구나 독일 사민당 정부가 시작한 동방정책을 기민당 정부가 들어서서도 동방정책을 계속했기 때문에 결국 독일이 통일될 수 있었던 것 아닌가?

우리도 대북송금 문제를 시비하지 않고 노무현 정부가 통치 행위로 인정하여 대북 정책을 계속했다면 이명박 정부도 쉽게 대북 정책을 바꾸지 못했을 것으로 볼 수밖에 없다. 참으로 아쉽고 잘못된 사건이었다. 역사에 만일은 없지만 그때 대북송금 문제를 시비하지 않았다면, 그리고 권노갑, 박지원 두 분의 고초가 없었다면 한국 역사는 다른 방향으로 흘러갔을 것이다.

결국 3년 동안 남북 관계는 얼어 있다가 노무현 대통령 임기를 1년 앞두고 정상회담이 재개되었지만 이명박 정부에게 대북 정책을 안 좋은 방향으로 몰아갈 수 있는 빌미를 주었다고 나는 생각한다. 참으로 아쉽고 아쉽다. 권노갑 고문이 겪은 고초 역시 민족을 위한 희생일 수밖에 없었다.

권노갑 고문은 건강을 타고나셨다. 96세인데도 정치적 사안에 대해 누구보다도 정확한 판단을 하고 계시다. 지난 1월 6일 대통령 생신 때 현충원 묘역에서 동지들에게 한 연설은 명연설이었다. 도저히 96세라고 믿을 수 없는 정열과 웅변으로 모두를 감동시켰다.

사실 권노갑 고문은 젊었을 때는 눌변으로 유명했

다. 그러나 시간이 흐르면서 눌변에서 달변으로 명연설가로 진화해 간 사실을 보면, 어디까지 발전해 나갈지 참으로 궁금하다. 바라기는 한국 정치에서 가장 장수하며 정치 현장에서 가장 사랑받고 존경받는 큰형님 '큰어르신'이 되시길 기원합니다. 말 그대로 110세까지는 활동하시길! 세계 기록 세우시길!

한국 야당 정치의
산증인이자 역사

신중식

제17대 국회의원
제3대 국정홍보처 처장
대한민국 헌정회 언론홍보 상임고문

평생을 군사독재정권 종식과 민주헌정질서 회복을 위해 투쟁해온 권노갑 고문. 그는 바로 한국 정치사 특히 야당 정치의 산증인이요, 역사이기도 하다.

머지않아 100세를 바라보면서도 아직도 꾸준한 운동과 후배들과의 접촉, 끊임없는 독서와 탐구 생활을 이어오고 있는 권노갑 고문.

동교동계의 맏형이기도 한 권 고문은 1930년 경북 안동에서 태어나 초등학교 입학 전 전남 목포로 이사한 것이 김대중 대통령과의 40여 넌 이어온 가족, 형제 이상의 인연이 되었고, 끈끈한 정치적 동지와 동교동계의 맏형이

된 것이다.

　권노갑 고문은 6·25 전쟁 중 UN군 통역, 목포여고 영어교사로 근무했고, 그의 향학열은 한국외대와 동국대, 하와이대학으로 연결되었다.

　이제 권 고문을 따르고 인생과 정치 수업을 해온 후배들이 권노갑 평전을 낸다고 하니 아무쪼록 권 고문께서 100세 넘으시도록 무병장수(無病長壽)하길 바라면서 저의 졸고를 마칩니다.

광주의 시간,
권노갑이라는 이름

심재권

국제정치학박사(Ph.D)
제20대 국회 외교통일위원회 위원장
제16·19·20대 국회의원

1980년 봄, 나는 안국동에 있는 윤보선 전 대통령의 자택에서 권 고문님을 자주 뵈었다. 윤보선 대통령의 자택에서는 '민주회복 민족통일 국민연합'(이하 '국민연합') 회의가 열리고 있었다. 윤보선, 함석헌, 김대중 세 분이 공동의장이었고 문익환 목사님이 중앙위원회 의장이었다. 당시 서울상대 복학생이던 나는 청년의 일원으로 중앙위원회에 참여했다.

권 고문님은 김대중 공동의장이 회의에 오실 때면 몇 분의 일행과 함께 오셔 밖에 계시다가 회의가 끝나면 김대중 공동의장과 함께 돌아가시곤 했다. 권 고문께서는 나를

청년 대표라고 하며 반갑게 대해 주셨다. 김대중 공동의
장을 충직하게 모시는 참 선한 분이시라는 인상이었다.

권 고문님과 깊은 대화를 나누고 활동을 함께하게
된 것은 5월 광주민주항쟁 와중에서였다. 전두환 신군부
는 5월 18일 0시를 기해 계엄령을 전국으로 확대했다. 다
른 일이 있어 집을 비웠던 나는 체포를 피했지만 17일 밤,
18일 새벽에 걸쳐 '국민연합'의 김대중 공동의장 등 거의
모든 중앙위원들이 연행되었다. 국회가 점거되었으며 일
체의 정치활동이 금지되었다. 대학 휴교령과 함께 각 대
학에도 계엄군이 진주했다.

나는 그 무렵 '국민연합'에서 중앙위원 겸 홍보국장
을 맡고 있었다. 일종의 대변인 격이었다. 무도한 비상계
엄 전국 확대는 물론이요, 김대중 공동의장 연행 등 '국민
연합'에 가해지는 탄압에 맞서 싸워야 했다. 유신철폐, 민
주회복의 기회를 다시 신군부에 빼앗길 수는 없었다.

더욱이 하루 이틀 시간이 지나며 전남 광주에서 학
생과 시민들이 계엄군에 맞서 계엄 해제, 유신헌법 철폐,
김대중 석방 등을 외치며 싸우고 있다는 소식이 전해져
왔다. 사흘째인가는 시위 학생들과 시민 가운데 사망자가
발생했다는 소식도 들려왔다. 5월 22일에는 계엄사가 김
대중 공동의장 등 '전국연합'이 내란음모를 꾀했다는 중
간발표를 했다. 얼토당토않은 거짓말이었다.

정말 속이 타들어 갔다. 그러나 동교동 김대중 공동의장 댁은 말할 것도 없고 안국동 윤보선 대통령 댁도 완전히 봉쇄되고 있었다. '국민연합'의 어떤 중앙위원과도 연락이 되지 않았다. 나에게는 현상금 1천만 원에 2계급 특진의 수배령이 내려졌다고 했다. 김수환 추기경의 도움을 받고자 만났던 어떤 천주교 관계자는 내가 이번에 잡히면 죽을 거라고 하면서 그냥 숨어 있으라고 했다.

이때 권 고문님과 연락이 되어 만나게 되었다. 나도 권 고문님이 반가웠지만 권 고문님께서도 나를 보며 반색을 하셨다. 권 고문님은 계엄사의 중간발표를 보며 김대중 공동의장의 안위를 몹시 걱정하고 있었다. 광주 소식을 주고받으며 시위대 사망 소식에 몹시 격앙되시기도 했다.

우리는 '국민연합' 명의의 성명서를 만들어 국내외에 배포하기로 했다. 모든 언론이 계엄령으로 통제되고 있었다. 우리 상황을 국민들과 해외에 알리는 일이 시급했다. 우리는 비상계엄 전국 확대의 부당성과 계엄사 중간발표의 허구성, 광주시민들의 민주항쟁 상황, 그리고 김대중 공동의장 등 연행된 민주인사들의 석방을 촉구하는 '국민연합' 명의의 성명서를 만들었다. 나도 권 고문님도 수배 중의 신분이었고 길거리 곳곳에서 불심검문이 이루어지고 있었지만 조금도 두려울 게 없었다.

광주에서는 수많은 학생과 시민이 민주회복을 위해

죽어가는 데 우리도 붙잡히면 죽기밖에 더하겠는가. 나는 언론사나 교회 등 국내 배포를, 권 고문님은 아시는 미국과 일본의 주한 특파원들에게 성명서를 전달하셨다. 덕분에 5월 27일 자 〈아사히 신문〉 조간에는 '국민연합'의 성명 내용이 1면 머리기사로 실리기도 했다. 재야 민주 세력의 목소리가 계엄 확대 후 해외에 전달되는 첫 순간이었다.

계엄군이 광주를 완전히 점령한 5월 27일 후에도 우리는 수시로 만나 소식을 나누며 대책을 의논하곤 했다. 우리는 광주 참상을 알리고 김대중 의장 등 연행된 재야 인사의 석방을 촉구하는 '국민연합' 명의의 2차 성명을 발표했다. 나는 역시 국내 배포를 담당했고 권 고문께서는 해외 언론, 주한 미·일 대사관 등을 맡아 2차 성명을 배포했다.

참으로 어렵던 시기, 나는 김대중 공동의장을 진심으로 존경하고 안위를 걱정하는 선한 분을 만나 '국민연합' 홍보국장의 책임을 조금이라도 수행할 수가 있었다.

순명, 주연 같은
2인자의 길

양승현

길의료재단 상임이사
(전) 가천대 사회과학대학장
(전) 〈서울신문〉 정치부장

'권노갑 고문' 하면 맨 먼저 떠오르는 단어가 있다. 그의 자서전 제목인 '순명(順命)'이다. 권 고문의 정치 역정을 이보다 더 선명히 드러내는 표현을 나는 아직 발견하지 못했다. 가히 압축적이다.

권 고문을 제쳐놓고 결코 고(故) 김대중 전 대통령을 설명할 길이 없고, 그를 빼놓고서 굴곡의 반독재 민주화 과정을 엮어낼 출구가 없다. 그는 늘 주연 같은 2인자였다.

권노갑 고문은 김대중 전 대통령의 분신이었다. 20대 때부터 함께해온 그 길은 감옥과 고초만이 기다리는 형극의 지독한 정치 여정이었다. 한 번도 회피하거나 비켜서 있지 않았다. 분신의 선택은 역사의 명령에 따르는 순명의 길 말고는 없음을 안 까닭이다. 그 엄혹한 세월을 묵묵히 견뎌내고 마침내 1998년 평화적 정권 교체를 일궈냈다.

영광도 잠시, 그는 변방으로 물러서는 담대한 맏형의 길을 마다하지 않고 따랐다. 당시 그의 회한을 짐작조차 할 수 없으나 그의 삶에서 안타까운 시기이다. 그의 정치적 지혜와 통찰을 엿볼 수 있는 대목이자, 그가 여전히 존경받는 이유이기도 하다.

70년 넘게 정치무대에서 존경과 사랑을 받고 있는 정치인이 얼마나 있는가. 상수(上壽)를 앞두고서 젊은이 못지않은 날렵함으로 어퍼컷을 날리고, 영문학 박사학위를 수료한 그의 열정과 지력(知力)에 견줄 만한 원로는 또 어디 있는가. 이것도 권 고문의 평전을 우리가 꼭 읽어야 하는 수백 가지 이유 중 하나이다.

대한민국
민주역사에 크게
기록되길 소망하며!

양영두

전북 사선문화제전 위원장
흥사단 민족통일운동본부 상임대표
민주당 당무위원 고문

권노갑 고문님은, 지금도 어려운 동지들의 영원한 동지이다!

1970년대 초, 유신 독재 시절 서울 광화문 인근 국회의사당에서 처음으로 권노갑 고문(당시 김대중 선생 비서)을 만났다. 9대 국회 손주항 의원 비서관이던 나는 유난히도 눈빛이 강한 첫인상을 느끼며 대화를 나누었다. 중앙정보부의 불법행위, 즉 김대중 선생을 감시, 도청, 미행, 자택 연금하는 행위를 국회에서 발언해 달라는 청원이었다.

당시 국회에 화요회 멤버인 천명기, 박영록 의원 등

김대중 선생 계보 의원이 있었지만 권력의 압력으로 입을 닫고 있는 실정이었다. 손 의원과 나는 깊은 고민 끝에 결국 예결위에서 총리를 상대로 질의를 했다.

"정부는 무엇이 두려워서 김대중 씨를 불법적으로 감시, 미행, 연금 등의 행위를 하는가? 법적 근거는 무엇인가?"

"이러한 행위는 반인권적, 반민주적인 것 아닌가?"

이날 국회 방청석에는 이희호 여사와 권 고문이 방청했고 이날 국회의 발언이 해외 언론에 보도되었다. 이후 손 의원과 나는 감시, 미행, 도청에 시달렸다.

1980년 '민주화의 봄' 당시, 나는 신군부의 쿠데타에 맞서 권노갑 고문님과 함께 5·18 광주민중항쟁의 참상을 세계에 알리고자 미·일 외교관들과 긴밀히 활동해 왔다. 이 나라 민주화 과정에서 헌신하신 권 고문님의 노고에 경의를 표하며, 그 공적이 대한민국 민주 역사에 크게 기록되길 소망한다. 이후 권 고문님과 신뢰가 깊어졌고 지금까지 신의가 이어져 오고 있다.

80년 광주 민중항쟁당시 광주의참상을 현지 조사해 세계에 알리고자 권 고문님과 나는 분투했다. 이 과정에서, 권 고문께서도 심한 고문을 받았고 나는 고문 후유증으로 오른쪽 눈이 실명되어 결국 민주 제단에 한쪽 눈을 바쳤다!

〈동아일보〉의 '순명, 권노갑의 정치 여정' 인터뷰에 배석하며 역사적 증언을 보완해 주는 역할 등 수없이 많은 사연을 글로 다 쓸 수 없는 아쉬움을 남기며 언론에 기고했던 글을 소개한다.

DJ 참모 중 좌장… 5·18 참상 해외에 알리다 모진 고문 받아

1979년 10·26 사태로 박정희 대통령이 서거하고 이제 민주화의 봄이 왔다며 3김(김대중·김영삼·김종필) 지도자를 중심으로 새로운 민주주의를 갈망하고 새로운 세상에 대한 기대감이 부풀어 오르던 때였다.

그러나 그 뜨거웠던 희망은 1980년 5월 무참히도 짓밟히고 무너졌다. 신군부의 준비되고 기획된 의도대로 헌법은 유린됐고, 권력욕에 가득 찬 군부 실세들의 입맛대로 운영됐다. 그들은 계엄에 맞서 민주와 자유를 외치던 전남·광주시민에게 공포 분위기를 연출하며 권력을 쟁탈했다. 광주 민주화운동에 참여한 학생 시민은 대한민국의 주인인 국민이 아니고 적이었다.

광주의 참혹한 진상은 보도통제로 세상의 귀와 눈에서 덮여 있었고 진실에 다가서기가 어려웠다. 세계의 한국 주재 언론 특파원들이 추방되고 철저히 봉쇄돼 있었다. 전국에 계엄이 확대되고 광주사태 발발 며칠 후, 야당 지도자 김대중(DJ) 선생이 신군부에 의해 강제 연행돼 구금됐다. 이후 권노갑 비서실장, 유훈근 비서, 문화방송 최성근 PD와 필자는 비밀리에 회합하고 미·일 대사관 외교관들과 긴밀히 연락해 광주 현지에 내려가 진상을 파악하기로 결의했다. 실행 직전 권 실장과 유 비서는 긴급 수배돼 도피하게 되고 필자와 외교관 등은 광주에 잠입했다. 이때 권 실장은 목포여고 영어교사 출신으로 영어와 일어에 능통해 평소에 DJ 선생의 뜻을 외교가에 전하는 일을 하고 있어 해외 언론에 광주의 참상을 알리는 데 큰 역할을 하게 됐다.

필자는 지명수배 끝에 체포됐고 보안사, 서울 남산 합수단에서 모진 고문을 받아 만신창이가 됐다. 가족들은 자택에 연금되고 친지들은 연행돼 조사받았다. 후에 알았지만, 권노갑 김대중기념사업회 회장도 심한 고문과 어려움을 당했고 구금돼 정신적·육체적 피해를 봤다.

권 회장님과 필자는 1970년대 9대 국회 때부터 인연이 됐다. 당시 필자는 손주항 의원 비서관이었다. 국회에서 인권침해 등에 대해 발언을 조심하고 있던 차에 초선이자 무소속인 손 의원에게 대정부 질문을 해달라고 권 회장이 부탁했다. 의원들이 꺼리는 대정부 질의를 결국 손 의원이 하게 됐고, 이로 인해 정보당국의 감시·도청·미행을 당하며 지내게 됐다. 이후 권 회장과의 신뢰가 깊어졌다.

권 회장은 올해 92세다. 김대중 선생의 참모 중 나이도 좌장이지만 제일 진실한 자세로 처신하며 후배 정치인들에게 존경을 받았다. 생활이 곤궁한 형편에서도 야당 지도자를 모시는 자세가 흐트러지질 않았다. 늦은 나이에 국회의원이 되고 나서 원외 위원장, 당직자 자녀들의 등록금이 없다 하면 세비를 쪼개서 지원하고 일자리가 없어서 힘들어하는 동지들의 취업을 적극적으로 챙기는 정말 가슴이 따뜻한 정치인이다.

한보 사건 등 여러 사건으로 투옥돼 오명을 뒤집어쓴 과정도 따져 보면 희생양이었다. 고문을 당하고도 그 당사자를 용서하고 직접 만나서 화해하고 식사를 대접하는 포용력의 지도자인 권 회장님께 존경과 감사의 인사를 드린다. 5·18 유공자 등록 절차도 뒤늦게 인정받아 민주유공자로 국가보훈처에 등록됐다.

— 〈문화일보〉 2022.5.18.

큰 자리보다 큰일에
몸 바친
대인(大人)의 삶

유경현

제21대 헌정회 회장
헌정회 원로회의 의장
제10·11·12대 국회의원

신의(信義), 느긋, 수난, 거시(巨視), 정진, 불로(不老).

정치권의 영원한 더불어민주당 상임고문 권노갑 원로에게 연상되는 단어들이다. DJ와 오직 한뜻 한길의 반세기 풍상, 다른 이는 가늠키 어려운 정치역정의 최측근 참모·동지이자 극한상황을 넘나든 분신·전우였다고 할 수 있다.

정치 장마당 순회가 다반사인 작금에 의리 정치인의 모범 사례로 손꼽히기도 한다. 90대 중반 원로 대표로 김대중 대통령 기념사업회장, 김대중재단 명예이사장, 더불어민주당 상임고문 등으로 DJ 서거 후에도 16년 동안 추모사업에 일편단심 매진하는 모습이 인상적이다.

향리 목포북초등학교와 목포상고 4년 선후배 사이가 바탕이라지만 본인의 자서전이 순명(順命)으로 이름지어졌음은 지천명(知天命)의 경지를 말해준다는 평판이다.

김대중도서관, 기념관, 정치아카데미 등 두드러진 기념 사업들이 결코 저절로 이루어지지 않았으며, 수많은 노고가 축적된 결과라는 이야기를 자주 듣는다.

"지금은 대변혁기이다. 국민과 함께 호흡하며 국민통합으로 하나 된 대한민국을 만들어야 한다."

"1955년 민주당 창당 정신이었던 민주주의, 시장경제, 평화통일은 연면히 이어져야 한다."

민주당 창당 70주년에 즈음하여 권노갑 고문의 간곡한 당부이자 천명이었다.

학창 시절부터 크게 기대했던 김대중 선배의 연거푼 국회 진출 실패를 보고, 30세 때 교직을 그만둔 채 25세의 김상현 청년 동지와 1961년 강원도 인제 국회의원 보궐선거에 참여해서 고난의 행군에 뛰어든 결기는 범인(凡人)으로서는 어려운 인생 반전인 셈이다.

DJ의 해외 체류, 대선 실패 등 가장 어려운 때에는 민주화추진협의회 운용, 당 최고위원으로 대행(代行) 역량을 발휘했고, 화불단행(禍不單行)으로 잇따른 옥고와 수난의 곤경을 남다른 저력으로 이겨냈다고 볼 수 있다.

DJ와 정치 동행 28년 만인 58세에 13대 국회에 진출한 일, 국회의원 2선 후 DJ 장남인 김홍일 의원에게 지역구를 넘겨준 일, 민주당 험지 경북 안동에서 출마 낙선한 일, DJ 대통령 당선 뒤 요직에 매달리지 않고 일본에 머물면서 다른 공신들의 2선 후퇴를 이끈 일. 이러한 일련의 처신은 거시적 정치의 공간 확장 사례로 기억되고 있다. 최고 권력의 최측근 실세라면서 3선 의원으로 국회나 당의 요직에 매달리지 않은 채 정당의 상임고문만 5차례 자족하는 모습은 요즘 말로 아주 이례적인 일이다.

상재정장(常在政場)의 장수로서 국난의 위기 때는 정대철 헌정회장 등 전직 국회의장 여야정당 대표들과 선국후당(先國後黨)의 경륜과 지혜 모으기에 앞장서서 눈길을 모았고, 작은 정치에서 허우적대는 정치권에 "나라 없으면 정치없다", "정치는 짧고 인생은 길다"는 어른들의 울림을 주고 있다는 평가를 받음직하다

전직 국회의원 1,100여 명으로 구성된 헌정회 회장으로 3년 전 정대철 전 대표최고위원을 천거해 2선 정치인들의 연대와 공화의 정치문화에 힘을 모아주고 최근 막료들과 노무현 대통령의 묘소를 참배한 일도 거시 정치의 솔선수범을 보여준 충정의 구현이라고 할 수 있다.

분노조절장애 욕망조절장애의 한국병에 시달리는

세태에 분노 대신 용서와 친화, 욕망 대신 절제와 배려로 느긋한 여유로움을 보여준 모습들은 정치인 이전에 좋은 어른의 모범 사례로 얘기되고 있다.

한번 선택한 목표 가치에 온몸을 던져 정진하는 성실성은 국내 명예박사학위 4개에 영문학 박사과정 수료까지 백세를 앞두고 인생의 노을을 뜻깊게 장식하고 있음은 심신의 건강이 뛰어난 표상이라고 할 수 있다.

언론사와의 장시간 인터뷰에서 수많은 정치 비사를 정확히 털어놓아 주위를 놀라게 하고, 만능 스포츠맨으로 90대 중반에 골프장에서 2언더파 70타를 쳐서 이른바 '라베(라이프 베스트)'에 이글까지 해낸 일은 전례가 드문 기록으로 노익장을 과시하기도 했다.

전체적으로 격동의 한국 현대사 속에서 한결같이 민주화운동의 지도자로 앞장섰고, 암울한 절망적 상황에서도 절망을 거부한 채 희망의 미래를 개척한 헌신과 열정의 생애는 두고두고 많은 이에게 귀감의 깨우침을 주리라 믿는다.

권 고문님과 가정의 앞길에 신의 가호와 은총이 내내 함께하시기를 빈다.

자랑스럽고
존경스러운 큰어른

유인학

(전) 한국조폐공사 사장
제13·14대 국회의원

지금 96세이신 권노갑 고문님은 나에게는 현재 생존해 계
신 마지막 남은 '존경하는 선배님'이시다.

무인생(戊寅生)인 나는 87세로 적은 나이는 아니지만,
주변에 100세 시대 나이 드신 선배들이 적지 않으니, 권노
갑 선배님처럼 60여 년 이상을 한결같이 존경할 수 있는
고향의 선배이자 민주화운동의 지도자로서 현재 생존해
계신 분은 없다.

나는 1970년대에 대학교수를 하면서 존경하는 민주
화운동의 선배 지도자인 김대중 당시 야당 의원님을 뵈었
다. 그때 우연히 권노갑 선배님을 만나게 되었다.

한편 1972년 유신 이후 나와 같은 유문(柳門)의 형님

인 유진산 총재님이 하루는 나를 불러 "자네 이번 선거는 한 구역에서 국회의원을 둘 뽑으니 영암에서 출마하라"고 하여서 상당히 고민을 하다가 주변의 4·19 동지들이 말려서 출마를 포기하고 학교와 학회 활동에 열중하였다.

그런데 1987년 전두환 독재 체제에 항거하여 범국민 운동이 생겨 민주화 추진 운동에 적극 참여한 시점에(동교동 김대중 총재님을 방문할 때) 당시 비서진의 수장 격이었던 권노갑 선배님을 자주 뵐 수 있었다.

1988년 제13대 국회의원 선거 당시 원래 처음에는 선거구를 나의 선조이신 하정(夏亭) 유관(柳寬)의 생거지였던 동대문을 선택하였다. 그런데 어느 날 김대중 총재님이 호출하여 내 고향 영암 선거구는 야당 탄압으로 출마할 사람이 없으니 불가피하게 영암에서 출마하라는 명을 받았다. 목포는 권노갑, 해남 김봉호, 나주 김장호, 장흥 이영권 등이 선정되었다.

그때 내 집안의 형님 되시는 유인국(柳寅國) 형님이 "내가 목포상고를 나왔는데, 김대중·권노갑과 다 친하다. 특히 권노갑은 권투선수 출신인데 믿을 만하니 잘 지내라"고 하셨다.

어려운 13대 선거에서 김대중 열풍에 힘입어 당시 여당의 심각한 탄압에도 불구하고 당선되었으며, 국회의원 시절 김대중 총재의 최측근인 권노갑 선배의 도움을 많이 받았다. 그 이후에도 내가 심리적으로 어려울 때 나를 살피시고 많은 위로를 해주셨다.

나는 1999년 8월 한국조폐공사 사장으로 취임한 후, 2002년 9월에 퇴직하고 다시금 학교에 복직하였는데, 민주화운동에 참여할 때마다 항상 권노갑 선배님이 정신적 지주이자 현실적 멘토가 되어주셨다.

그런데 근래 내가 대한민국헌정회 정책위 의장과 부회장을 맡아 여의도 사무실에 나가며 자주 뵙는 권노갑 선배님은 나보다 여덟 살이나 많으시면서도 항상 나보다 더 건강하고 젊게 보이셨다.

권 선배님은 매주 4~5일씩 헬스클럽에 가시고, 골프를 3~4일씩 하시면서 건강을 유지하신다. 또한 나에게 "자네 몸 좀 빼서 더욱 건강해지게 하라"고 충고하여 주신다. 사람이 살아가면서 항상 의리를 지키고 자기 소신대로 옳은 길을 가면서 백세 건강을 유지하고 후배들에게 간혹 밥이라도 사면서 격려하기는 쉽지 않다.

나는 가급적 매일 아침 운동을 하는데, 약간 짜증이 날 때마다 '96세의 권노갑 선배님은 헬스클럽에서 근력 운동을 하시는데 내가 게으름 피워서는 안 된다'며 다짐을 한다.

근래 인간 수명이 길어져 백세 시대가 왔는데, 항상 건강하고 행동을 바로하시면서 후배들을 돌보고 아직도

김대중 기념사업 등 민주화운동을 맡고 계시는 권노갑 고
문님은 모범적 정치인이자 자랑스럽고 존경스러운 우리
나라의 큰어른이시다.

민주주의의 시금석을
지켜낸 사람

윤영찬

(전) 네이버 부사장
(전) 청와대 국민소통수석
제20대 국회의원

1995년은 우리 정치사에서 기초·광역 단체장 선거가 처음
으로 치러진 해다. 지금은 지방선거가 너무나 당연한 것
으로 인식되고 있지만, 당시만 해도 김영삼 정부는 지자
체 선거 실시 약속에도 불구하고 중앙 권력의 약화와 선
거 패배를 우려해 실시 여부를 저울질 중이었다.

지방자치제는 정치인 김대중에게는 필생의 과업이
었고, 전두환 군사독재정권 시절인 1983년, 가택연금 상
태에 있던 그는 지방자치제 실시를 요구하며 무려 23일간
의 생명을 건 단식 투쟁을 벌이기도 했다. 그런 민주당에
게 1995년 6·27 지방자치제 선거 실시는 어떤 일이 있어도

지켜내야 할 민주주의의 시금석이기도 했다.

한 해 앞선 1994년 11월경이었다. 〈동아일보〉 정치부 막내기자로 동교동계를 담당하던 나는 그날도 밤늦은 시각 권노갑 당시 최고위원의 평창동 자택 초인종을 눌렀다.

"으응, 뭐 하러 또 이 밤에 오는가." 권 최고위원은 특유의 느릿한 남도 사투리로 나를 맞았다. "뭐 잘 계시나 뵈러 왔죠." 의례적 인사를 건넨 뒤 당의 여러 가지 상황에 대해 이런저런 얘기를 나눴다.

그러던 중 권 위원이 "응, 잠시 여기 있어 보소. 내가 뭐 하나 줄 게 있네"라며 방으로 들어갔다. 그리고 이내 A4 용지 한 장을 들고 와 내게 건넸다. "이거 좀 보소. 아이 정권이 지방선거를 연기하려고 음모를 꾸미고 있단 말이여." 문서는 국가안전기획부(안기부)가 전국 지부에 "지방선거 연기 문제를 심층 검토해 보고하라"고 지시하는 내용이었다.

"며칠까지 ○국 ○과로 보고하라"는 지시 내용이나 문서의 형식으로 봤을 때 안기부가 내려보낸 것이 틀림없어 보였다. "누구에게 받았습니까?" "으잉, 그거는 알 거이 없고…." 문서를 받고 종이를 세 번 접어 내 지갑 속에 넣었다.

하지만 막상 기사를 쓰려고 보니 뭔가 분위기가 맞지 않았다. 당시 여당인 민자당의 강인섭, 송천영 의원 등이 지방선거 연기를 거론하긴 했지만 선거 실시 방침에

대한 김영삼 대통령의 의지가 확실해 보였고, 연기론을
거론하며 군불을 때긴 했지만 정부나 민자당 지도부가 이
를 부인했기에 기사를 쓴다 해도 파급효과가 클 것 같지
않았다. 그래서 타이밍을 보기로 했다. 그렇게 안기부 지
방선거 연기 검토 문서는 해를 넘겨 내 지갑 속에서 세 달
간을 잠자고 있었다.

　그런데 1995년 신년 들어 지방선거 연기 문제와 직결
되는 '지방행정구조개편' 논의가 민자당을 중심으로 서서
히 고개를 들었다. 민주당 등 야권은 "지방선거 연기를 위
한 술수"라며 강력히 반발했으나 2월 14일 민자당 김덕룡
사무총장이 행정구역 개편을 공식적으로 언급하면서 지방
선거 연기 문제가 갑작스럽게 정국의 뇌관으로 떠올랐다.

　2월 19일은 일요일이었다. 기사를 보수적으로 취급
해온 편집국장과 정치부장이 마침 출장 중이라 골문이 비
어 있었다. 주말 데스크는 민주당을 담당해 온 이낙연 차
장 혼자였다. 오전 편집회의를 다녀온 이 차장이 말했다.
"1면 톱거리가 없으니 정치부가 다 메꾸라는데 큰일일세.
뭐 좀 없을까?" 나는 언뜻 지갑 속의 종이 한 장이 생각나
주섬주섬 지갑을 펼쳤다. 넣을 때 그대로 접혀 있던 종이
는 세월의 흐름을 반영하듯 접힌 부분이 거무스레 변색되
어 있었다.

　"이거 좀 보실래요?" 문서를 다 본 이 차장의 눈이 빛

났다. "아니 이걸 아직까지 그냥 가지고 있었나?" 편집부국장에게 급히 다녀온 이 차장이 말했다. "써, 1면 톱이야." 3개월을 묵혀 있던 안기부의 문서 한 장은 이렇게 세상에 공개됐다.

물론 그 파장은 엄청났다. 1994년 11월 문서 작성 시점에 안기부장으로 있다 통일부로 자리를 옮긴지 며칠밖에 안 됐던 김덕 부총리가 기사 다음 날 곧바로 경질됐다. 안기부 국장으로 문서 작성의 책임이 있는 정형근 안기부 1차장도 곧이어 옷을 벗었다. 지방행정구역 개편이나 지방선거 연기론도 자취를 감췄다. 그리고 그해 6월 27일 서울시장을 비롯한 전국 광역·기초단체장 선거가 실시됐다.

정치인 김대중의 염원이던 대한민국의 풀뿌리 민주주의는 이렇게 막이 올랐다. 이 막전막후의 주인공이 김대중의 영원한 비서 권노갑이었음을 우리는 기억해야 한다.

이 스토리는 여기서 끝나지 않는다. 세상을 떠들썩하게 했던 2탄이 있다. 바로 '외무부 문서변조 사건'이다. 1995년 지방선거를 앞둔 6월 초 그날도 평창동 권 최고위원 집이었다. "윤 기자, 안기부만 보낸 것이 아녀, 외무부도 지방선거 연기 검토를 각 공관에 지시했다는구먼." 그가 건넨 문서는 외무부가 1995년 3월 주요 33개 공관에 보낸 전문이었다. 여기에도 안기부 문서와 똑같이 '지방선거 연기 검토'란 문구가 들어가 있었다. 나는 고민했다. 안기부 문서로 큰 특종을 했는데 외무부 문서를 가지고 또 쓰는 것이 왠지 꺼림칙했다.

그때 정치부에 있다 월간 《신동아》로 자리를 옮긴 홍은택 선배(전 카카오 사장)가 찾아왔다. "《신동아》 7월호 기사를 써야 하는데 뭐 쓸 만한 거 없어?"라고 물었다. 나는 홍 선배에게 문서를 건네주며 "이번에는 홍 선배가 한 번 써 보시지요"라고 말했다. 그 결과는 반전이었다. 외무부에 확인차 찾아갔던 홍 선배가 나에게 전화를 걸어왔다. "그거 문서 사실이 아닌 것 같아. 변조된 문서로 보여. 외무부가 각 공관에 내려보낸 원문을 확인했는데 우리가 확보한 문서와는 달라. 이 건은 지방선거 연기가 아닌 외무부 문서변조가 핵심이야."

나는 깜짝 놀라 권 최고위원을 찾았다. "홍 기자가 취재 중인데 문서가 변조됐다는데요." "아녀, 그럴리가 없어. 그 문서 외무부 사람한테 받은 것이여." 권 최고위원은 손사래를 치며 펄쩍 뛰었다.

이 사건은 지방선거를 며칠 앞둔 정국에 엄청난 파장을 불러왔다. 당시 공로명 외무부 장관이 직접 기자회견을 열어 권 최고위원을 비난하고 명예훼손 혐의로 고소했고, 야당은 공 장관을 고발 조치했다.

지방선거가 끝나고 마침내 검찰의 수사가 시작되었다. 문서를 변조한 것으로 드러난 뉴질랜드 대사관 최승진 영사는 기소돼 최종 유죄판결을 받았고, 권 최고위원은 2년이 지난 97년 무죄를 선고받았다. 최 영사의 문서변조 사실을 권 최고위원이 사전에 알지 못했다고 법원이 인정한 셈이었다.

권 고문(나는 늘 그를 '고문님'이라 부른다)의 인생은 정치인 김대중과 민주주의에 대한 지칠 줄 모르는 헌신으로 일관했다. 군사독재정권 시절 김대중과 함께하며 숱한 고초를 겪었지만 그는 위축되지 않았고, 남을 의심하지 않았으며, 도망치지도 않았다. 오히려 넉넉한 품이 되어 민주주의를, 호남을, 동지들을 따뜻하게 껴안았다. 이 나라의 민주주의에 기여한 공과를 재는 저울이 있다면 권노갑의 공 역시 밖으로 알려진 것 이상으로 높은 평가를 받을 것이라 확신한다.

충성과 의리,
불굴의 정신과 열정

이석형

(전) 서울고등법원 판사
(전) 감사원 감사위원
제16-17대 언론중재위원회 위원장(변호사)

내가 권노갑 고문과 처음 인연을 맺은 것은 1995년 외교 문서변조 사건(주뉴질랜드 대사관의 외신관 최승진이 변조한 외교 전문을 전달받아 진실한 것으로 믿고 언론에 공표하여 형사사건이 된 사안)을 맡아 변론한 것이 계기였다.

당시 김대중 총재가 동교동 자택으로 나를 불러, 자신의 정치적 운명과도 직결되는 사건이니 변론에 최선을 다해 달라고 간청했다. 깨알같이 쓴 메모지를 보며 사건 경위와 재판부 인적사항 등을 설명하고 현금 500만 원과 몇 가지 기념품을 수임료라며 주시던 기억이 지금도 생생하다.

그 무렵 나는 서울고등법원 판사를 갓 퇴임하고 변호사로 활동하면서 형사법정 변론을 마치고 나오면 으레 방청객으로 왔던 사람 등으로부터 자신 또는 지인의 형사사건을 맡아달라는 요청이 많았던 시절이었다.

나는 위 사건에 최선을 다하여 무죄 확정판결을 받아냈고, 언론은 '사건을 고소한 외무부나 기소한 검찰의 체면이 휴지 조각이 되었다'는 등의 기사를 실을 정도로 무죄판결의 반향이 컸다.

그 이후 나는 일약 정치권에도 유명해져 김근태 의원 등 여러 정치인들의 형사사건 변론을 맡았고, 대부분 "우리 변호사! 우리 변호사!" 하며 칭찬하고 고마워해 큰 보람을 느꼈다.

마침내 1998년 김대중 대통령 취임 직후 야기된 김종필 국무총리서리 및 한승헌 감사원장서리 권한쟁의 사건의 대통령 소송 대리인(주임변호사)이 되어 헌법재판소 최초 공개변론 사건의 변론과 전부 승소라는 명예를 얻기도 하였다.

권 고문은 당시 김대중 정부의 초기 정치 안정화에 크게 기여했다며 칭찬하고 자랑스러워했다. 권 고문의 형사사건은 위 사건 이외에도 1997년 한보 뇌물사건, 2002년 알선수재 사건(이른바 진승현 게이트), 2003년 대북송금(현대) 사건 등 3건을 변론하였다. 알선수재 사건은 무죄 확정판결을 받았고, 나머지 두 사건은 유죄판결을 받았다.

그러나 한보사건은 권 고문이 처음부터 자백하여 유죄판결이 억울하다고 할 수 없어도, 대북송금 사건은 권 고문이 억울해하고 혐의를 강하게 부인한 사건이었다. 유죄의 핵심 증거로는 권 고문에게 직접 돈을 전달했다는 현대상선 사장 김영완의 검찰 진술조서뿐이었다. 더욱이 김영완은 검찰 조사 직후 미국으로 도망하여 증거력이 미약했다.

그럼에도 유죄판결이 난 것은 당시 검찰이 치밀하게 사건을 획책하고 김대중 정부, 민주당, 권 고문에 대한 매우 안 좋은 여론이 큰 영향을 미친 것으로 생각되었다. 권 고문은 지금도 그 사건에 대해서 억울함을 호소하며 재심을 바라고 있으나 재심의 엄격한 요건과 절차 때문에 안타까운 심정을 가지고 있다.

권 고문과의 인연은 위 사건들 말고도 그 권유에 따라 2000년 은평(을)지구당의 위원장직을 맡고 국회의원 선거 등에 출마한 것으로 이어졌다. 그러나 해당 지역구가 처음부터 우리 측에 매우 어려운 여건인데다, 직전에 사퇴한 위원장과 상대 후보 측의 끈질기고 교활한 농간과 마타도어에 휩싸이고 가족도 반대가 커서 당선에 실패하였다. 직전 위원장 측의 농간에 관해서는 치사하고 억울하여 사전에 권 고문께 아뢸까도 생각했으나 별다른 효과가 없을 것 같아 포기했는데 아쉬운 바가 있다.

결국 얼마 후 나는 정치권에 대한 실망과 가족의 반대로 정치권을 포기하고 일상의 변호사로 돌아와 보람차게 일해오고 있다. 지금까지도 권 고문과의 인간적인 관계와 존경심은 잃지 않고 있다.

그것은 소중한 가치들이 무시당하고 소외되기 일쑤인 작금의 시대에, 권 고문이 평생 지켜온 한 사람의 위대한 지도자에 대한 남다른 무한한 충성과 의리, 불굴의 정신과 열정, 온화하고 소탈한 성품, 백수(白壽)에 가까운 나이에도 식지 않는 탐구열과 건강을 모범적으로 보여주고 있기 때문이다.

한 시대를 살아온
세계인

이종찬

제23대 광복회 회장
제22대 국가정보원 원장
제11·12·13·14대 국회의원

내가 아직 중앙정보부에 재직했던 70년대 김대중 선생은 엄격한 감시하에 있었다. 내가 어쩌다가 국내 정치 공작의 명수 김영광 판기실장 사무실에 들리면 현황판에 동교동 조직표가 붙어 있었는데 그 한가운데 한문으로 권노갑 (權魯甲) 석자가 유난히 크게 자리 잡고 있었다. 권노갑은 1961년 김대중 선생이 인제 재보궐선거에 출마하여 겨우 당선될 때부터 김대중 맨이 되었다.

당시 청년 정치인 김대중은 1954년, 1959년, 1960년 세 번 낙선하여 빈털털이 신세였다. 경제적으로도 파산 상태인데다가 부인마저 세상을 떠나 인생에서 가장 어려운 때에 권노갑은 목포여고 영어교사직을 사직하고 최악 상태인 김대중 후보를 도와 당선하는 데 큰 역할을 했던 것이다. 그러나 국회의원으로 당선되면 무엇하나? 의원 등록조차 못하고 5·16 군사정변으로 국회가 해산되어 주군 김대중은 다시 낭인이 되었다.

하지만 권노갑은 여전히 청년 김대중 의원의 비서로 활동했다. 권노갑 비서는 명의만 남은 김대중 의원의 오른팔이요, 제일 가까운 복심이 된 것이다. 당시 권노갑은 아마추어 국가대표 권투선수로서 비호같이 날쌘 비서 겸 경호관으로 정치에 입문한 셈이었다.

그 후 김대중이란 야당 정치인의 시대가 왔다. 당시 세계는 미국의 청년 정치인 존 F. 케네디 선풍이 불기 시작하던 때였다. 한국 정치에서 김대중이란 이름이 40대 기수로 뜨기 시작했다. 당시 고루한 여당 공화당에서는 듣지 못했던 신선한 정책과 천하를 누비는 청산유수의 웅변으로 그가 가는 곳은 어디나 인산인해였다.

집권 공화당과 박정희 독재정권은 처음 맞닥뜨린 회심의 공격에 당황했다. 3공화국과 유신시대의 공작정치 모든 수단을 동원하여 김대중 정치를 견제하고 탄압하지 않으면 위기가 온다는 절박함으로 긴장했다. 강압 수단으로라도 김대중 정치를 막아야 했다. 사실 정치자금도 조직도 빈약한 김대중 캠프였다. 집권 공화당이 누르면 당장 집회를 열 자금조차 없었다.

김대중 지도자는 5년간 죽을 고비를 넘기고 6년간 감옥살이를 했다. 그런 극한 시기에 오른팔 권노갑이 편안할 수 있었을까? 꼭 같이 미행과 감시, 연행과 구속, 고문과 투옥을 당했다. 그 과정에서 주변에 있는 이른바 동교동계 참모진도 따라서 고행을 했다. 물론 고행을 피하여 떠난 이도 있었을 것이고 전향자도 있었다. 그러나 권노갑은 돌부처처럼 캠프를 지키고 진용을 유지했다.

나는 1987년 노태우 정부가 들어설 무렵 1노 3김의 원내구도가 여소야대로 '황금 분할'을 이루던 때에 치러진 13대 총선에서 당선된 권노갑 의원을 처음 만났다. 국회 의사당에서 야당의 투사로 알려진 권노갑 의원의 첫인상은 내가 상상한 것과 완전히 달랐다. 인자한 얼굴에 높지 않은 음성으로 설명하는 폼이 점잖은 대학교수 스타일이었다.

그 후 몇 사람이 그분의 이력에 대하여 소개하는 말을 들었다. 목포여고 영어교사를 할 때 내 육사 동기생 천용택 장군의 부인이 그분에게 영어를 배웠다고 했다. 6·25 전쟁 중에 미군 통역관으로 근무했으며, 그때부터 영어 공부를 평생 즐기고 있다고, 평소 브라우닝(Robert Browning)이나 아일랜드 시인 에이츠(William Yeats)의 영시를 암송하는 것이 취미라고. 지금도 90대의 연세로 외

국어대 영어영문학 박사과정을 필하고 논문을 구상 중이
라고.

나는 당시 알고 있던 권노갑 선배의 경력, 권투선수
에다가 김대중 선생의 보디가드? 아무리 생각해도 두 가
지 인상이 겹쳐지지 않는다. 그런 부조화 속에 사는 권노
갑 의원의 일관된 삶에는 또 다른 가치가 있는데 자세한
소개가 없다.

김대중 대통령은 한국 정치인 중 가장 드라마적인
삶을 살았던 것은 사실이다. 하지만 나는 그분의 삶을 단
순히 노벨평화상 수상자로만 자랑스럽게 소개하는 분들
에 대하여 불만이 많다. 너무 세속적으로 김대중을 평가
하는 것 같다. 그리고 그분을 지켜온 권노갑이란 분의 인
격이나 저서《누군가에게 버팀목이 되는 삶이 아름답다》
를 평함에 있어서도 한 시대의 단면으로는 훌륭하고 아
름다울지 모르나 무엇인가 부족함을 느낀다. 한국 정치는
그분들이 지향하는 이상의 도도한 흐름이 있다는 사실을
간과한 것 같다.

김대중 곁에는 많은 분들이 왔다가 떠났다. 가장 가
까운 후농 김상현도, 최초로 '김대중 대통령론'을 제기한
오른팔 이용희도 떠났다. 1972년 대통령후보 경선에서 이
철승계의 주장이었던 조연하는 그의 조직을 몽땅 데리고
동교동으로 옮겨왔지만 역시 떠났다. 공화당 사무총장을

역임한 예춘호 같은 분도 떠났다. 모두 일가견이 있는 정치인지만 서로의 가치를 찾다가 이견이 드러나 떠난 것 같다. 동교동의 보좌진도 많이 떠났다. 그러나 한결같이 지킨 분은 권노갑이 거의 유일하지 않을까?

　단순히 이해관계로만 볼 수 없는 김대중-권노갑 관계 그 너머에 있는 무엇이 있음은 틀림없다. 한국 정치를 넘어 한 시대를 살아온 세계인의 높은 시각에서 보는 평화와 민주주의 이상의 인간 해방에 대한 고민이 있지 않을까? 그것을 찾아내는 것이 한국 정치를 정상화하는 길일 것이다.

학(鶴) 같은
정계 원로

장성원

제15·16대 국회의원
(전) 〈동아일보〉 논설위원
소설가

1993년, 30년 전 일이다. 〈동아일보〉 편집국 경제 담당 부국장으로 있던 나는 큰딸을 시집보냈다. 사외 인사들에게는 일절 청첩장을 보내지 않고 사내 간부들에게만 알리고 결혼식을 올렸다. 식을 마치고 축의금 가방을 열어 보니 '축 화혼 권노갑'이란 하얀 봉투가 들어 있었다. 뜻밖의 일이었다.

그때 권 고문은 14대 국회의원으로 민주당 최고위원으로 계셨다. 나는 널리 알려진 권 고문의 존함은 잘 알고 있었으나 공사석에서 권 고문에게 인사를 드린 적이 없어 그분은 내 얼굴을 모르는 사이였다. 그런 분이 어떻게 내

딸아이 결혼 소식을 알고 축의금까지 보내셨을까? 의문이었다. 아마도 편집국 정치 담당 간부가 권 고문께 소식을 전하고 권 고문께서 축의를 보내신 것으로 추측할 수밖에 없었다.

그때는 김대중 총재가 정계 은퇴를 선언하고 영국에 가 계셨을 때였다. 민주당은 집권의 꿈을 잃고 실의에 빠져 있었다. 이런 시련 속에서 권 고문이 민주당과 동교동의 부활을 기약하면서 외롭게 김 총재의 빈자리를 지켜나가고 있던 시기였다. 그 축의금도 실은 김 총재를 대신해서 보낸 것이라고 생각했다.

권 고문은 1963년 김대중 의원 비서관·특별보좌관으로 시작해서 김대중 전 대통령이 서거하신 2009년까지 46년간 오랜 세월 고락을 같이했다. 특히 혹독한 민주화 운동 시절 흔들리지 않는 신념과 정성으로 김대중 총재를 보필해서 민주화를 이루어 냈고 끝내는 '김대중 대통령'을 만들어 냈으니 그 충의와 신의는 높이 평가받아 마땅하다.

전면(前面)에 나서지 않는 겸손과 보이지 않는 데서 오른손이 하는 일을 왼손이 모르게 일을 처리하는 미덕으로 김 대통령의 오른팔 역할을 했고, 그 인품이 권 고문의 주변에 사람들이 모이고 머무르게 만들었다.

그는 옥고를 치른 적이 있다. '동교동 맏형'으로 소리

없이 동교동의 온갖 궂은일을 맡아 챙기다 보니 그랬으리라 믿어 의심치 않는다. 언젠가 권 고문은 나에게 "총재께 미처 보고하지 않고 일을 처리한 것을 두고두고 후회하고 뉘우치고 있다"라고 실토한 적이 있다.

내가 신문사를 떠나 1995년 새정치국민회의 창당에 참여한 이후 권 고문은 정치 초년생인 나를 여러 가지로 따뜻하게 지도해 주셨다. 권 고문은 과격하고 급진적인 것을 배격했다. 온건하고 합리적이면서도 점진적인 자유민주주의자였다. 정치를 눈앞의 이익을 위해 잔꾀나 술수로 해서는 안 되고 일시적 손해와 희생이 따른다 하더라도 정경대의(正經大義)의 큰길을 걸으라고 충고하셨다.

내가 2004년 17대 총선을 앞두고 불출마 의사를 밝히자 "왜 더 하지 그만두느냐"고 아쉬워하셨다. 이렇게 말씀드렸다.

"저는 본래 정치적 자질이 없고 정치적 꿈도 없는 사람입니다. 제 정치적 꿈은 오직 김대중 대통령을 만드는 것이었습니다. 이제 그 꿈이 이루어졌으니 물러나는 것입니다."

권 고문이 고개를 끄덕이셨다.

권 고문은 3월에 만 96세가 되신다. 지금도 정정하시고 단아하시다. 그 기품이 마치 학 같으시다. 학구열도 식지 않고 있다. 만수를 기원한다.

품는 정치,
권노갑의 리더십

주승용

제20대 국회부의장
제38대 전라남도 여천군수
초대 통합 여수시장

내가 권노갑 고문을 처음 만난 것은 권 고문께서 목포시 지역구 국회의원으로 계셨던 1991년의 일이다. 당시 나는 전라남도의회 의원 선거에 입후보하기 위해 신민당(現 민주당)에 입당하여 정치활동을 막 시작한 참이었다.

정당 행사로 권 고문님도 함께하시는 자리였는데, 당시 김대중 총재의 최측근으로서 이미 중요한 정치인이셨던 권 고문은 새파랗게 어린 후배이자 특별한 인연도 없었던 나의 인사에도 진심 어린 덕담과 조언을 해주시는 자상한 모습을 보여주셨다. 당시 나는 큰 감명을 받았다.

권 고문은 김대중 대통령의 정치 역정을 초창기부

터 함께한 동지로서, 모진 고문 속에서도 자신의 의지를 굽히지 않는 곧은 신념의 정치인이다. 당시의 정치 환경에서 자신이 남긴 모든 것이 오해의 불씨가 될 수 있다는 생각에 작은 메모 한 장의 무게도 결코 가벼이 여기지 않아 수첩을 일절 사용하지 않고 모든 중요한 일을 기억으로 정리하는 방식을 택했다. 이는 권 고문의 탁월한 기억력과 함께 그의 철저한 자기관리 능력을 보여주는 일화라 하겠다.

권 고문은 김대중 대통령의 각별한 신임하에 조직 관리의 중책을 맡아 부드러운 리더십으로 조직 내부의 갈등을 조정하고 중재해 왔다. 정당 내에서도 저마다 견해나 이해관계가 다른 탓에 내부 갈등이 무례한 방식으로 나타나는 일도 있었지만, 권 고문은 단 한 번의 거친 언사 없이 모두의 말을 경청하며 품어주었다.

짧지 않은 나의 정치 인생 속에서 항상 권 고문을 롤모델로 생각해 온 것은 그가 일관되게 보여주었던 이러한 부드러운 리더십과 철저한 자기관리 때문이었던 듯하다.

구순을 넘긴 지금도 박사과정을 수료하시고 김대중 대통령의 정치철학에 관한 영문 논문을 준비하고 있는 그의 모습은 정계 은퇴 후 평범한 시민으로서의 삶을 살고 있는 나에게 끝없는 자극을 준다.

3부

권노갑의 일과 삶

권노갑의 정치는 말보다 삶에 가까웠다. 그는 늘 앞에 서
기보다 곁에 머물렀고, 드러내기보다 감당하는 쪽을 택
했다. 김대중이라는 이름이 하나의 역사로 완성되기까지,
그 곁에는 묵묵히 일을 해온 한 사람, 권노갑이 있었다.

3부 ‘권노갑의 일과 삶’은 정치가 직업이기 이전에 삶의 태도였던 시간들을 따라간다. 민주화를 위해 견뎌야 했던 고난과 정권 교체를 향한 집요한 준비, 그리고 권력의 문턱에서조차 스스로 물러났던 선택들. 그가 무엇을 이루었는가보다, 어떻게 살아왔는가를 들려준다.

3부에 실린 증언들은 권노갑을 가장 가까이에서 지켜본 이들의 기억이다. 계산보다 신의를 앞세우고, 승리보다 책임을 택했던 순간들 속에서 그의 정치와 삶은 분리되지 않는다. 조용하지만 단단했던 그 일상의 축적이 결국 ‘권노갑’이라는 이름을 하나의 삶의 방식으로 남게 했다.

새정치국민회의 김대중 총재에게 보고하는 장면(당시 총재 비서실장)

1991년 9월, 고르바초프를 만나러 가기 위해 헝가리 비행장에서 김대
중 총재 내외와 함께 러시아 비행기 트랩을 오르는 장면

1995년 새정치국민회의 경북도지부 및 경북 안동(갑) 지구당 창당대회

위: 2001년 미국 LA에서 국가문화재단(NCF)이 수여하는 마틴 루터 킹
자유인권상 수상 후 기념사진
아래: 2001년 11월 고르바초프 전 대통령 방한 당시 김대중 대통령과
환담 후 기념 사진

김대중의 사상을
살아낸 정치인,
권노갑

정대철

대한민국헌정회 회장
(전) 새천년민주당 대표최고위원
제9·10·13·14·16대 국회의원

나는 권노갑 고문을 아주 좋아한다. 그리고 존경한다. 내가 권 고문을 좋아하고 존경하는 이유는 분명하다.

첫째, 권노갑 고문은 이 나라 민주화를 위해 자신의 몸과 마음을 아끼지 않고 바친 사람이다. 민주화를 위해 권위주의 정권과 군사독재 정권에 맞서 김대중 대통령과 함께 끝까지 싸웠다. 투옥도 여러 차례 당했고, 고문과 연금 역시 셀 수 없이 겪었다. 그 시간은 누구에게나 삶의 지조를 꺾을 수 있는 시간이었지만, 그는 물러서지 않았다. 민주화는 언젠가 올 미래가 아니라, 지금 지켜야 할 현재라고 믿었기 때문이다.

특히 이 나라 최초의 평화적 정권 교체를 이루기 위해 김대중 당총재를 대통령으로 만들겠다는 목표 앞에서, 그는 자신의 안위나 계산을 먼저 두지 않았다. 죽을 각오로 정치의 현장을 지켜냈고, 그 모든 과정을 감당했다. 그리고 마침내 1997년, 김대중 대통령을 만들어 냈다. 권노갑은 단순히 곁에 있었던 사람이 아니라, 김대중의 정치가 현실이 되도록 설계하고 끝까지 책임진 핵심 인물이었다.

권노갑 고문은 김대중 대통령의 사상을 가장 가까운 자리에서 이해했고, 그것을 정치의 언어로 실천한 사람이다. 그가 이해한 김대중 사상의 중심에는 언제나 '용서와 화해, 그리고 평화'가 있었다. 이것은 도덕적 구호가 아니라, 분열된 사회를 다시 작동하게 만드는 정치의 기술이었다. 말로는 쉽지만, 실제 정치에서는 가장 어렵고 고통스러운 선택이다.

김대중 대통령이 남아공의 만델라 정권을 높이 평가했던 이유도 여기에 있다. 극단적인 갈등과 보복의 악순환 속에서 남아공은 진실을 밝히되 증오에 매달리지 않는 길을 택했다. 권노갑은 이 사례를 두고, "정권 교체보다 더 어려운 일은 사회를 다시 하나로 묶는 것이며, 그것이야말로 지도자가 감당해야 할 가장 무거운 책무"라고 여러 차례 강조해 왔다. 그는 정치의 목적이 승리에만 있지 않다는 사실을 누구보다 분명히 알고 있었다.

둘째, 나는 권 고문이 남을 배려하고 어려운 사람을 돕는 삶을 평생 살아왔기 때문에 존경한다. 주변에 억울한 일을 당하거나 부당한 처지에 놓인 사람이 있으면, 그는 늘 마치 자기 일처럼 나섰다. 계산하거나 조건을 따지지 않았다. 정치적 유불리를 떠나, 사람이 먼저라는 태도를 끝까지 놓지 않았다.

세상에는 나를 위해 사는 사람은 많지만, 남을 위해 사는 사람은 흔치 않다. 권노갑 고문처럼 자기 것을 내어주고, 스스로를 희생하며 살아온 사람은 더욱 그렇다. 그는 도움을 베풀고도 그것을 말로 남기지 않는 사람이었다. 그래서 그의 삶은 조용하지만 오래 남는다.

셋째, 권 고문은 자기관리가 철저한 분이다. 무엇보다 건강관리가 놀라울 정도다. 올해 아흔여섯의 나이에도 일주일에 두 번씩 골프를 치며 몸을 관리한다. 음식 관리도 철저해서, 한때 그렇게 좋아하던 술도 단번에 끊었다. 자기 절제와 자제는 아무나 할 수 있는 일이 아니다. 권 고문은 늘 삶을 대하는 태도부터가 남달랐다.

백수를 바라보는 나이에도 영문학 박사에 도전하는 모습은, 그가 여전히 현재를 살아가는 사람임을 보여준다. 나이 들수록 과거에 머무르기 쉬운데, 그는 공부를 통해 자신을 새롭게 단련하고 있다. 이런 삶의 자세가 있었기에, 긴 정치의 시간도 끝까지 버틸 수 있었을 것이라 나는 믿는다.

나는 누구보다 오랫동안 권 고문을 가까이에서 지켜본 사람이다. 평생을 함께 민주화운동을 했고, 김대중 대통령을 만들기 위해 같은 길을 걸어왔다. 정치의 가장 험한 국면에서도, 그는 늘 곁에 있었다. 나에게 권노갑 고문은 정치적 동지를 넘어, 큰형님 같은 존재다.

지금도 내가 정치적 조언을 구하고, 힘들 때 의지하는 분이 바로 권노갑 형님이다. 그만큼 신뢰가 깊고, 관계가 오래되었다. 그래서 나는 권노갑 고문을 좋아하지 않을 수 없고, 존경하지 않을 수 없다. 인간적으로도 좋아하고, 정치적으로도 존경하는 사람이다.

권노갑이라는 이름은 한 정치인의 이름을 넘어선다. 그것은 김대중의 사상이 한 사람의 삶을 통해 어떻게 이어지고, 현실 정치 속에서 어떻게 구현되었는지를 보여주는 하나의 증언이다. 그리고 나는 그 증언을, 가장 가까운 자리에서 지켜본 사람으로서 이렇게 남긴다.

위대한 지도자의
정치적 동반자

김경수

대통령직속 지방시대위원회 위원장
노무현재단 상임운영위원
민선 7기 경남도지사

2025년 10월 3일 추석 연휴 첫날, 권노갑 고문님이 노무현 대통령님의 묘역이 있는 봉하마을을 방문했습니다. '첫 방문'이었습니다. 얼마 전 권 고문님을 오랜만에 뵙고 인사드리는 자리에서, 그동안 '가 봐야지' 하는 마음은 있었지만, 이런저런 사정으로 한 번도 가보지 못했다는 말씀을 들었습니다. 바로 봉하로 연락해 날을 잡았습니다. 김태랑 고문을 포함해 권 고문님의 몇몇 지인들이 함께 봉하마을을 찾았습니다.

저와 함께 노무현 대통령님의 묘역을 참배한 후 권 고문님은 방명록에 김대중 대통령님과 노무현 대통령님과 함께했던 민주화의 여정에 대한 소회를 남겨주셨습니다. 1988년, 40대 초반이었던 노무현과 50대 후반이었던 권노갑, 두 분은 13대 국회의원 총선을 통해 초선의원으로 함께 국회에 진출한 인연을 갖고 있기도 합니다.

1994년 20대 청년이었던 저는 신계륜 국회의원의 정책 비서로 국회에 첫발을 내디뎠습니다. 2002년 대통령 선거 당시 노무현 후보와 첫 인연을 맺은 이후 지금까지 노무현의 사람으로 살아왔습니다. 김대중 대통령님의 최측근 참모로 40년이 넘는 세월을 함께했던 권 고문님의 인생 속에서 '지도자의 정치적 동반자이자 참모의 삶'이 갖는 의미와 무게를 돌아보게 됩니다.

두 분 대통령이 계시지 않는 지금, 두 분이 남긴 과제가 우리에게는 운명 같은 숙제가 되었습니다. 민주주의와 한반도 평화, 국가균형발전, 반칙과 특권 없는 사회. 행동하는 양심과 깨어 있는 시민들과 함께 풀어 나가야 할 대한민국의 숙제입니다.

특히 국민이 다시 나서서 바로 잡아준 대한민국 민주주의의 오늘을 보며, 또다시 시행착오를 되풀이하지 않기 위한 '정치의 역할'에 대해 심각하게 고민하지 않을 수 없습니다. 극단적인 갈등과 대립만이 난무하는 땅 위에서 민주주의의 나무는 자랄 수 없다는 것은, 두 분 대통령께서 우리에게 가르쳐 준 기본이자 원칙이기 때문입니다.

90대 중반의 고령임에도 김대중재단 이사장을 맡아 꿋꿋하게 한결같은 길을 걸어가고 계시는 분의 뒷모습을 보며, 우리가 지금 제대로 가야 할 길을 가고 있는지 자꾸만 되묻게 되는 오늘입니다.

도전하는 삶

김관영

민선8기 전북특별자치도 지사
제19·20대 국회의원
(전) 재정경제부 사무관

권노갑 고문은 늘 선한 표정으로 반겨주신다. 가끔 뵐 기회가 있을 때마다 후배의 인사보다 더 큰 격려의 말씀을 해주신다. 역사의 강을 건너온 힘이 느껴질 때가 많다. 권 고문은 자신을 드러내기보다 빛을 묵묵히 따르는 역할을 했다. 스스로 순명(順命)하는 삶으로 받아들이고 살아왔다. 수많은 유혹을 이겨내야 했고, 수난을 감내해야 했다.

실패를 두려워하지 않는 도전정신이 없었다면 가능했을까? 김대중이라는 거목을 지키며 사선을 넘나드는 고난을 함께한 정치역정은 도전하는 삶 그 자체였다. 불의한 시대에 맞설 용기와 정의감이 없었다면 버텨내기 어려웠을 것이다.

권노갑의 도전하는 삶은 정치 일선에서 물러선 이후에도 계속되고 있다. 83세의 나이로 국내 최고령 석사학위를 받았다. 최근에는 구순을 훌쩍 넘긴 나이에도 '국내 최고령 박사과정'을 수료했다. 매일 두 시간 이상의 운동과 영어 공부도 후배들에게 큰 도전을 주고 있다.

끊임없는 도전과 학습은 김대중 전 대통령님을 모셨던 분들의 공통점이다. 상인의 현실감각을 갖추기 위해서는 서생의 문제의식이 전제되어야 하기 때문일 것이다.

권노갑의 순명(順命)은 주어진 운명에 순응하는 게 아니라, 도전하는 삶을 통해 개척한 운명에 최선을 다하는 것이 아닐까 생각해 본다.

순명으로 운명을
뒷받침한 영혼의
동반자

김동연

민선 8기 경기도지사
제15대 아주대학교 총장
제4대 부총리 겸 기획재정부 장관

영혼의 동반자를 알아보는 데는 긴 시간이 필요하지 않습니다. 저는 지금 경기도청 집무실에 걸려 있는 "나는 마지막까지 역사와 국민을 믿었다"라는 김대중 대통령님 어록이 담긴 액자를 보며 김대중과 권노갑, 두 분의 만남과 삶을 떠올립니다.

1961년, 강원도 인제에서 청년 김대중과 권노갑이 서로의 손을 맞잡았을 때 이 땅 민주주의의 새로운 길이 시작됐습니다. 권노갑은 생애 모두를 걸 만큼의 비전을 발견했고, 김대중은 자신의 사명을 완수할 힘을 찾아냈습니다. 두 분은 서로에 대한 굳건한 신뢰와 희망으로 민주화 투쟁의 길고 험난한 길을 함께 걸었습니다.

자신이 꿈꾸던 사람과 철학, 역사관, 열정과 이상을 공유한다는 것은 축복입니다. 하지만 축복을 실현하는 것이 "야만과 광기의 시대"를 바꾸는 일이라면, 그것은 목숨을 건 도전입니다.

"참으로 야만과 광기의 시절을 살았습니다. 내게 있어서 권세는 인생의 목표가 아니었습니다. 평생을 모신 김대중 선생을 대통령에 당선시켜야 한다는 목표는 이 땅의 민주화와 맞물린 것이었기에 내 인생의 중요한 과제였습니다."

헤밍웨이는 용기를 '수난 밑에서의 기품'이라 정의했습니다. 권노갑 상임고문님은 그것을 '순명(順命)'이라 말씀하십니다. 1963년, 6대 국회의원에 당선된 순간부터 1997년 헌정사상 첫 민주적 정권 교체를 이뤄낼 때까지 'DJ와 권노갑'의 정치는 죽음을 감내해야 할 만큼 수많은 시련과 위험으로 가득 찼습니다.

그러나 두 분은 역사와 국민을 믿었습니다. 권노갑 상임고문님은 '순명'으로 김대중 대통령님의 '운명'을 뒷받침했고, 김대중 대통령님의 '운명'은 마침내 '국민'과 닿아 민주주의, 인권, 평화의 위대한 역사를 열었습니다.

두 분이 연 길 위에서 우리는 다시 나아갑니다. 지방

자치의 온전한 실현, 복지국가의 건설, AI 강국으로의 도약, 문화강국으로의 웅비, 그리고 평화와 번영의 한반도를 향해 한 걸음씩 나아갑니다.

우리에겐 민주당 70년의 역사가 있고, 역사의 한복판에 두 분이 새겨 넣은 민주당의 DNA가 있습니다. 지난 3년, 경기도 역시 그 힘으로 더 나은 세상을 향해 힘차게 전진할 수 있었습니다.

두 분의 담대한 희망과 용기를 닮으려 애쓰며 저는 다시 1,420만 경기도민 곁으로 갑니다. 권노갑 상임고문님, 언제나 건강하십시오. 감사합니다.

리더를 도와
참된 리더로 만드는
최고의 참모

김동철

한국전력공사 사장
제19대 국회 산업통상자원위원회 위원장
제17·18·19·20대 국회의원

내가 권노갑 고문을 처음 만난 것은 1989년 4월 14일이다. 당시 나는 한국산업은행에 재직 중이었는데 삶의 의미를 찾지 못하고 방황하던 중이었다. 그때 배기선 선배(당시 평민당 기조실 부실장)로부터 연락이 와서 권노갑 고문이 보좌관을 물색 중이니 한번 응해보라고 해서 처음 인사를 드리게 된 것이었다.

당시 모든 금융권이 다 마찬가지였겠지만, 그 당시 내가 다니던 한국산업은행 역시 관치금융이 횡행하고 상명하복이 극심한 보수적·폐쇄적 조직이었다. 그 때문에 직장생활에 흥미를 가질 수 없었던 것이다. 그래도 안정적인 은행생활을 박차고 나가 신분도 월수입도 보장되지 않는 정치권에 뛰어드는 나를 향해 참으로 무모하고 이해되지 않는다는 주변의 시선이 많았다. 하지만 당시 나는 '젊었을 때 뭔가 의미 있는 일을 하지 못 한다면 그게 바람직한 인생이겠나'라고 생각했다.

그 당시 권 고문은 13대 평민당 국회의원으로서 그 직전 해에 당선되어 김대중 총재의 오른팔로 불리며 왕성하게 활동하고 계시던 때였다. 약속한 날 오후 국회의원회관에 가서 권 고문을 처음 뵈었는데 그분은 나를 보시자마자 "자네가 정치에 뜻이 있으면 내가 얼마든지 키워줄 수 있다"고 말씀하셨다. 당시 내가 정치권으로 옮긴 것은 정치에 관심이 있어서도 또한 정치를 하고 싶어서도 아니었다. 오로지 뭔가 의미 있는 일을 하고 싶다는 일념이었기 때문에 권 고문의 그 말씀이 생소하게 느껴지기만 했다. 권 고문은 나를 처음 만난 자리에서 보시자마자 보좌관으로 확정하셨는데, 아마도 배기선 선배가 미리 나에 대해 말씀을 잘해주셨기 때문일 것이다.

다만, 이 일도 나에게는 그리 자연스러운 일로는 생각되지 않았다. 내가 처음 접해본 정치권은 내 상상을 훨씬 초월하는 곳이었다. 수많은 사람이 국회의원회관을 찾아들었고 신분도 저 밑바닥에서부터 고관대작에 이르기까지 참으로 다양하였다.

　나는 평범한 집안에서 자라 또 평범하게 직장생활을 해왔던 터라 정치권에서 만난 그 다양하고 잡다한 수많은 사람과 사건을 감당하기가 쉽지만은 않았다. 그런데 내가 크고 작은 일로 좌절할 때마다 권 고문께서는 아실 리도 없으셨을 테지만, 권 고문의 일상 언행과 일거수일투족은 나도 모르게 큰 힘이 되었다.

　김대중 총재가 정치권에 힘들게 입문하고 성공하게 된 과정에서 권 고문이 크고 작은 허드렛일, 궂은일들을 마다하지 않고 해냈던 이야기, 젊은 시절 깡패와의 무용담 등 수많은 에피소드를 들을 때면, '저렇게 인생을 힘들고 복잡하게 살아오신 분도 계신데 내가 처한 이 작은 어려움을 극복하지 못한다면 어떻게 되겠는가' 하는 생각을 하면서 말이다.

　권 고문의 보좌관으로 일한 지 4개월도 되지 않아 지금으로서는 상상하기 어려운 일들이 연속해서 일어났다. 1989년 8월 서경원 의원 밀입북 사건을 비롯해 문익환 목사, 임수경 양 방북 사건 등이 연이어 일어났고 그 바람에 김대중 총재가 용공으로 덧칠돼 참으로 힘든 시기였다. 1990년 1월에는 3당 합당으로 거대 여당 민자당이 만들어져 김대중 총재의 평민당은 소수 야당으로 힘든 싸움을 벌이지 않으면 안 되었다.

나 자신도 오직 우리 대한민국의 민주화와 정권 교체를 바라며 일하고 있었는데, 정권 교체는커녕 민주화된 나라를 보지도 못하고 이렇게 한 생을 마감하게 되는 것은 아닌가 좌절하지 않을 수 없었다. 그런데도 김대중 총재와 권노갑 고문을 위시한 야권은 그 어려운 상황에서도 용기를 잃지 않고 국민에게 꿈과 희망을 주며 거대 여당에 맞서 싸우셨다. 경험도 철학도 부족했던 30대 중반의 나에게, 그 당시의 생생한 체험은 참으로 훌륭한 삶의 교훈이었고, 내가 살아가는 데 큰 힘이 되었다.

권노갑 고문은 그와 같은 긴박한 상황에서도 김대중 총재와 관련된 일이라면 항상 앞장서셨고 어떤 궂은일도 마다하지 않으셨다. 마침내 1997년 12월, 50년 만의 평화적 정권 교체를 이룩했다. 그러나 권 고문은 김대중 정권 내내 영광을 누리기보다 갖은 음해와 모략에 시달릴 때가 많았고 숱한 회한이 있었을 테지만 내색하지 않으셨다.

그 시절 가장 힘든 일은 무엇보다도 김영완 사건이었을 것이다. 당시 현대그룹 정몽헌 회장을 둘러싸고 이익치 현대증권 사장과 무기 수입상 김영완 등이 관련된 백억 원대 비자금 사건이 있었는데, 검찰 수사 과정에서 김영완이 이 돈을 권 고문에게 전달했다고 진술한 것이다.

내가 1989년부터 지금까지 권 고문을 모시고 있으니 30년이 넘었는데 내가 아는 바로 권 고문이 김영완으로부터 그와 같은 천문학적인 돈을 결코 받을 리가 없다. 같은 사건으로 박지원 청와대 비서실장이 엮여서 대법원까지 수사·재판을 받았는데 박지원 비서실장이 무죄로 최종 확정된 것만 봐도 당시 수사와 재판이 얼마나 부실했었는지 짐작해 볼 수 있다.

실제로 내가 열린우리당으로 17대 국회의원에 당선되어 2007년 법사위 국정감사에서 당시 검찰총장을 상대로 권노갑 고문의 현대그룹 비자금 사건은 재수사돼야 한다고 주장하기도 했으나 검찰의 생리상 자신들의 잘못을 파헤칠 수 없었을 것이다. 아무튼 이 사건으로 권 고문은 본인의 이름으로 어떤 재산도 가질 수가 없게 됐다. 본인의 이름으로 단 몇만 원의 재산만 있어도 검찰이 백억 원대 추징에 나서 언제든 권 고문 명의의 재산을 압류하고 경매 처분할 수 있기 때문이다.

권 고문은 보통 사람의 눈으로는 참으로 이해하기 힘든 분이다. 아무리 자신을 힘들게 한 사람이라도, 심지어는 음해하고 그로 인해 본인이 수사와 재판까지 받은 경우에도 상대방이 찾아와서 용서를 빌면 그 즉시 용서하시는 분이다. 참으로 큰 그릇이라 아니할 수 없다. 리더가 되고자 하는 사람은 많지만, 리더를 도와서 참된 리더로 만드는 2인자, 참모는 부족하다. 이러한 현실에서 권 고문은 진정한 2인자, 참모의 전형이라 할 것이다.

살아 있는 김대중 정신,
영원한 큰형님

김영록

민선 7·8기 전라남도 도지사
제63대 농림축산식품부 장관
제 18·19대 국회의원

"큰형님!" 항상 제 마음속에 큰형님과 같은 분이라 생각하며 모셔왔지만, 실제로는 단 한 번도 그렇게 불러보지는 못했습니다. 현대사의 거대한 산맥이시고, 김대중 대통령님의 분신과도 같은 분이시기에 제 한없는 존경의 마음이 혹여나 예에 어긋날까 늘 조심스러웠습니다.

사실 고문님을 뵐 때마다 저는 늘 묘한 전율을 느끼곤 합니다. 경북 안동에서 태어나 유년 시절 목포로 건너와 전남의 아들로 자라나신 고문님의 삶은, 김대중 대통령님의 길과 나란히 놓여 있습니다. 목포상고 4년 선배였던 김대중 대통령님을 우상으로 삼아, 잘나가던 영어교사직까지 던지고 강원 인제 선거판의 허허벌판으로 달려가셨던 청년 권노갑의 심장은 얼마나 뜨거웠겠습니까. 특히 5·18 광주민중항쟁 때 김대중 대통령님과 함께 중앙정보부에 끌려가 가혹한 고문 속에서도 끝까지 버티며 대통령님을 지켜내신 그 헌신은 우리 민주화 역사의 소중한 밑거름이 되었습니다.

그렇게 모진 풍파를 견뎌내고 마침내 1997년, 대한민국 헌정사상 첫 수평적 정권 교체라는 기적 같은 승리를 일궈냈습니다. 그러나 고문님께서는 김대중 정부 출범 이후 그 어떤 임명직도 맡지 않으셨습니다. 그리고는 "온갖 탄압과 역경을 이기고 김대중 총재가 대통령이 된 것 하나로 나 역시 다 이룬 것이오"라고 담담히 말씀하셨습니다. 그 결단이 우리 후배들에게는 참으로 묵직한 가르침으로 다가옵니다.

그 위에 탄생한 김대중 정부는 IMF라는 미증유의 국난을 조기에 극복하며 세계를 놀라게 했습니다. 국민기초생활보장 제도와 함께 4대 보험을 도입해 촘촘한 사회안전망을 구축하고, 인권법 제정으로 당당한 인권국가의 기틀을 세웠습니다. IT 세계 최강국의 초석을 다지는 동시에, '지원은 하되 간섭은 하지 않는다'는 문화철학으로 한류의 문을 활짝 열었습니다. 특히 화해와 협력의 햇볕정책으로 역사적인 남북정상회담을 성사시키고, 노벨평화상 수상이라는 민족사적 금자탑을 쌓아 올렸습니다.

그 위대한 김대중 정신의 맥을 이어 나가기 위해 제가 전라남도지사로 취임한 후 2021년부터 '김대중 평화회의'를 열어오고 있습니다. 이 여정에 고문님을 이사장님으로 모실 수 있었던 것은 저에게 더할 나위 없는 큰 영광입니다. 고문님의 모습을 보며 많은 분들이 김대중 정신이 박제된 역사가 아니라 오늘날에도 숨 쉬는 현재 진형형의 가치임을 실감합니다.

특히 아흔이 넘는 연세에도 "공부는 끝이 아니요, 계속이오"라며 영문학 박사과정에 도전하시고, 챗GPT까지 공부하시는 지치지 않는 열정은 후배들의 가슴을 뜨겁게 합니다. 저 역시 늘 스스로를 갈고 닦으며 배움의 길에 서 있겠습니다.

어느 누가 권노갑 고문님의 90년 넘는 파란만장한 생애를 한 권의 책에 다 담을 수 있을까요. 그럼에도 이렇게 귀한 평전이 세상에 나온 것은 우리 모두에게 참으로 고마운 일입니다. 책 속에 담긴 고문님의 고뇌와 결단이 앞으로의 길을 찾는 후배 정치인들에게 가장 선명한 지침서가 되기를 바랍니다.

고문님의 발자취를 이정표 삼아, 저 또한 더욱 정진하겠습니다. 부디 오래도록 저희 곁에서 함께해 주시길 간절히 기원합니다.

신의와 헌신의
대서사가 안겨주는
커다란 울림

김정길

초대 행정자치부 장관
(전) 김대중정부 청와대 정무수석
(전) 대한체육회 회장

2026년 새해, 여느 해처럼 권노갑 상임고문께 새해 인사를 올렸습니다. 당신의 평전 출간이 마무리되고 있으니 제게 글을 하나 써달라 요청하셨습니다. 굴곡진 현대 정치사의 고비고비마다 잊혀서는 안 될 중요하면서도 극적인 스토리를 가장 많이 안고 있는 분이기에, '권노갑 평전' 출간은 당신 개인의 보람과 영광을 떠나 역사적으로 커다란 의미가 있을 거라는 생각이 들었습니다.

권노갑 상임고문님은 제가 정치권에서 '형님'이라 부르는 거의 유일한 분이십니다. 제가 저의 속내를 다 털어놓고 상의할 수 있고, 또 당신은 저에 대한 걱정과 애정을 아끼지 않는 정말 친형과도 같은 분이시기 때문입니다.

우리의 인연은 1990년 '3당 합당' 시기로 거슬러 올라갑니다. 당시 저는 통일민주당 소속 국회의원으로 소위 말하는 상도동계에 속해 있었습니다. 저는 밀실 야합인 '3당 합당'을 거부했고, 꼬마민주당에 남아 야권 통합운동에 매진했습니다. 김대중 총재와 함께 통합민주당을 창당하게 되면서부터 권 상임고문님과의 본격적인 인연이 시작되었습니다.

그 당시 동교동계의 좌장이셨던 당신은 동료의원들과 활발히 소통하고 화합하며 당을 하나로 만드는 구심점 역할을 하셨습니다. 당신은 통합민주당의 초대 원내총무였던 제가 맡은 바 소임을 다하는 데 큰 힘이 되어 주셨고, 또 제가 김대중 총재로부터 신임을 받으며 정치적으로 더 크게 성장할 수 있도록 든든한 버팀목이 되어 주셨습니다.

김영삼 총재를 떠나 김대중 총재와 정치적 운명을 함께했던 저에게 닥쳐온 정치적 시련은 혹독했습니다. 저는 부산과 경남에서 배신자라는 낙인이 찍혔고, 부산에서 출마하는 선거에서 연거푸 낙선했습니다. 그럼에도 불구하고 매번 부산 출마를 고집하는 제가 안쓰러웠던지, 당신은 저에게 "김 의원, 부산 출마 그만 고집하고, 당선 가능한 수도권에서 출마하는 것이 어때? 내가 힘닿는 데까지 도와줄 테니" 하며 여러 번 권유하셨습니다.

하지만 1990년대 당시 부산에서 제가 당선되는 것은 단순히 국회의원 한 명의 당선 의미가 아니었습니다. 그것은 지역주의를 뛰어넘는 역사적 의미를 지닌 것이었고, 또 그것이 저에게 주어진 정치적 소명이라 생각했기에 권 상임고문님의 권유를 매번 받아들이지 않았습니다. 이처럼 당신은 진심으로 저를 걱정하고 생각해 주는 정치권의 유일한 분이셨습니다.

이 외에도 제가 김대중 대통령의 초대 행정자치부 장관과 대통령 정무수석비서관으로 일할 때나 정치적 고민이 있을 때는 언제든지 가장 먼저 당신과 상의했고, 또 그때마다 당신이 베풀어 주셨던 애틋하고 진솔한 마음 하나하나를 저는 지금도 잊을 수 없습니다.

권노갑 상임고문님은 저와의 인연을 떠나 우리 정치사에 거대한 족적을 남기신 분입니다. 서슬 퍼런 군사독재 시절, 가족의 안위까지 위태로울 수 있는 상황에서도 결코 굴하지 않았습니다. 박정희, 전두환 정권 시절 중앙정보부(안기부)에 끌려가 온갖 고문과 회유를 당했을 때도, 민주주의 구현이라는 대의명분을 지키고 김대중 대통령에 대한 신의를 저버리지 않았습니다.

김대중 대통령이 망명길에 오른 시기에는 민주화추

진협의회를 이끌었고, 동지들을 한데 아우르는 역할을 든든히 해내며 김대중 대통령의 공백을 거뜬히 대신해 냈습니다. 대한민국 최초의 평화적 정권 교체가 가능했던 것도, 김대중 대통령이 IMF 경제체제를 극복하고 민주주의와 남북평화 시대를 열 수 있었던 것도 김대중 대통령 뒤에서 드러내지 않고 든든한 힘이 되어주신 당신이 있었기에 가능한 것이었습니다.

권노갑 상임고문님은 개인적으로도 본받을 게 너무나 많은 분이십니다.

먼저, 한평생 자신을 버리고 타인을 위한 삶을 사신 분입니다. 김대중 대통령의 성공이 당신 자신의 성공이라 생각하며 온몸을 바쳤습니다. 당신을 필요로 하는 동지들 한 사람 한 사람에게 귀 기울이며, 그들이 잘될 수 있도록 격려와 도움을 아끼지 않으셨습니다. 김대중 정부 출범 후에는 어떠한 공직도 맡지 않았습니다. 자신의 공을 내세우지 않았습니다. 만약 자신의 영달을 위해 더 공을 들였더라면 아마도 권 상임고문께 붙여진 관직과 국회의원 선수(選數)는 훨씬 더 크고 화려했을 것입니다. '무관의 제왕!'이라는 말이 권 상임고문께 꼭 어울리는 말인 것 같습니다.

그리고 권노갑 상임고문님은 자기 계발과 관리에 끝이 없는 분이십니다.

2026년 만 96세가 되는 연세이지만, 그분의 외모와 행동, 그리고 생각을 대할 때면 정말 이 연세가 맞는지 의심이 들 정도입니다. 매일 같이 아령 200회, 자전거 1시간 등 하루 2시간은 꼭 운동에 투자하십니다. 60세가 넘어 시작한 골프는 18홀을 다 돌 수 있는 정도가 아니라, 95세의 나이에 200미터 드라이버 샷, 샷 이글, 그리고 70타를 기록해 언론에 화제가 되기도 했습니다. 골프라는 운동이 체력과 정신이 뒷받침되어야만 좋은 기록이 나올 수 있음을 감안할 때, 당신의 체력과 정신은 30~40대 젊은이의 것 이상이라 하겠습니다.

자기 계발과 관련해 더 놀라운 일이 있습니다. 정치 입문 전 고등학교 영어교사로 근무했던 당신은 2013년 83세의 나이에 한국외국어대학교 영문과 석사학위를, 그것도 2년 만에 취득했습니다. 95세가 되던 2025년에는 동 대학원 박사과정을 수료했습니다.

현재 '김대중의 철학과 사상, 그리고 5년간의 업적'을 주제로 학위 논문을 쓰고 있으니, '대한민국 최고령 박사학위 취득자, 권노갑'의 이름이 세상에 알려질 날이 멀지 않았습니다. 과히 놀랍고 본받을 일이 아닐 수 없습니다. "인생에 늦은 때란 없다. 지금이 가장 빠르다"라는 말을 당신의 삶에서 체감하고 또 배우게 됩니다.

당신은 당신의 비석에 아무 관직 말고 '김대중 대통

령의 비서실장, 권노갑'이라고만 남겨 달라고 하십니다. 하지만, 저는 여기에 '영원한'이라는 단어를 하나 더 넣고 싶습니다. 영광의 시간뿐만 아니라 그 모질고 어려운 시절에도 함께 견뎌내며 끝까지 함께한 비서실장은 당신 혼자뿐이시기 때문입니다. 당신은 '영원한 김대중 대통령의 비서실장, 권노갑'입니다.

'권노갑 평전'이 출간된 것을 진심으로 축하합니다. 그리고 개인적으로 그 기쁨이 그지없습니다. 신의, 신념, 동지애라는 단어들의 의미에 대해 다시 한번 생각하게 만드는 요즘 시기에, 오랜 세월 당신이 실천해온 신의와 헌신의 대서사가 오늘을 살아가는 젊은 세대에게 커다란 울림이 되기를 기원합니다.

"형님, 백세를 넘어 오래오래 이 시대의 어른이 되어주시기를 이 동생이 간절히 기도합니다!"

주연보다 빛나는
조연

김진국

(전) 중앙일보 대기자
(전) 관훈클럽정신영기금 이사장

권노갑 김대중재단 이사장은 김대중 대통령의 그림자다. 권 이사장이 없는 김 대통령이나 김 대통령 없는 권 이사장은 상상할 수가 없다.

나는 경상도 출신이면서 1987년부터 중앙일보의 김대중 담당기자였다. 동교동에 출근하다시피 드나들었다. 그때부터 본 권 이사장은 쓸데없는 말이 없었다. 김 대통령의 조직과 자금, 모든 것을 알면서도 아무것도 말하지 않았다. 그래서 고문도 많이 당했다.

주연보다 빛나는 조연이 있다. 권 이사장이 그런 조연이다. 다만 주연이 너무 연기를 잘해 조연이 덜 언급되었을 뿐이다. 그렇지만 아무리 훌륭한 주연도 조연이 받쳐주지 않으면 좋은 영화를 찍을 수 없다. 권 이사장을 인생의 동지로 끌어들인 건 김 대통령에게 신의 한 수다.

그는 지금도 1960년대의 일을 숫자까지 기억한다. 독재 정권 아래에서 기록하지 않고, 기억으로만 일했던 그 비상한 머리로 90대에 영문학 박사에 도전하며 끊임없이 노력하는 모습이 존경스럽다.

냉혹한 독재 시절에도 그는 따뜻한 큰형이었다. 김 대통령이 미처 챙기지 못한 구석마다 그의 손이 가지 않은 곳이 없다. 그러면서 그는 늘 양보했다. 뒤늦게 받은 목포 지역구도 김 대통령의 아들에게 양보했다. 집권 이후에도 그는 큰 자리를 맡지 않았다. 김대중 정부의 성공을 위해서다.

"여러분,
제가 권노갑입니다"

김현종

메디치미디어 대표이사
(전) 김대중 정부 청와대 정무행정관
(전) 〈중앙일보〉 정치부 기자

1988년 4월은 13대 총선이 치러진 달이다. 나는 당시 시사주간지 기자로서 평화민주당을 담당하고 있었다. 이낙연(〈동아일보〉, 훗날 총리), 고도원(〈중앙일보〉, 아침편지 재단 이사장), 서형래(〈연합뉴스〉, 훗날 김대중 대통령 정무비서관) 선배 등 기라성 같은 선배들이 일간지 출입기자로 포진해 있었다. 김대중 총재는 호남 유세를 두 바퀴 돌았는데 아마도 그 첫 번째 호남권 유세 때로 기억한다. 저녁 7시로 예정된 목포역 유세는 김대중 총재의 인기로 밤 11시가 되어서야 시작됐다. 평민당 목포 지역구 국회의원 후보는 권노갑 고문이었다.

'사과나무의 사과처럼 사람들이 열렸다'고 해도 과언이 아니었다. 지금 KTX 목포역 광장이 조성되기 전, 온 사방의 건물과 옥상에는 사람들이 꽉 차 있었다. 깜깜한 광장에 횃불도 등장했다. 1987년 대선 때부터 이쪽 유세의 단골 메뉴인 "앉자", "앉자" 하는 연호도 여러 번 들렸다. 이 소리가 들리면 홍해가 갈라지듯 수만, 수십만 군중은 정말 3초 이내에 모두 앉았다.

DJ는 사자후 같은 멋진 연설로 권 후보를 소개했다. 그리고 연단에 오른 권 고문의 첫 마디.

"여러분… 제가 권노갑입니다."

순간 역 광장은 "와!" 하는 함성과 "하하하!" 하는 웃음이 넘쳤다.

당시 나이 58세의 정치 신인은 좀 긴장했던 것 같다. 그렇지만 '제가 권노갑'이란 짧은 문장 안에는 긴 역사가 담겨 있다. 권노갑이라는 이름은 1971년 김대중 vs 박정희 대통령 선거 이후로 민간에서는 금기시된 이름이었다. 그 이름이 김대중에 이어 복권된 게 13대 총선이었다. 이 선거에서 평화민주당 권노갑 후보는 87,735표를 획득, 84.2%의 득표율로 당선되었다. 권 고문은 1992년 14대 총선에서도 82.0%의 득표율로 재선에 성공했다.

김대중 후보가 김영삼 후보에게 져서 정계를 은퇴한 뒤 동교동은 권노갑, 한광옥 두 분이 각각 8인 최고위원

중 한 명으로서 이기택 총재 체제의 민주당 지도부에서
활동했다, 대변인은 박지원, 총재비서실장은 문희상 의원
이었으니 이기택 총재는 숨이 좀 막혔을 만하다. 결국 그
는 김대중을 업고 가지 못하고, 들이받고 가는 길을 택했
고, 1995년의 지방자치제 선거는 그 결별식이었다.

　　김대중계는 이종찬을 경기도지사로, 조순을 서울시
장으로 밀었으나 이기택 총재의 반대로 조순만 성사되었
다. 이런 영입과 당내 조율 작업은 권 고문이 주도했다.
"돈만 만드는 게 아니예요?" "응, 영입도 조직관리도 다
해." 그 즈음 듣던 얘기다.

　　조용히, 또는 뒤에서 김대중의 일을 해온 권노갑 고
문이 자기 이름을 건 정치에 나선 것은 2000년 새천년민
주당의 출범 및 총선 국면에서였다. 나는 국회의원 공천
과정에서 권 고문에게 뜻밖의 도움을 받았다. 입장과 논
리를 경청해 주고, 이리저리 추천해 주었다. 그 바쁜 와중
에 마음을 열어 주었다. 물론 떨어졌지만 신세를 진 거다.
훨씬 친했던 분들의 도움은 생각보다 적었다. 친하지만
자기 사람은 아니어서였던 것 같다.

　　그럼 친하지도 않은 권 고문이 나를 도와준 건 무슨
까닭일까? 여쭤보니 "정치를 하면 잘할 것 같았다"고 하
셨다. '아! 관계보다 가능성을 보았구나.' 이런 말도 하셨
다. "이번에 안 되었다고 서운해 하지 말고 오래 잘할 수

있도록 자기를 갈고 닦아라." 지금 와서 생각해 보면 쉬운 말이 아니고 어려운 말이다.

그런 인연으로 2000년 총선 후 '권노갑 부총재'의 일을 두어 달 도왔으나 영국에 객원연구원으로 가게 되면서 오래하지 못했다. 조용히 뒤에서 돕는 정치를 하다가 최일선에 나서서 요란하게 한다는 게 누구에게나 가능한 일은 아니다. 더구나 여의도는 그때나 지금이나 눈감으면 코 베어가는 동네다. 빈약한 내용도 강력하게 어필할 줄 알아야 하는데 권노갑의 말은 진실이지만 약간 졸립다. 세상을 살아봐야 진가를 알게 되는 말이다. 요즈음 그가 그렇다.

권 고문의 진가는 90세가 넘은 2020년 즈음부터 다시 알려지기 시작했다. 건강하고, 골프를 싱글치고, 영문과 박사학위를 수료하고, 흑염소 드신다는 얘기가 알려지면서 어느새 시니어 아이돌(Senior Idol)이 되었다. 나이에 무너지지 않고, 세파에 혼탁해지지 않고, 오래 사시다 보니 나폴레옹 제과점이나 태극당 같은 노포(老鋪)가 되신 듯하다. 그런데 흑염소를 드신다고? 언제부터 드셨는데? 문성민 비서실장에게 물어보니 불과 1년 전부터라고 한다.

나는 아흔 넘어서 아령을 200개씩 하고, 새로운 식습관을 장착할 수 있을까? 자신 없다. 새로운 걸 받아들일 수 있는 유연함. 요즘 권 고문에게서 발견한 장점이다. 돌이켜보면 소신을 세우고 소신을 지키기 위해 싸우지 않았다. 민주주의와 김대중은 평생 지켰지만 다른 것들에는 '반드시'를 적용하지 않았다. 생각이 다르더라도 듣고, 표현을 절제했다. 아, 장수법이다!

다음 책은 《권노갑, 세기를 넘어, 100+@》로 내드리고 싶다.

역경을 지나,
긍정과 열정으로
서 있는 사람

김홍국

하림그룹 대표이사 회장
대한적십자사 회장 권한 대행
새만금 위원장

험한 역정을 거치신 분이라 호칭도 많지만 나는 '의원님'이라 부르며 오래전 우연히 맺은 인연을 지금까지 담담하게 이어오고 있다. 인생의 한참 선배이신데다 걸어온 길도 다르지만, 내가 삶의 철학이랄까 혹은 좌우명처럼 여기는 '긍정' '열정'과 '끝없는 도전'의 화신이어서 만나 뵐 때마다 내심 기쁘고 나의 길이 외롭지 않다는 위로와 격려를 받는다.

김원기 전 국회의장님과 일 년에 한두 번씩 갖는 골프 라운딩은 정말 많은 것을 배우는 소중한 인생수업이며 유쾌함과 활력을 주는 즐거운 시간이다. 두 분이 형님 동생 하면서도 품격과 예의를 잃지 않으며 티격태격하는 모습도 보기 좋다. 스윙 하나에도 집중하시고 끝까지 완주하며, 그 속에서 여유를 잃지 않는 의원님의 모습은 바라보는 것만으로도 큰 울림을 준다.

한마디로 의원님은 역경을 견뎌야 얻을 수 있는 지혜와 고난을 겪어야 뿜어낼 수 있는 맑은 향기가 가득 찬 분이다. 의원님과 함께하며 직접 삶의 태도와 철학을 가까이에서 듣고 배울 수 있는 기회를 얻은 것은 나에게 큰 행운이 아닐 수 없다.

정치인으로서의 경륜과 상관없이 한 개인으로서 끊임없이 배우고 도전하는 모습, 청년 못지않은 열정, 미래지향적이며 창의적인 발상, 엄격한 자기관리를 통해 유지하는 건강과 활력은 나뿐 아니라 모든 분들과 함께 나누고 싶은 삶의 교훈이다.

의원님은 나를 만날 때마다 '모범적인 기업인'이라고 과분하게 평가해 주신다. 그의 따뜻한 격려는 기업경영에 힘이 될 뿐 아니라 앞으로 더 책임 있는 길을 걸어가야 한다는 다짐을 새기게 한다.

역경에 굴하지 않는 용기, 긍정과 열정, 끝없는 도전, 그리고 공동체를 향한 따뜻한 시선은 앞으로도 나를 이끄는 길잡이가 될 것이라 생각한다.

소중한 인연을 맺어 주시고, 귀한 가르침과 격려를
아끼지 않으시는 의원님께 다시 한번 깊은 존경과 감사의
마음을 전한다.

차가운
수사실에서 만난,
가장 따뜻한 기개

노관규

민선 4·5·8기 순천시장
(전) 대검찰청 중앙수사부 검사

고문님과의 첫 만남은 지금도 생생합니다. 날카로운 긴장감이 팽팽하던 대검 중수부, 온 나라를 뒤흔들던 한보그룹 수사 현장이었습니다. 당시 저는 패기 넘치는 젊은 검사였고, 고문님은 수사의 정점에 계신 한국 야당 정치인 거목이셨습니다.

서슬 푸른 중수부 조사실은 대다수 피의자가 위축되어 공손함을 넘어 비굴함까지 보이는 곳입니다. 하지만 고문님은 유일하게 달랐습니다. 어느 검사들에게도 심지어 부장검사들에게도 검사님이라고 존칭을 쓰지 않았습니다. 그 태도는 오만함이 아닌 당당함이었습니다. 저는 그 모습에서 김대중이라는 위대한 인물을 보좌하는 사람들의 자세와 기개를 볼 수 있었습니다. 그 모습은 훗날 제가 이해해야 할 정치인의 무게로 다가왔습니다.

그 당시는 수사와 공판을 병행하던 시절이었습니다. 공판이 끝나고 제게 건네신 한마디는 지금도 기억에 생생합니다.

"전라도 출신 검사가 대검 중수부에 있는 것도 대단하고, 노 검사는 기업 수사를 아주 잘하는 검사로 보입니다. 정권은 유한하니, 좋은 실력으로 억울한 사람이 없도록 하세요."

지금도 그 상황에서 이런 멋진 기개를 보일 수 있는 정치인이 있을까요?

이후 IMF의 혹독한 시련 끝에 김대중 대통령님으로 정권이 교체되었고, 저는 새천년민주당에 '젊은 피'로 영입되었습니다. 곧바로 험지였던 강동 갑에 자원했으나 낙선의 쓴잔을 마셨습니다. 당시 저는 아픈 아들을 병간호하며 몸과 마음이 지쳐 있었고, 아들에게 조금이라도 좋은 환경을 만들어 주기 위해 순천으로 내려왔습니다.

그때 저에게 가장 큰 위로를 주신 분이 바로 고문님이셨습니다. 아픈 자식을 돌보던 낙선한 정치 초년생을 보며, 고문님께서는 마치 당신의 일처럼 가슴 아파하셨습니다.

“아들 땜시 얼마나 맘이 아파. 세상에 맘대로 안 되는 게 자식하고 정치여.”

아픈 제 아들을 걱정하는 마음, 그리고 정치에 실패한 아들을 둔 제 아버지의 마음까지 헤아려 주신 그 말씀에 저는 뜨거운 눈물을 삼켰습니다. 냉엄한 정치 현실 속에서도 사람의 온기를 잃지 않으시는 그 따뜻한 위로는 다시 일어설 힘이 되었습니다.

고문님께서 그동안 저에게 해주신 정겨운 말씀들은 보물과도 같습니다.

“노 위원장, 앞으로 눈물 나게 고마울 사람도, 다시 보기 싫을 사람도 전라도 사람들일 거여. 사람을 지역 따라 가리지 말고 더하기 정치하는 게 좋아.”

“정치하는 사람은 모든 게 멋져야 해. 내가 넥타이 몇 개 보낼 거니까 잘 매고 다녀.”

나중에 고문님과 제 아버지가 비슷한 연배임을 알았습니다. 고문님은 제게 단순한 정치 대선배를 넘어 ‘아버지’ 같은 분으로 인식되었습니다. 비록 차가운 수사현장에서 시작된 인연이었으나, 험난한 정치 여정 내내 저를 따뜻하게 품어주신 권노갑 고문님. 그 단단한 기개와 뜨거운 인간애는 제 삶의 굽이마다 길을 알려준 나침반이었습니다. 가장 당당하고 따뜻한 분으로 기억합니다.

고문님의 건승과 평안을 온 마음을 다해 기원합니다.

모스크바의 겨울,
권노갑을 만나다

박영선

제17·18·19·20대 국회의원
제2대 중소벤처기업부 장관
(전) MBC 경제부장

1989년 2월 모스크바. 세계는 고르바초프의 '페레스트로이카', '글라스노스트'를 두고 변화하는 소련이라며 치켜세우고 있었지만 정작 소련인들의 삶은 점점 어려워지고 있었다. 변화하는 고르바초프의 소련을 취재하기 위해 나는 한국기자로는 처음으로 소련 외무성의 초청을 받아 모스크바에 입국했다.(소련의 초청에는 당시 소련에서 밍크 사육과 밍크 코트 제조공장을 운영하고 있던 한국기업 주식회사 진도의 중개역할도 컸다.)

한국방송사상 첫 서울-모스크바 위성 생방송의 길을 열었던 1989년 2월이었다. 런던 발 모스크바 행 아에로플

로트 소련 항공기를 타고 모스크바 셰레메티예보 국제공항에 내렸다. 공항의 불빛은 침침했고 공항 직원은 군복을 입고 있었던 기억이 난다. 공항에서 모스크바 크렘린 광장까지의 길은 넓었지만 도로는 겨우내 내린 눈이 겹겹이 얼어붙어, 마치 깨진 맥주병 밑둥이 길에 박혀 있는 것처럼 울퉁불퉁한 곳이 많아 속도를 낼 수는 없었다.

크렘린 광장 부근 노보스티 통신사와 연관이 있는 호텔이 내 숙소였다. 숙소 로비에는 미국산 말보로 담배를 입에 물고 누군가를 기다리는 화장 진한 여인들이 참으로 많았는데, 나중에 알고 보니 그 여인들은 대부분 매춘부였다. 점점 어려워지는 생활고에서 벗어나기 위해 그들은 외국인들이 드나드는 호텔 입구에서 말보로 담배를 입에 물고 손님들을 기다렸다. 그것은 일종의 심벌 같은 것이었다고 한다. 그 당시 소련 사회에서의 말보로 담배는 선망의 대상이기도 했지만 외국인과 접촉하고 있다는 일종의 상징이기도 했기 때문이다.

나는 모스크바에 도착한 후 매일 10분씩 MBC 뉴스데스크 첫머리 기사로 변화하는 소련의 상황을 전하고 있었다. 서울-모스크바를 위성 생방송으로 연결한 대한민국 방송사의 획을 그었던 MBC의 독점 무대였다. 시청률은 32%를 기록했다. 매일 밤 9시 대한민국 국민들은 동토의 땅 모스크바에서 전해지는 생방송 뉴스를 신비로움과 경이로움으로 시청했다고 한다.

권노갑 고문을 만난 것은 모스크바에 도착한지 얼마 지나지 않아서였다. 크렘린 궁 앞 호텔 일식당에서 나를 만난 고문님은 너무나 반갑게 테이블로 다가오셨다. 당시 모스크바에서 한국인을 만난다는 것은 북한에서 온 사람이 아니라면 상상하기 힘든 상황이었다. 권노갑 고문은 "김대중 총재께서 최초로 동구권 헝가리를 방문하시고 계시는데, 귀국길에 소련을 방문하는 것이 의미 있는 일이라 생각해 그 일을 추진하러 소련에 힘들게 입국했다"고 말씀하셨다.

당시 소련은 88서울올림픽 이후 한국과의 수교를 위한 물밑작업을 추진하고 싶어 했다. 그래서 나를 초청했고 권노갑 고문도 소련 입국이 가능했을 것이다. 김대중 총재의 소련 방문을 위해 모스크바에 입국하셨다는 권 고문님의 그 말을 듣는 순간 나도 모르게 "아!" 하는 탄식이 새어 나왔다.

권노갑 고문을 만나기 직전 소련 동방경제연구소의 예브게니 프리마코프 소장과 인터뷰를 마치고 온 길이었다. 원래 프리마코프 소장과의 미팅 일정은 뒤에 잡혀 있었는데 소련 측에서 일정을 앞당겨 먼저 인터뷰를 주선해 주겠다고 했다. 나를 비롯한 MBC 취재진은 또 1면 톱 특종을 낚았다고 생각하며 신나게 인터뷰를 하고 점심 식사를 위해 그 일식당을 찾았던 길이었다.

그런데 권노갑 고문을 만나고 보니 소련 측이 왜 인터뷰 일정을 앞당겼는지 그 연유를 알 수 있게 되었다. 당시 프리마코프 동방연구소 소장은 고르바초프의 최측근으로 소련 공산당 내에서 그 지위가 격상되고 있던 중요한 인물이었다.(그는 후에 러시아의 외무장관과 총리를 지냈다.) 나와 한 인터뷰에서 "한국과 소련의 관계정상화는 돌이킬 수없는 흐름"이라는 취지의 발언과 함께한국의 자본과 기술, 그리고 소련의 자원, 기초과학을 결합하는 경제 파트너십에 대한 기대감도 표현했다. 이는 이듬해 1990년 한국과 소련의 수교로 이어졌다.

그는 고르바초프의 밀사로서 한국을 방문하기도 했다. 서방과의 긴장완화를 주장했고 소련의 블라디보스톡 등 동북아에서 소련의 역할을 강조했던 기억이다. 인터뷰가 끝난 후 프리마코프 소장은 나에게 긴히 묻고 싶은 것이 있다며 꽤나 진지하게 질문을 던졌다.

"노태우 대통령 이후 다음 대통령은 누가 될 가능성이 가장 높습니까? 김영삼 총재일까요, 아니면 김대중 총재가 가능성이 높을까요? "

나는 한참을 망설이다가 "역사는 '정반합'의 원리로 돌기 때문에 김영삼 대통령이 될 가능성이 높고 그다음 김대중 대통령이 될 것으로 보인다"라고 대답했다. 군사

정권이 정반합 중 '반'이었다면 그 다음은 양쪽 진영의 논리를 흡수할 것으로 보이는 '합'에 가까운 김영삼 대표, 그리고 그다음 역사의 순리는 민주주의 역사를 위해 정면으로 맞섰던 '정'을 상징할 수 있는 김대중 총재가 될 것이라는 생각에서였다.

프리마코프 소장은 내 대답에 무언가를 진지하게 생각했다. 그리고는 "알겠습니다. 우리가 중요한 결정을 내려야 하는 사안이 있어서요. 답변이 도움이 많이 됐어요. 고맙습니다"라며 생각을 정리한 듯한 밝은 표정을 지었다.

난 권노갑 고문에게 방금 전 이런 일이 있었다는 사실을 얘기해야 하는지 그 당시로서는 판단이 잘 서지 않았다. 뭔가 가슴을 타고 내려오는 아쉬움이 그 순간부터 나를 힘들게 했다. 당시 소련은 KGB 요원이 24시간 함께하는 상황이었기에(나의 경우 여성 요원이 따라다니며 호텔방에서 잠도 같이 잤다.) 자유롭게 말할 수 있는 환경도 아니었다. 생각다 못해 나는 권노갑 고문에게 "에브게니 프리마코프 동방연구소 소장 면담을 요청해 보시는 것이 좋겠다"는 말을 했다.

권 고문께서는 "안 그래도 그럴 생각이라며 혹시 연락을 함께 해줄 수 있냐?"고 물었다. 난 그날 소련의 노보스티 통신사에 권노갑 고문의 모스크바 방문 소식을 알려주었고 나를 초청한 외무성에 "권노갑 고문과 프리마코프 소장의 면담을 가능한 빨리 주선해 주었으면 좋겠다”
는 의사를 전달했다.

1989년 2월 그날 권노갑 고문과의 모스크바 한 호텔
일식당에서의 만남은 마치 이산가족을 소련 땅에서 만난
것 같은 감정을 안겨주었다. 한국인이라고는 찾아볼 수
없는 그곳에서 너무나 뜨거운 동포애가 느껴졌다. 권노
갑 고문은 귀국 후 나의 아버지에게도 전화를 걸어주셨
다. 매일 연일 MBC 뉴스데스크 톱뉴스로 서울-모스크바
위성 생방송이 방송 역사상 처음으로 전해지고 있었지만,
그래도 “모스크바에서 만난 따님 박영선이 잘 지내고 있
다”는 전갈을 권노갑 고문으로부터 직접 전화로 전해들
은 아버지는 “권 고문을 통해서 딸의 안부를 직접 들을 수
있어 너무 안심이었고 좋았다”고 훗날 말씀하셨다.

김영삼 대통령의 시대가 지나고 김대중 대통령이 당
선되었다. 권노갑 고문과 소련 모스크바에서 만난 지 약
10년의 시간이 흘렀다. IMF 한파가 몰아친 후 한국의 민주
주의도 경제도 김대중의 이름으로 다시 부활하고 있었다.

권노갑 고문 사무실이 있는 마포의 한 빌딩 앞에는
늘 권노갑 고문을 만나기 위해 호남에서 올라온 전세버스
행렬이 줄지어 있었다. 호남출신의 첫 대통령이 만들어
낸 색다른 풍경이었다. 여의도 MBC로 가는 길에 늘 그 앞
을 지나며 ‘권 고문을 만나기 위해 늘어선 버스 행렬이 언

제쯤 끝날까?' 생각했지만 그 행렬은 점점 더 길어지고 있었다. 이는 당시 김대중 정부에서 아무런 직책을 맡지 않았지만 권노갑 고문의 영향력이 어느 정도였는지를 실감할 수 있는 장면이었다.

2002년 노무현 대통령이 반전을 거듭하며 당선되었다. 2003년 2월 28일 MBC 뉴스데스크 단독 보도는 권노갑 고문의 인터뷰를 이렇게 전하고 있다.

앵커 2년 전 민주당 최고위원직을 사퇴하고 작년에는 구속되기도 했던 권노갑 전 최고위원이 문화방송과 단독 인터뷰를 가졌습니다. 권노갑 씨는 정계 은퇴설을 강력하게 부인했습니다. 박영선 기자입니다.

기자 김대중 대통령의 최측근이었지만 당 쇄신의 표적이 되고 구속되는 수모까지 겪었던 권노갑 전 민주당 최고위원.

권노갑 제 자신이 자제할 수 없는 그런 울분이 있었기 때문에 우울증이라든가 불면증이 있어서 고통이 많았습니다.

기자 오랜 침묵 끝에 말문을 연 권노갑 씨는 지금도 화가 가라앉지 않았다며 정계 은퇴설을 부인했습니다.

권노갑 정치는 계속 해야지요. 왜 그만둡니까? 반드시 명예회복을 해야겠다는 것입니다.

기자 권노갑 씨는 정몽준 캠프로 갔던 탈당 의원들을 다시 당으로 불러들여야 한다고 말했습니다.

권노갑 김민석 의원이나 안동선 의원이나 신낙균 씨나 그분들이 그쪽으로 갔던 것은 단일화를 통한 대통령 당선, 이것이 하나의 취지였거든요. 그 사람들을 다른 당에 놔둘 필요가 뭐가 있습니까? 내년 총선에서도 한나라당과 1:1로 승부하는 게 낫지 3당, 4당으로 나눠지면 선거에 좋을 리 없죠.

기자 그는 지난 민주당 후보 경선 때 이인제 의원에게 중도 포기하지 말라고 충고했지만 자신의 말을 따르지 않았다고 밝혔습니다.

권노갑 제가 전화를 했습니다. "절대 음모론이 없다, 내 말을 믿어라. 그리고 정정당당하게 경선에 임해라."

기자 그는 올해 초 김 대통령이 동교동계를 해체하라고 한 것은 동감할 수 없다고 말했습니다.

권노갑 또 우리가 걸어온 하나의 그런 행동이나 역사적인 소명의식에서 보더라도 저는 그것을 절대 받아들일 수 없습니다.

기자 그는 개혁은 점진적으로 이루어지는 것이 역사의 순리라며 김 대통령의 버팀목으로 살아왔던 일생을 '성공과 행복'이라는 말로 표현했습니다. MBC 뉴스 박영선입니다.

모스크바에서의 권노갑 고문과의 역사적 만남은 37년 전의 일이지만 그 누구도 가질 수 없는 권 고문과 나와의 소중한 추억이자 역사적 기록이다.

내가 정치권에 입문한 이후 권노갑 고문님은 언제나 한결같이 남다른 애정으로 나를 응원해 주시고 격려해 주셨다. 내가 무언가를 망설이고 있으면 "이 사람아, 배는 물 들어올 때 노저어야 하는 거여"라고 말씀하시며 용기를 북돋워 주시곤 했다.

진정한 어른을 찾기 힘든 요즘 난 권노갑 고문님이 우리 시대의 어른으로서 96세의 나이에도 건강한 모습으로 매일 정진하시는 것을 보며 많은 것을 배우고 있다. 난 지칠 때면 늘 권 고문님을 떠올린다. 90이 넘은 나이에 박사학위를 완성하시겠다며 논문을 쓰신 일. 매일매일 영어단어를 잊지 않기 위해 암기하시는 모습. 체력관리 또한 게을리하지 않으시고 매일 아령 200개를 하시는 모습 등은 늘 나를 돌아보게 하는 귀감이다.

권 고문님의 말씀처럼 인생은 매일매일이 배움의 길인 게다. 김대중 대통령님을 청년 시절부터 한결같이 지켜오신 분. 대한민국의 민주주의는 김대중 옆에 권노갑이 없었다면 지켜지지도 만들어지지도 않았을 것이다.

김대중이라는 거목과
권노갑이라는 버팀목

박용진

제20·21대 국회의원
제20대 대선 더불어민주당 경선 후보
(전) 민주당 대변인

많은 사람들이 똑같은 부탁과 권유를 드렸겠지만 나 역시 권노갑 고문님께 백절불굴의 살아오신 길을 정리하고 후배들에게 전해줄 책으로 엮어주시라 자주 말씀드렸다. 세상 모든 사람의 인생이 하나하나 뜨거운 역사이고 치열함의 흔적이겠지만, 대한민국 정치사에서 권노갑이라는 인물이 헤쳐나왔고 증언하는 시간들만큼 결정적인 놀라움의 연속은 없을 것이기 때문이다.

권노갑의 증언에는 김대중 대통령이 역사적 고비마다 했던 위대한 선택과 용기에 대한 스토리뿐 아니라 그 이면의 모습들이 담겨 있다.

유신독재를 무너뜨리기 위해 경찰의 봉쇄를 뚫고 전격적으로 정치적 라이벌 김영삼 지지를 선언한 1979년 '아서원연설' 이야기. 당 지도부의 원내총무 지명을 받고도 의원투표에서 부결의 수모를 겪은 김대중 의원이 "노갑이 자네, 나랑 같이 의원들이 아니라 대의원들, 당원들, 국민들을 직접 만나세"라며 함께 다닐 차량 구입을 권노갑 고문에게 제안하던 이야기 등등.

전두환 군부세력에게 목숨을 위협받고 있던 김대중 대통령을 구하려던 국내외의 긴박한 움직임과 엄혹한 한국의 민주주의를 살리기 위해 고군분투하던 사람들의 이름과 역할까지…. 구순을 넘긴 나이에도 하나하나 세세하게 기억하고 있는 권노갑 고문의 이야기를 기록으로 남겨두어야 후세에 중요한 사료가 될 것으로 생각한 것은 나 혼자만이 아니었다.

세상 사람들은 "김대중이 있고 권노갑이 있었다"라고 이야기하지만 눈 맑은 사람들이라면 "권노갑이 없었더라면 김대중도 없었다"라고 이야기할 것이다. 나 역시 돌이켜 보면 내가 8년의 의원생활을 제대로 할 수 있었던 것도, 그보다 더 긴 16년이라는 원외 재야 정치인의 시간을 견딜 수 있었던 것도, 지금 무관무직의 한미한 시간을 당당하게 버틸 수 있는 것도, 그 모든 시간을 함께해온 동지가 있기 때문이다.

김대중이라는 거목에게 권노갑이라는 버팀목이 없었더라면 그 숱한 정치적 태풍과 거센 세월의 파도에 꺾이고 부러졌을지도 모를 일이다. 곁에서 도와주는 보좌관의 역할을 넘어 긴 시간을 함께하는 동지가 있다면 그 무엇도 두려울 것이 없다. 권노갑 고문은 김대중이라는 정치인과 함께한 자신이 행운아라고 생각한다지만, 권노갑이라는 사람을 동지로 두고, 보좌관이자 비서실장으로 함께한 김대중이라는 정치인만큼 행복한 사람도 없을 것이다.

권노갑 고문은 나에게 '제2의 김대중이 되라!'는 정치적 방향을 준 분이기도 하다. 2022년 민주당 대선후보 경선과 당대표 선거, 두 번의 힘겨운 과정이 끝나고 난 뒤 권노갑 고문은 내게 어려움이 있더라도 흔들림 없이 김대중의 길을 가라고 격려했다. "아무리 어려움이 있고 힘들어도 한 치 앞도 보이지 않는 상황에 숱하게 놓였던 김대중 대통령보다는 좋은 조건인데 무엇이 두렵고 걱정이냐"는 응원과 함께, "정치적 자질은 갖추었으니 스스로를 믿고 절대 꺾이지 말라"는 격려는 내게 큰 용기를 주었다.

사람이 좌절을 겪을 때마다 다시 일으켜 세워주는 것은 그 좌절을 먼저 겪었던 사람들의 격려이다. 권노갑 고문이 겪어온 현대정치사에서의 파란만장을 알고 있는 나로서는 김대중 대통령의 용기와 의지를 거울삼고, 권노갑 고문의 지치지 않는 열정과 낙관을 듣는 것만으로도 좌절감을 떨칠 충분한 힘이 되었다.

22대 총선에서 우여곡절 끝에 공천을 받지 못하게 되었을 때에도 마찬가지였다. "이 기회를 공부하는 시간으로, 스스로 역량을 더 강화하는 계기로 만들라"고 조언을 해주셨다. 경제·외교 분야에서 탁월한 식견을 빈틈없이 쌓아두는 것이 정치지도자가 되고자 하는 사람의 국민에 대한 충실함이라는 것이었다. 이런 격려와 다독임 덕분에 지금은 정치 백수의 신세에 머물러 있지만 가슴에 품은 세상에 대한 열정과 변화를 만들어낼 실력을 쌓는 시간이라 여기며 여유를 잃지 않고 스스로 변화를 만들어가려 한다.

나는 자신이 실제 살아온 삶을 바탕으로 한 이토록 깊이 있는 응원과 값진 조언이, 나 혼자만이 아니라 이 시대를 살아가는 젊은 세대와 후배 정치인들에게 전해지길 간절히 바랐다. 권노갑 고문의 이번 평전 출간이 나뿐만 아니라 정치지도자를 꿈꾸는 후배들 모두에게 이런 격려와 응원을 전해주는 중요한 계기가 될 것으로 기대한다.

지난 세대가 걸어온 치열함은 마치 눈밭에 남은 선명한 발자국처럼 오늘을 뚫고 나가는 후배들에게 너무나 소중한 이정표가 되고 있다. 권노갑 고문의 노고에 감사드리고 오래도록 이끌어 주시기를 당부드린다.

민주당을 지켜온
어른의 품격,
그 든든한 버팀목

박찬대

제20·21·22대 국회의원
(전) 더불어민주당 당대표 직무대행 겸 원내대표

"박 의원, 아까 그 연설 원고 좀 줄 수 있겠소?"

처음 그 말씀을 들었을 때, 저는 제 귀를 의심했습니다. 김대중 대통령님과 함께 사선을 넘으며 민주당의 역사를 써 내려온 90대 원로께서, 30년 넘게 어린 까마득한 후배의 연설문에 관심을 보이셨기 때문입니다.

김대중재단 행사나 민주화추진협의회(민추협) 모임 등에서 뵈었던 고문님의 모습은 제게 신선한 충격이었습니다. 단순히 격려차 하신 말씀이 아니었습니다. 행사 내내 허리를 꼿꼿이 펴고 경청하시더니, 정말로 제 원고를 소중히 챙겨 가셨습니다. 의례적인 격려를 넘어, 후배의 생각조차 당신의 것으로 만들려는 치열한 열정과 겸손을 보며 저는 머리를 한 대 얻어맞은 듯했습니다.

그런 일이 꽤 여러 번 있었습니다. 동료로서 먼저 존중을 표해 주시는구나 하는 생각에 감사했습니다. '진짜 어른'의 품격이란 이런 것이구나 하고 깨우치기도 했습니다. 그 어떤 조언보다 큰 가르침이었습니다.

흔히 어느 분야의 원로라고 하면 후배들에게 길을 제시하거나 '이렇게 해야 한다'라며 가르침을 주려 하기 마련입니다. 그 또한 귀한 일입니다. 하지만 묵묵히 뒤에서 지켜봐 주며 무언의 지지를 보내는 일, 그 든든한 배경이 되어주는 일은 아무나 할 수 없는 어른의 품격입니다.

사실 저는 권노갑 고문님과 동시대를 치열하게 겪은 세대는 아닙니다. 김대중 대통령님과 권 고문님이 군사독재 정권의 서슬 퍼런 탄압에 맞서 인동(忍冬)의 세월을 견뎌내실 때, 저는 어린아이였거나 이제 막 사회에 나온 청년이었습니다.

하지만 고문님을 뵐 때면 시대를 뛰어넘는 뜨거운 동병상련(同病相憐)을 느낍니다. 김대중 대통령님의 고난 곁에 권 고문님이 계셨던 것처럼, 저 또한 이재명 대통령을 향한 모진 핍박의 시간들을 곁에서 지켜왔기 때문입니다. 원내대표와 당대표 직무대행이라는 중책을 맡아 결단을 내려야 할 때마다, 저는 고문님을 떠올렸습니다. 고난

받는 지도자의 곁을 끝까지 지키며 역사의 승리를 일궈낸 고문님의 삶은, 거친 풍랑을 헤치고 마침내 이재명 정부를 탄생시킨 우리 후배들에게 말 없는 이정표이자 자부심이 되었습니다.

권노갑 고문님은 민주당의 '역사성'과 '족보' 그 자체입니다. 김대중 정신이 노무현, 문재인을 거쳐 지금의 이재명정부로 면면히 이어져 오는 과정에서, 당신께서 굳건히 그 자리를 지켜주셨기에 우리 당의 뿌리가 흔들리지 않을 수 있었습니다.

무엇보다 당의 주요 행사장에서, 그리고 고문님과 마주하는 짧은 순간들 속에서 우리 민주당이 지켜온 정신의 뿌리를 확인하는 기분이었습니다. 수십 년의 세월이 무색하게 한결같은 거목의 모습으로 민주당을 지키고 계신 고문님의 존재는 저와 민주당에게 그야말로 가장 든든한 '뒷배'입니다.

민주당이 민주당스러울 수 있도록 묵묵히 지켜주시는 진짜 어른, 그 든든함이 있기에 저 박찬대와 민주당은 오늘도 두려움 없이 앞으로 나아갑니다.

고문님, 존경합니다. 그리고 감사합니다.

공부·절제·용서와
화해로 남은 정치인

박찬수

〈한겨레신문〉 대표이사
(전) 〈한겨레신문〉 대기자

권노갑 고문처럼 나이가 들수록 빛이 나는 정치인은 드물
다. 청와대 출입기자였던 2000년 무렵에 '권노갑'은 기자
들이 쉽게 만날 수 없는 신비로운 존재였다. 어떤 면에선
'구시대 정치'를 상징하는 이름이기도 했다.그래서 수많
은 게이트에 이름이 오르내리고, 힘든 영어(囹圄)의 시절
을 보내신 적도 있다.

어려움을 겪으면 대개의 정치인은 꺾이고 사라지지
만, 권 고문님은 지금도 여야 가리지 않고 모든 정치인의
존경을 받는다. 그 비결은 뭘까?

내가 볼 때 그건 권 고문님이 정치인으로서뿐 아니
라 한 인간으로 살아가면서, 'DJ의 비서실장'이란 명함 속

279

직책에서 한 치도 벗어나지 않으려 노력했기 때문이다. 권 고문님은 평생을 김대중 대통령의 생각과 행동을 본받으며 그렇게 행동하려 애를 썼다. 그래서 '김대중 정신'이 권노갑의 삶에 고스란히 깃들어 있고, 그를 생명력 있는 정치인으로 살아 숨 쉬게 한다.

90세가 넘어 영문학 박사과정에 입학해 공부를 계속하는 것도 바로 DJ의 레거시다. 권 고문님은 이렇게 말했다.

"1960년대에 DJ는 '정치인은 공부해야 한다'고 말했다. 국회의원들이 골프 치고, 바둑 두고, 요정 가는 걸 싫어했다. 그래서 나는 지금도 매일 아침 신문을 꼼꼼히 읽고, 영어책을 본다."

싸움 잘하고 두주불사였던 권노갑 고문이 야당 총재 김대중의 비서실장이 되면서부터 술을 자제하고 생활을 경건하게 유지한 것도 김 대통령으로부터 배운 태도일 것이다.

'용서와 화해'라는 DJ 정신을 누구보다 먼저 실천하고 지금껏 간직하는 있는 분이 권 고문이다. 그는 정치적 갈등을 일시적으로 휘몰아치는 바람이라고 봤기에, 시간이 지나면 누구든 용서하고 손을 잡았다. 그에게 화살을 쏜 정치인들이 거의 모두 지금은 누구보다 권 고문님께 잘하는 건 이런 이유에서다.

김대중 대통령은 그걸 보고 "권노갑은 속이 없는 사

람"이라고 말했다지만, 요즘의 한국 정치에서 절실한 게 바로 그런 넉넉한 마음이 아닐까 싶다.

권노갑 고문은 어린 시절 중학교에서 김대중이란 별을 만나 지금의 큰 인물이 됐다. 또한 김대중 대통령은 '권노갑 비서실장'을 곁에 둠으로써, 돌아가신 뒤에도 정치적 유산이 흩어지지 않고 국민의 사랑을 받는 기반을 마련했다. 그 점에서 김대중 빼고 권노갑을 말할 수 없듯이, 권노갑 없는 김대중도 상상하기 어렵다.

넉넉한 품,
김대중 철학을 품다

백학순

김대중학술원 초대 원장
제10대 세종연구소장

권노갑 선생님을 생각하면 지도자의 넉넉한 품의 크기와 따뜻한 행복감이 느껴진다. 평생을 '정직과 신뢰, 사랑'이라는 좌우명을 실천하시면서 살아오셨기 때문일 것이다.

당신이 평생 이룬 모든 것은 김대중 대통령과 함께한 덕분이었다, 전적으로 김대중 대통령 덕분이었다고 감사해 하시고 행복해 하시기 때문일 것이다. 또한 96세의 연세를 잡수셨음에도 60대의 젊음을 유지하고 계시기 때문일 것이다.

나는 김대중 대통령님을 모시고 현실 정치를 한 사람이 아니다. 대통령님의 한반도 평화·통일·번영의 대전략인 햇볕정책을 연구하고 그 정책을 지지해온 학자이다.

대통령님께서 소천하시기 얼마 전에 내게 "역사는 확신을 갖고 보되, 장기적인 안목에서 보는 것이 옳다"고 말씀하셨는데, 이는 내게 주신 대통령님의 유언이 됐다.

대통령님이 소천하신 후에는, 권노갑 선생님이 나에게 대통령님에 대해서 뿐만 아니라 1950년대 이래의 우리 정치와 수많은 정치인들에 대해서 책이나 신문에 쓰여 있지 않은 온갖 정치비사를 끊임없이 또 항상 즐겁게 이야기해 주신다. 따뜻한 마음의 정을 나눠 주셔서 감사드린다.

지금도 타의 추종을 불허하는 기억력을 갖고 계시면서 한국외대 영문학 박사과정을 수료하신 권노갑 선생님의 학구열이 머지않아 튼실한 열매를 맺게 되기를 기원한다. 아울러 선생님과 사모님이 건강과 평안, 행복의 큰 복 받으시기를 기원한다.

그리고 참담하기 그지없는 우리 정치와 남북관계가 머지않아 김대중 철학과 사상을 구현하는 방향으로 자리 잡음으로써 선생님이 행복해하실 모습을 꼭 보고 싶다.

영원한 정치 스승

성장현

서울시 민선 용산구청장(4선)
전국 시장군수구청장협의회 대표회장
대한노인회 중앙회 선임부회장

권노갑 고문님은 용산에 사신다. 새해 첫날이면 동지들과 함께 고문님 댁으로 세배를 간다. 사모님이 정성껏 준비해 주신 떡국도 먹고, 다과상을 앞에 두고 고문님의 귀한 덕담도 듣고, 세배객으로 오시는 선후배님들과 인사를 나누며 한해를 시작하는 이 행사를 우리는 수십 년째 이어오고 있다.

개인사 가정사로 시작해서 치열한 정치토론을 통해 안목을 넓히고 단단하게 공감대를 형성하는 1일 정치학교가 열리는 날이기도 하다.

어느 해던가? 그날도 세배를 마치고 식탁에 둘러앉아 떡국을 먹는데 어떤 분이 그 자리에 있지 않은 다른 사람에 대해 듣기가 거북한 험담을 했다. 모두 조용히 듣고 만 있던 그때 권 고문님께서 말씀하셨다.

"거 이상하네. 그 사람이 왜 그랬을까? 내가 아는 그 사람은 그런 사람이 아닌데…. 나한테는 참 잘하는 사람인데."

고문님의 이 한 말씀으로 자리가 바로 정리가 됐고 더 이상 남의 험담이나 욕을 할 수 없는 분위기가 됐다. 그날의 이 소중했던 경험은 내가 인간관계를 맺는 데 금과옥조가 되었다.

권노갑 고문님에 대해 가장 높이 존경하는 바는 김대중 대통령께 대한 변함없는 의리와 충성심이다. 정치판이 아무리 혼탁하고 때로는 모함을 받을지라도, 권 고문님은 단 한 번도 김대중 대통령을 저버린 적이 없다. 그는 자신의 정치적인 야망이나 꿈을 자제하고 오롯이 김대중 대통령과 민주주의를 위해 헌신하셨다.

또한 5·18 이후 DJ가 부재(不在)했을 땐 호남인들을 위로하고, DJ의 정치적 기반을 만들고 지키는 일에 신명을 다 바치셨다. 그 결과 최초의 수평적 정권 교체와 남북 화해를 만드는 데 일등공신이 되기도 하셨다.

대통령직을 마친 이들 중 많은 분들이 불행하거나 외로움 속에 생을 마감했다. 김대중 대통령님은 아름다운 인품과 탁월한 식견을 지니기도 하셨지만, 평생의 동지인 권노갑 고문과 같은 지조와 의리를 지닌 분이 곁에 있었기에 성공한 대통령으로 우리 국민의 뇌리 속에 영원히 기억되고 있다.

특별히 고문님께 감사드리는 것은, 당신이 살고 계시는 용산에서 구청장을 네 번 역임하는 동안, 구청장인 내게 사사로운 심부름을 시키지 않은 것은 물론, 많은 사람들이 "구청장을 한 번 만날 수 있게 전화 한 통만 해주시라"고 부탁을 하여도, "공직자에게 그런 부탁을 하면 안 된다"고 단호하게 거절하며 든든한 울타리가 되어주셨다.

억울하게 모함을 받고, 정치적으로 힘들어할 때도 "나는 청장을 믿는다"며 격려해 주시고 이끌어 주셨던, 참으로 소박하고 따뜻한 인품을 지니신 권노갑 고문님을 인생의 스승이자 어버이로 모시고 산다.

거목의 숲을 지나면 나도 모르게 키가 자라는 느낌이 든다. 권노갑 고문님은 내 인생의 그러한 거목이며 큰바위 얼굴이시다.

사군자 같은
삶을 담은 기록이여
영원하여라

소강석

새에덴교회 담임목사
CBS 재단 이사장
(전) 대한예수교장로회(합동) 총회장

권노갑 고문님은 1930년생이시니 올해 96세가 되십니다. 책의 부제대로 한 세기 가까운 삶을 진실하고 일관되게 살아오셨습니다. 고문님을 생각하면 첫 번째로 매화(梅花) 향기가 떠오릅니다. 일찍부터 김대중 대통령을 모시며 끝까지 절개를 지키셨고, 김대중 대통령이 서거하신 이후에도 한결같이 김대중 대통령의 정신을 계승해온 분이십니다.

가까이 가서 뵈니 어쩌면 그렇게 소박하고 겸손하신지 모릅니다. 한마디, 한마디 언어와 태도가 난(蘭)을 연상하게 하십니다. 해외에 계실 때 통화를 하면 서두르지 않는 목소리로 안부와 일을 모두 천천히 챙기십니다. 빼놓는 게 없습니다. 그 다정함은 '난향만리(蘭香萬里)'라는 말이 생각나게 합니다. 멀리 있으나 가까이 있으나 시종여일하십니다.

백수(白壽)를 눈앞에 둔 거장 중의 거장이 이제 골프를 시작한 지 서너 달밖에 안 되는 사람에게 "저에게도 골프 좀 가르쳐 주십시오"라고 말씀하시는 것 또한 너무나 겸손하시고 인간적 향기를 풍기는 면모입니다.

권 고문님은 국화처럼 고고한 삶을 살아오셨습니다. 고고한 국화꽃을 피우기 위해서 얼마나 많은 소쩍새들이 울었을까요. 국화는 개화하기까지 숨을 삼켜야 합니다. 김대중 대통령을 섬기며, 동교동계의 맏형 역할을 해오며 권 고문님이 삼킨 한숨과 인내를 조금은 짐작할 것 같습니다. 꽃 중의 꽃인 한 송이 국화보다 더 위대한 훈장과 같은 삶을 살아오셨습니다. 고통도, 고문도, 어둡고 기나긴 질곡의 골짜기도 잘 지나오셨습니다.

또한 권노갑 고문님을 뵈면 굽히지도 않고 부러지지도 않으며 하늘을 향하여 쭉쭉 뻗어 자라난 왕대나무의 이미지가 떠오릅니다. 그 어떤 역사적 소용돌이와 격랑 속에서도 흔들리지 않고 파란 잎사귀를 피웠고 하얀 눈이 내릴 때도 그 눈의 무게를 지탱하면서 곧은 자세를 뽐내었습니다.

　권노갑 고문님은 현재를 돌아볼 뿐 아니라 미래를 내다보고 대안을 세우는 현자의 삶을 살아오셨습니다. 앞으로 이 평전이 정치를 지망하는 사람들, 서번트 리더십(servant leadership)이나 베풂의 리더십을 갖기를 원하는 사람들에게 귀감이 되고 본보기가 되기를 바랍니다.

중용을 지키는
노자 같은 자유인

송석구

동국대학교 제13·14대 총장

권 고문님은 아무리 바빠도 느긋하시다. 그러기에 나는 그 어른 옆에만 있어도 마음이 편안하다. 무엇이건 다 들어줄 것 같은 큰형님 같다. 그렇게 긴장하고 온몸으로 막아내고 신경을 거미줄같이 늘어놓고 여러 가지 생각과 판단을 해서 총재에게 보고해야 할 위치에 있는 비서라는 분이, 저렇게 천연하고 긴장이 없는 듯 보이면서 어떻게 그 많은 저항을 이겨 내고 민주화의 한 축을 이루어 냈을까? 의문이 들 때도 있다.

또한 아무리 바빠도 바쁘지 않을 뿐이다. 그러나 내가 잘못 본 것이다. 당신은 생각하지 않은 듯하나 이미 생각을 다 했고, 하지 않는 듯하나 다 해놓고 있을 뿐이다. 《노자(老子)》에 나오는 '하지 않으면서도 한다'는 '도상무

위(道常無爲)'의 경지에 이른 분이다.

내가 모교 동국대학교 총장 시절, 동문의 많은 일을 대신해 부탁을 했다. 그럴 때마다 선배님은 "노력해 볼게. 그러나 믿지 말어" 그 한마디뿐이었다. 그러고 나서 며칠이 지나면 성취된 일은 "잘 되었어" 한마디, 반면에 안 된 일은 왜 안 되었다고 자세히 설명하시는 치밀한 분이다.

나는 권 고문님을 보면서 어떻게 하면 저렇게 입이 무거우시고 또 남의 약점을 전혀 말씀하시지 않을까? 칭찬도, 비난도 하지 않는 진정한 중용의 길을 걷는 분이라 생각하고 존경하고 있다.

국리민복을 향한
변함없는 동행

신영균

영화배우
제15·16대 국회의원
대한민국예술원 회원

노후 인생의 동반 동지로 자주 가깝게 만나고 있는 권노갑 더불어민주당 고문이 식지 않은 열정으로 또 책 한 권을 내놓게 된 것을 진심으로 축하합니다.

그의 삶의 여정에는 천일야화보다 더 많은 이야기가 수북이 쌓여 있습니다.

우리는 정치인으로 인연이 되었지만 국리민복(國利民福)에는 좌우도 없고 여야도 없다는 생각이 서로 통해 참 마음 편하고 좋은 친구로 함께 인생을 돌아보며 또 헬스클럽에서 운동도 함께하며 교류한 지가 오래됩니다.

얼마 전 우리는 두 사람의 생각을 모아 과거 국회를

이끌었던 전 국회의장님들을 한자리에 모시고 끝없이 당리당략(黨利黨略)에 매달려 충돌하는 정국의 긴장을 풀 수 있는 길을 모색해 보자는 데 합의하고 여야 출신 의장님들 만남의 자리를 마련하기도 했습니다.

우리의 생각은 국가의 발전과 국민의 행복을 당과 자신의 정치적 입지보다 먼저 생각하는 정치문화가 소중하다는 데 변함없이 뜻을 함께하고 있습니다. 그러나 한편은 이제 우리는 원로 대우를 받는 고령기로 정치적이든 사회적이든 사람들의 앞머리에 나설 처지가 아니라고 생각합니다.

단지 국민의 일원으로 나라와 국민을 생각하는 겸허한 마음으로 지내면서 노후 인생을 함께하는 평생 우정을 나누게 된 것을 또한 행복하게 생각합니다.

황무지를
숲으로 만든 사람

안희정

민선 5·6기 충청남도 도지사
참여정부평가포럼 상임집행위원회 위원장
(전) 민주당 충남 논산·계룡·금산 지역위원장

참 고맙습니다. 그리고 참 따뜻하셨습니다.

권노갑 고문님은 언제나 젊은 정치인들을 진심으로 아끼셨습니다. 그는 늘 말보다 행동으로 보여 주셨습니다. 직접 찾아가 귀 기울이고, 몸소 길을 열어주며, 때로는 정치적 후원과 무한한 신뢰로 젊은 세대가 성장할 수 있도록 아낌없이 힘을 보태셨습니다. 산지기가 묘목을 심어 숲을 이루듯, 고문님은 민주주의의 황무지에 희망의 나무를 심으셨습니다. 그의 손길이 닿은 나무들이 오늘의 민주당을 이루는 큰 숲이 되었습니다.

젊은 정치인들의 출정식에 초대받으면, 고문님은 늘

이렇게 덕담을 건네셨습니다.

"오늘 이 자리에 와서 우리 ○○○ 동지의 연설을 들어보니, 마치 젊은 시절 김대중 대통령을 보는 듯합니다. 여러분도 그렇게 느끼지 않으십니까? 그러니 우리 ○○○ 동지를 전폭적으로 응원해 주십시오."

그 한마디에 젊은 정치인들은 용기와 힘을 얻었습니다. 고문님의 덕담은 단순한 인사가 아니라, 정치를 시작한 신인들에게는 그 무엇과도 바꿀 수 없는 산삼처럼 귀한 믿음이었습니다.

세월이 흘러, 그 품에 기대어 자랐던 이들이 때로는 다른 길을 가거나 비판의 말을 던지기도 했습니다. 그러나 고문님은 언제나 흔들림 없이, 당의 승리와 젊은 정치인들의 성장을 위해 묵묵히 걸음을 이어 가셨습니다. 그 헌신과 너른 품이 결국 황무지를 숲으로 바꾸었습니다.

오늘의 민주당, 그리고 한국 민주주의의 숲은 그의 땀과 인내, 그리고 하늘에 계신 김대중 대통령과의 깊은 신뢰 위에 세워졌습니다. 지금 이 순간, 대통령께서도 그 숲을 바라보며 고문님의 헌신과 그 사랑의 결실을, 따뜻한 미소로 지켜보고 계실 것입니다.

민주당의 한 후예로서, 그리고 정치의 길을 걸어온 한 사람으로서 권노갑 고문님께 진심으로 감사의 마음을 드립니다. 감사합니다. 그리고 다시 한 번 고맙습니다.

신념의 깊이를
가르쳐준 어른

양부남

제22대 국회의원
(전) 부산고등검찰청 검사장

권노갑 고문님과의 인연은 제 인생에서 결코 잊을 수 없는 특별하고 소중한 인연입니다.

고문님과의 첫 만남은 제가 대검찰청 중앙수사부에서 검사로 근무하던 시기였습니다. 수사 과정에서 수많은 사람을 마주하지만 권노갑 고문님처럼 진솔하고 인간적인 분은 이전에도 이후에도 만나지 못했던 것 같습니다.

실정법의 문제를 넘어 고문님은 자신의 신념과 가치에 솔직했고, 민주주의를 향한 확고한 믿음은 한순간도 흔들리지 않으셨습니다. 항상 담담하면서도 당당하게 민주화를 위한 투쟁의 시간과 민주주의에 대한 신념을 이야기하셨고, 소탈하고 인간적인 모습은 흡사 동네 아저씨 같다는 느낌을 받기까지 했습니다.

검사로서 마주했지만, 저는 고문님에게서 한 인간이 지닌 신념의 깊이와 품격을 느꼈습니다. 고문님 역시 저를 단지 검사로 대하지 않으셨습니다. 언제나 따뜻하게 대해 주셨고, 조카를 대하듯 인간적인 정을 나누어 주셨습니다. 저 역시 고문님을 한 세대의 큰어른으로, 삶의 지혜를 일깨워 주신 선배로 존경하며 소중한 인연을 이어오고 있습니다.

권노갑 고문님은 대한민국 정치와 민주화의 산증인이자, 김대중 대통령과 더불어 이 땅의 민주주의를 뿌리내린 주역이십니다. 수많은 시련 속에서도 민주주의를 위해 싸우셨고 끝내 지켜내셨습니다. 오늘 우리가 누리는, 그리고 자라나는 다음 세대가 누릴 자유와 민주주의는 권노갑 고문님을 비롯한 많은 분의 헌신과 희생이 있었기에 가능한 것입니다.

이번에 발간되는 평전은 권노갑 고문님의 치열했던 삶과 신념, 그리고 대한민국 민주주의의 한 시대를 온전히 증언하는 귀중한 기록이 될 것입니다. 고문님의 삶은 단지 한 사람이 아니라, 신념과 용기로 민주주의를 일구어 낸 한 시대를 관통하는 기록일 것입니다.

이번 평전을 통해 많은 이들이 고문님의 삶에서 민주주의의 가치와 소중함을 배우고 이어 나가는 계기가 되

기를 바랍니다. 권노갑 고문님의 평전 발간을 진심으로
축하드리며, 민주주의의 꽃을 피우기 위해 한평생을 바치
신 그 뜻과 정신이 오래도록 우리 사회에 빛으로 남기를
기원합니다.

영원한 동반자,
권노갑 고문님께
드리는 헌사

유준상

21세기경제사회연구원 이사장
대한민국헌정회 부회장
제11·12·13·14대 국회의원

김대중 대통령님의 '영원한 비서실장' 권노갑 고문님, 큰형님으로 모신 지 벌써 30년입니다.

고문님과 저는 12살 차이 말띠 동갑내기로 군정 종식 규탄 대회부터 민주당 최고위원을 함께하며 민주화의 길을 걸었습니다. 지방자치 실시 단식 투쟁 후, DJ 총재님께서 "전남도지사는 유준상이야"라고 하셨다는 말씀을 전해주셨을 때의 그 감동은 지금도 잊을 수 없습니다.

고문님은 동교동계의 좌장이자 DJ의 그림자로서 인간적인 배려와 지도력을 보여주신 큰어른이십니다. 억울

한 옥살이에도 남 탓 한 번 없이 "김대중의 영원한 비서실
장으로 비석에 새긴다면 더 바랄 것이 없다"고 하신 말씀
은 고문님의 깊은 충절과 인품을 엿보게 합니다.

　95세의 연세에도 골프 샷 이글을 하셨다는 놀라운
소식을 듣고 고문님의 끊임없는 열정에 감탄합니다. 그저
세월을 낚을 나이에 만학도로서 영문학 박사 논문을 쓰시
는 학구열 또한 정치 후배들에게 큰 귀감이 되고 있습니
다. 저 역시 고문님을 따라 한국방송통신대학교 중어중문
학과를 공부하며 열정을 불태우기도 했습니다. 한때 도쿄
체류 시절, 고문님께서 제게 주셨던 격려의 말씀은 늘 큰
힘이 되고 있습니다.

　민주주의, 인권, 평화, 용서, 화해를 몸소 실천하신
고문님은 살아 있는 정치계의 역사 그 자체입니다.

　권노갑 큰형님, 부디 오래오래 백수(白壽)를 넘고 상
수(上壽)가 넘도록 아름다움을 보여주시고 가정에 행복과
평화가 가득하시기를 기원합니다.

보지 않고도
믿은 사람

윤공희 빅토리노

현존 세계 최고령 대주교(102세)

영어에 증거 없이 믿는 사람을 일러 'Doubting Thomas'라는 말이 있다. 《요한복음》 20장 24~29절을 르네상스 시대 화가 카라바조가 화폭에 압축적으로 담아낸 그림에서 유래한다.

사도 도마가 부활한 예수님을 믿지 못하여 그의 손에 난 못 자국에 자신의 손가락을 넣고 옆구리 찔린 상처에 손가락을 넣어 보지 않고서는 믿지 않는다 하니, 예수께서 오셔서 그리하라 하시고 믿음 없는 자가 되지 말고 믿는 자가 되라 하셨다.

눈으로, 손가락으로 경험한 뒤에야 도마는 결국 "나의 주님, 나의 하느님"이라는 믿음을 고백했다. 이에 예수님은 "나를 보지 않고도 믿는 자들은 복되도다" 하셨다.

훗날 성 아우구스티누스는 믿음에 대해 "믿음이란 아직 보지 못한 것을 믿는 것이며, 믿음에 대한 보상은 믿는 것을 보게 되는 것이다"라고 했다.

내가 믿음을 얘기하는 것은, 권노갑 스테파노의 인간됨에 대한 나의 관찰 때문이다. 어린 시절부터 형님으로 따르고, 뜻을 두었을 땐 동지로서 따랐던 고 김대중 대통령에 대한 그의 믿음은 '의심하는 도마'가 아니라 죽음도 불사하며 순교한 '회심한 이후의 도마'처럼 느껴진다.

권노갑 스테파노의 믿음은 단 한 번의 변심도 없었으며, 김대중 대통령이 겪은 고난의 세월 속에서 더 강하게 굳어졌다. 대개 사람들은 훗날 영광에는 앞다퉈 기리고 그 과실을 나누려 하지만, 고난 속에 묻혀 있던 믿음과 희생은 소홀히 취급한다.

권노갑 스테파노의 믿음은 그 보상으로 그가 믿는 것을 보게 된 것, 그 이상도 그 이하도 아니다. 그의 믿음이 이루어졌을 때 그는 권력에서 멀어졌고 일상의 친구가 되었다. 믿음에도 어떤 소명이 있다면, 그는 그 소명을 충실히, 온전히 해내었다.

그는 자신이 함께 받을 영광을 오롯이 그가 믿음으로 따르던 김대중 대통령에게 모두 바쳤다.

정파를 넘은 품격

윤원중

제15대 국회의원
(전) 민주자유당 김윤환 대표 비서실장
제26대 국회사무총장

나는 우리나라 국회의사당이 서울시청 옆 태평로에 있을 때부터 최근까지 긴 세월동안 정당에 몸을 담아온 사람이다. 그럼에도 불구하고 나는 동향의 대선배인 권노갑 고문님과는 한번도 같은 정파에 속하지 않았던 이른바 '전라도 출신 이방인'임이 분명하다. 그런 내가 권 고문님과의 인연을 담은 글을 쓴다는 사실 자체가 그분의 폭넓은 인간관계와 깊은 배려 덕택이 아닐까 하는 생각이 든다.

나는 수년 전부터 몇몇 지인들과 함께 권 고문님과 간헐적으로 골프를 치는 기회를 가지곤 했다. 그동안 직접 대면해서 친숙한 대화를 나눈 일이 별로 없었고, 먼발치에서 그분의 명성을 들었던 나로서는 함께 라운딩하는 것이 여간 조심스러울 수밖에 없었는데도 마치 친 아우를 대하는 것처럼 편하게 하시는 모습에 적이 마음이 놓여 항상 유쾌하게 운동을 할 수 있었다. 지인들로부터 듣기고 하고 또 직접 체험한 일이지만 권 고문님은 언제, 어디서, 어느 누구를 만나도 항상 편하게 대하고 상대방을 칭찬하는 전형적인 노신사의 품격을 여지없이 드러내신다.

아흔이 훌쩍 넘으신 권 고문님의 골프 실력은 이른바 나이가 들면 거리가 줄고 스코어가 나빠진다는 골프계의 통설을 여지없이 무너뜨린다. "나는 90살이 넘으면서 골프가 늘었다"라고 말씀하시며 파안대소하는 모습을 보면서 정말 많은 반성을 할 수밖에 없음을 고백한다.

4시간이 넘는 운동 시간 내내 걷고, 움직이며 이른바 '가라 스윙'을 계속하는 고문님을 보면 저분이 진짜 96세가 맞나 하는 의문이 저절로 든다. 권 고문님은 몇십 년 전의 중요한 사건은 물론이고 여느 정치인의 출신 지역과 그의 가족 내력 등등을 정확하게 기억하고 이를 유머를 섞어 설명하시는 빼어난 능력을 가진 어른이시다. 이런 초능력은 아마도 그의 끊임없는 노력과 함께하루도 거르지 않는 운동 덕분이 아닐까 짐작해 본다.

우리나라 민주 정치사에 혁혁한 업적을 세우신 권 고문님은 늘상 "나는 김대중 대통령의 영원한 비서실장으로 남고 싶다"라는 말씀을 하신다. 김대중 대통령을 얼마나 성심성의껏 모셨으면 저런 말을 할 수 있을까 짐작하며 그의 한없는 충심을 가늠해 본다. 지금 국립묘지에 영면하고 계시는 김 대통령께서는 권 고문의 이 말씀에 "그렇네, 그리고 고맙네"라고 하시며 잔잔한 미소를 지으시지 않을까 싶다.

정치인의 비서실장 이야기가 나와서 말이지만 이 글을 쓰는 나도 몇몇 고명한 선배 정치인의 비서를 한 경험이 있다. 김영삼 대통령 비서관을 시작으로 김윤환 당대표, 이회창 당대표, 그리고 박희태 의장 비서실장을 지냈으니 말이다.

금년 12월 15일이면 돌아가신 지 어언 21년이 되는 허주 김윤환 대표는 나의 오늘을 있게 한 어른이시다. 출신 지역은 물론이고 학연이나 종교 등 아무런 연고가 없는 나를 실장으로 발탁해서 정치인으로 키워주셨으니 말이다. 여러 가지로 부족한 나를 비서로 삼아 이런저런 경험담을 말씀하기도 하고 늘상 따뜻하게 대해 주시던 큰형님 같은 그분이 한없이 그립다.

우리 정치사에서 대화와 타협의 정치가 어떤 것인지 몸소 보여주었던 의회정치인 김윤환 대표를 상대 당 원내 총무였던 김원기 국회의장이 언젠가 인터뷰에서 제일 크게 평가한다고 술회하는 기사를 보고 눈물을 흘렸던 기억이 새롭다.

어디 그뿐이랴! 권 고문님은 나를 만날 때마다 허주를 언급하시면서 "참 좋은 정치인이었다"라고 하시며 그를 보좌했던 나까지 칭찬하시니 그저 몸 둘 바를 모르겠다고 고백하지 않을 수 없다.

95세에 외국어대학 영문학 박사과정을 수료하신 권 고문께서 곧이어 박사학위를 취득하시면 또 어떤 새로운 배움을 계속하실지 한없이 궁금하다. 골프를 하실 때마다 한 타 한 타를 성심성의껏 치시는 권 고문님의 골프 실력이 과연 육체 연령보다 마이너스 10타, 즉 80대 초반의 대기록을 언제 기록하실지 지켜보는 것도 흥미진진한 일이 될 것이 분명하다.

여야를 아울러 여의도 출신 우리 모두는 학문과 운동은 물론이고 상대방을 대하는 태도에 이르기까지 권 고문님의 품격 있는 인생철학을 배우고 익히며 열심히 따라가도록 노력해야 하지 않을까.

한 걸음 뒤에서
역사를 떠받치다

윤창환

정치학박사
(전) 국회의장 정책수석
(전) 서울대학교 행정대학원 객원교수

내가 권노갑 고문님을 처음 뵌 것은 서른 남짓, 《월간조선》 프리랜서 기자로 현장을 뛰어다니던 시절이었다. 데스크의 권유로 이루어진 단 한 번의 인터뷰. 그 짧은 만남이 35년 인연의 시작이 될 줄은 당시에는 미처 알지 못했다.

처음 마주한 그는 단단하고 고요한 기품. 세월의 풍랑을 건너온 사람에게서만 느껴지는 묵직한 무게가 있었다.

사람들은 정치를 '가능성의 예술'이라 말한다. 그러나 나는 안다. 그를 35년간 보좌하며 체득한 내러티브가 증언하듯, 그의 정치는 기술이 아니었다. 태도였다. 계산이 아니라 지조였고, 권모가 아니라 신의였다. 약속을 지키고, 사람을 끝까지 놓지 않는 삶. 그 삶 자체가 곧 정치였다.

정치인 김대중이 국회의원을 거쳐 당 총재가 되고 마침내 대통령에 이르기까지, 그 험난한 여정 속에서 '권노갑'이라는 이름은 언제나 묵묵히 김대중을 지켰다. 앞에 서기보다 뒤에서 책임을 감당하는 자리. 그는 늘 그 자리를 기꺼이 택했다.

그 기꺼운 선택들 가운데서도 가장 고독하고 고결했던 장면은 따로 있다. 자신의 정치적 고향이자 생명과도 같았던 전남 목포 지역구를 김대중 대통령의 장남 김홍일에게 내준 일이다. 정치인에게 지역구란 단순한 기반이 아니다. 그것은 세월의 땀과 지지자들의 신뢰가 응축된 정체성 그 자체다. 그러나 그는 미련도 계산도 없이 자신을 비웠다. 주군과 그 가족을 위한 길이라면, 자신의 터전을 기꺼이 내줄 수 있는 사람이었다.

권력을 좇는 이들에게는 이해하기 어려운 결단. 그러나 그에게 정치란 자리를 지키는 일이 아니라 사람을 지키는 일이었다. 그 '내려놓음'이야말로 그가 보여준 신의의 정점이었다. 스스로 드러내지 않으면서도 역사와 대의를 떠받치는 사람. 권노갑, 그는 바로 그런 참모였다.

아흔다섯의 나이에 영문학 박사과정을 수료할 만큼 자기 관리에도 엄격했다. 건강과 독서, 인간관계 어느 하나 흐트러짐이 없었다. 절제는 습관이었고 성실은 일상이었다. 오늘날 아흔을 훌쩍 넘긴 연세에도 여전히 현역으로 걷는 힘은 그 오랜 자기 단련에서 비롯된 것이다.

나는 가끔 그의 뒷모습에서 한 편의 시를 떠올린다. 고독의 심연에서도 끝내 희망의 언어를 거두지 않았던 시인, 에밀리 디킨슨(Emily Dickinson). 그의 시는 인간 실존의 경계를 밀어 올린 사유의 도약이다.

'Hope' is the thing with feathers

'Hope' is the thing with feathers —
That perches in the soul —
And sings the tune without the words —
And never stops — at all —

'희망'은 보드라운 깃털을 단 영혼의 새

희망은 영혼 속에 깃들어 앉은
보드라운 깃털을 가진 존재다.
가사 없는 노래를 나직이 부르며
어떤 순간에도, 끝내 멈추지 않는다.

이 시구(詩句)에 흐르는 생명력은 마치 권노갑 고문님의 삶을 닮았다. 폭풍우가 몰아쳐도 그의 인간철학에 뿌리내린 신의와 지조는 끝내 흔들리지 않았다.

돌이켜보면 수많은 격랑이 몰아쳤지만, 유독 가슴에 맺힌 장면이 있다. 필생의 염원이던 '김대중 대통령 당선'. 그 역사적 순간이 마침내 현실이 되던 그날, 정작 권노갑 고문님은 그 자리에 함께하지 못했다. 상대 진영이 가장 두려워했던 김대중 대통령 후보의 정치적 심장이자 참모 중의 참모, 권노갑. 그의 손발을 묶어 두려는 정략의 희생양이 되어 구속된 상태였다.

군부독재의 모진 고문과 온갖 박해를 견디며 이 땅의 민주화와 김대중을 위해 한몸을 불살랐던 권노갑. 그 모든 고난을 감내하면서도 온몸으로 보좌해, 천신만고 끝에 마침내 김대중 대통령의 시대가 열렸다. 그러나 분신과도 같았던 가장 충직한 참모는 그 후 석방되었다가 다시 억울한 옥고를 치러야 했다.

역설적으로 평생을 바친 지도자가 집권한 정부 아래서였다. 나에게는 감당하기 어려운 충격이었다. 잔인한 시련은 그렇게 이어졌다. 개국공신의 주역이었으나 고독의 저편으로 유기된 '한신(韓信)', 셰익스피어의 비극적 인물 '켄트 백작(Earl of Kent)'과 같은 운명이 그에게도 드리워진 것일까. 그러나 역사는 끝내 진실을 외면하지 않았다. 대한민국 대법원은 최종적으로 '권노갑 무죄'를 확정했다.

그는 누구의 도움도 없이, 오직 자신의 결백만으로 그 긴 인고(忍苦)의 세월을 견뎌냈다. 일본과 미국을 전전하며 망명 아닌 망명의 시절을 보냈고, 국내에서는 출판기념회조차 열지 못해 타국에서 개최해야 했다. 그럼에도 그는 한결같았다. 당시 젊고 순진했던 나는 도무지 이해하기 어려웠다. 나는 그때 깨달았다. 진실은 때로 늦게 도착하지만, 끝내 도착한다는 것을.

35년을 되돌아보면 화려한 무대보다 교도소 면회실에서 마주했던 그의 눈빛이 먼저 떠오른다. 그 눈빛에는 원망도 분노도 없었다. 담담한 책임감과 묵묵한 품위만이 남아 있었다. 나는 그만 가슴이 메어 시멘트 바닥에서 큰절을 올렸다.

그에 대한 평가는 언제나 일치했던 것은 아니다. 때로는 오해가 덧씌워졌고, 때로는 의도된 왜곡이 따르기도 했다. 그러나 시간이 흐르며 끝내 남은 것은 결국 '신의'라는 단어뿐이었다. '마키아벨리'가 두려움의 정치를 권할 때, 그는 신의의 정치를 택했다. 독립유공자 후손인 나에게 그의 삶은 애국과 지조 그리고 신의를 현실로 살아낸 시대의 이정표였다.

'김대중'이라는 세계적인 지도자를 평생 보좌하신 권

노갑 고문님, 그리고 나 역시 그 고문님을 평생 보좌해 왔다. 보좌의 대상은 달랐지만 선택의 본질은 같았다. 나도 부귀영화나 권력이 아니라 당신을 택했다. 그래서 후회는 없다. 넘어질 때마다 더 강해지신 고문님의 삶. 그 곁에서 버팀목의 자리를 지켰다는 것, 그것만으로도 내 삶은 의미를 얻었다.

아흔여섯, 여전히 현역으로 걷는 그의 뒷모습을 바라보며 나는 묻는다. 정치란 무엇인가. 신의란 무엇인가. 평생을 바친 보좌의 의미는 무엇인가. 나는 그 해답을 '권노갑'이라는 삶에서 찾는다. 말이 아니라 행동으로, 권력이 아니라 신의로 써 내려간 한 인간의 생애. 그것이 이 시대가 잃어버린 정치의 본령이다.

35년 동안 나는 권노갑 고문님의 '메시지 아키텍트'로서 시대의 언어를 설계해 왔다. 그런데 어느 날 문득 스스로에게 물었다. 나는 마지막으로 고문님께 어떤 헌사(獻辭)를 드릴 수 있을까. 어쩌면 그 헌사가 오로지 그분을 위해 내가 기획한, 나의 마지막 소임이 될지도 모른다는 마음이 절박하게 다가왔다. 그 화두 끝에서 나는 하나의 결심에 이르렀다.

'권노갑'이라는 거목과 인연을 맺은 대한민국의 인물들을 한자리에 모아, 그의 삶을 증언으로 기록한 한 권의 평전을 남기고 싶었다. 《권노갑 百人 평전》은 단순한 전기가 아니다. 격동의 현대사를 함께 건너온 이들의 생생한 목소리로 복원한 집단 기억의 기록이자, 정치 추억록이다.

백여 명의 증언이 모여 완성된 이 책은, 권력의 무상함 속에서도 끝내 변치 않는 '신의와 지조'가 무엇인지, 그리고 우리가 다음 세대에 물려주어야 할 정치적 유산이 무엇인지를 묻는 '살아 있는 역사'로 남을 것이다.

겨울 참나무 거목의
아우라

이계성

(전) 〈한국일보〉 편집국장
(전) 〈한국일보〉 논설실장
(전) 국회의장 정무수석

90대 중반을 넘어서도 꼿꼿하신 권노갑 고문을 뵐 때마다 짧은 영시가 떠오른다. 영국 빅토리아 시대 계관시인 알프레드 테니슨의 'The Oak'이다.

The Oak

Live thy Life,
Young and old,
Like yon oak,
Bright in spring,

Living gold;

Summer-rich

Then; and then

Autumn-changed

Soberer-hued

Gold again.

All his leaves

Fall'n at length,

Look, he stands,

Trunk and bough

Naked strength.

저 참나무처럼 살아라,

젊어서든 늙어서든,

봄엔 생동하는 금빛으로 빛나고

여름엔 풍성하고

그러고 나서; 그다음,

가을의 변화,

더욱 명징한 색조로 다시 금빛.

마침내 모든 잎 지고,

보라, 서 있는 저 모습,
둥치와 가지만으로, 벌거벗은 힘.

부친을 일찍 여의고 홀어머니 밑에서 성장했고, 목포상고 동국대를 거쳐 야당 정치인 김대중의 핵심 측근으로 신산한 삶을 살아온 그에게 빛나는 봄이나 풍성한 여름은 없었다. 만년 야당에서 수평적 정권 교체를 이룬 김대중 정부 시절에도 그는 직위로 빛나거나 부로 풍성하지 못했다. 음지에서 묵묵히 할 일을 했을 뿐.

좋은 시절 다 가고 가을이 왔을 때, 그는 비로소 차분하게 깨인 모습으로 은은하게 빛을 발했다. 그리고 지금 모든 잎을 떨어버리고, 걸친 것 없이 둥치와 가지만으로 꼿꼿이 서서 100세를 향해 가고 있다.

인간 권노갑과
함께했던
마음의 기록

이광래

한국농어촌공사 상임감사
(전) 목포시의회 5대 의장
(전) 권노갑 국회의원 보좌관

정치의 길은 곧 사람의 길이다. 그리고 그 길을 평생토록 사람을 향해 걸어온 이가 있다. 정치인으로서의 이름보다, 인간으로서의 온기를 먼저 떠올리게 하는 사람. 바로 권노갑 더불어민주당 상임고문이시다. 고문님은 권력의 중심이 아니라 사람의 곁을 지키며, 신념과 의리, 그리고 따뜻한 마음으로 세월을 견뎌오셨다.

이 글은 권노갑 고문님의 화려한 업적을 기리기보다. 60년 가까이 곁에서 지켜본 한 인간으로서의 고문님의 품격과 따뜻한 온기를 전하고자 한 내 마음의 기록이다.

　　권노갑 고문님의 삶은 인내와 용서의 시간으로 점철되어 있다. 정치의 길에서 수많은 풍랑을 맞았지만, 고문님은 결코 흔들리지 않으셨다. 권력의 파도는 예고 없이 밀려왔다. 억울한 오해와 시련, 갖은 고문과 달콤한 회유는 고문님을 가로막았으나, 누구에게도 책임을 돌리지 않으셨다. 그러한 오해와 시련을 불러일으킨 사람들과 심지어 본인을 고문했던 사람들까지 모두 용서하셨다.

　　고문님이 택한 길은 조용한 인내와 용서를 위한 묵묵한 기다림이었다. 진실은 언젠가 드러나고, 사람의 마음은 결국 진심을 알아본다는 믿음이 고문님을 지탱했고 그 믿음이 있었기에, 언제나 자신을 잃지 않으셨다.

　　의리는 권노갑 고문님의 또 다른 이름이었다. 정치가 변하고 사람의 마음이 바뀌어도, 권노갑이라는 이름 앞에는 언제나 '의리'라는 두 글자가 따라붙었다. 김대중 대통령과의 오랜 동지 관계 속에서도 고문님은 한결같았다. 동지가 고난에 처했을 때 함께 감옥에 있었고, 외로움 속에서도 김대중 대통령의 곁을 지키셨다. 세상이 등을 돌려도, 고문님은 세상을 향해 등을 내주었다.

　　고문님의 의리는 계산과 이해타산으로는 설명할 수 없는, 인간적 신념의 상징이었다. 정치가 냉혹한 현실의 세계라면, 고문님의 의리는 그 안에서 인간다움을 지켜낸 마지막 불빛이었다.

권노갑 고문님은 또한 누구보다 겸손하시고 항상 배려하는 마음으로 생활하셨다. 사람들은 고문님을 '큰어른'이라 불렀지만, 정작 고문님은 자신을 높이지 않으셨다. 이루어낸 공보다 함께한 사람들의 노력을 먼저 이야기하셨고, "나는 운이 좋았을 뿐이야"라며 웃어넘기곤 하셨다. 세상의 중심에서 물러난 뒤에도 고문님은 늘 조용히 사회적 약자들의 주변을 살피셨다. 이름을 남기기보다 마음을 남기려 하셨다. 고문님의 겸손은 단지 태도의 문제가 아니라, 사람을 향한 예의이자 인생의 철학이었다.

권노갑 고문님은 무척이나 후배들을 아끼셨다. 정치라는 세계가 냉정하고 경쟁적인 공간일지라도, 고문님은 젊은 후배들에게 희망을 심어주려 하셨다. 실패한 후배에게는 다시 일어설 힘을, 낙심한 후배에게는 "정치는 결국 사람이야"라는 한마디를 건네셨다. 그 짧은 한마디가 인생의 전환점이 된 후배들도 많았다. 고문님의 리더십은 지시가 아닌 신뢰로, 권위가 아닌 따뜻한 손길로 전해졌다. 후배를 품는 마음은 아버지의 품처럼 넉넉했고, 그것이야말로 정치의 본모습을 보여주는 인간적 증거였다.

나의 목포 북교초등학교, 목포상업고등학교 16년 선배로서, 40여년의 세월 동안 보좌했던 대한민국 주요 정치인으로서, 그리고 평생 믿고 따르는 형님으로서 내가 봐왔던 고문님의 삶은 한 마디로, '사람을 믿고 사람을 지킨 사람'이었다.

오랜 세월 정치의 중심에서 살아왔지만, 권노갑 고문님은 단 한 번도 사람의 중심을 벗어난 적이 없었다. 세상은 고문님을 '정치 원로'라 부르지만, 고문님의 마음은 언제나 사람 곁에 머물러 있었다. 고문님이 걸어온 길은 권력의 길이 아니라, 사람의 길이고 그것이야말로 고문님이 남긴 가장 큰 유산이다.

이제 권노갑 고문님의 삶은 한 권의 책 속에서 다시 우리에게 삶의 가치를 건넨다. 이 책에는 권노갑이라는 이름보다 한 인간의 인생이 담겨 있다. 인내로 세월을 견디고, 의리로 사람을 지키며, 겸손으로 인간의 품격을 보여준 삶. 그것이 우리가 기리고 싶은 '인간 권노갑'의 초상인 것이다.

권노갑 고문님은 여전히 우리 곁에 남아 있다. 후배들의 손을 잡아주시며 건네던 따뜻한 미소, 그리고 정치가 다시 사람을 향해야 한다는 믿음 속에, 이 헌정의 글은 권노갑 고문님에게 바치는 존경의 인사이자, 고문님이 우리에게 남긴 삶의 가르침을 다시 새기는 약속이다.

'정치인 권노갑', '인간 권노갑' 고문님은 스스로의 이름보다 더 큰 '사람의 향기'로 우리 곁에 남아 있다. 그리고 그 향기는 오래도록 우리 사회를 따뜻하게 감쌀 것이다.

민주주의의
상수(常數), 권노갑

이부영

자유언론실천재단 명예이사장
(전) 열린우리당 의장
제14·15·16대 국회의원

권노갑 선배님은 제가 재야운동 할 때나 정치에 발을 들여놓았을 때에도 상수(常數), 언제나 있는 분이었고 없는 듯이 있는 분이었지요.

자유언론운동을 하다가 민주화운동에 참여하여 정치권과도 얼굴을 마주하면서 동교동계의 맏형 권노갑 선배를 만나게 되었습니다. 70~80년대의 재야인사들은 후농 김상현 선배도 자주 만났습니다. 특히 1985년 2·12 총선에서 동교동-상도동계가 힘을 합쳐 선명 야당을 내세워 전두환 일당의 독재를 몰아세울 때 그랬습니다.

민주통일민중운동(민통련)이 주력부대가 되어 신민

당과 연대하여 민주헌법쟁취운동을 전개했습니다. 권노갑 선배의 얼굴색을 살피면 동교동의 분위기를 알던 시절이었습니다.

1991년에 3당 합당으로 다시 공안 탄압 사태가 벌어지자 분열된 야당을 그대로 놔둔 채 뭐 하고 있느냐고 원로 선배이신 김관석 목사님의 꾸지람을 듣고 제가 재야의 대표랍시고 신민주연합(평민당 후신)과 이기택 총재의 민주당을 통합하는 데 나섰습니다.

그해 연말에 있을 대통령 선거를 앞두고 야당통합은 절체절명의 과제였습니다. 그리고 1992년의 14대 총선을 앞두고 생전 처음 당내 공천 씨름에 권 선배님을 만나보게 되었습니다. 그래서 재야 출신들의 정계 진출 성적이 괜찮았습니다. 그 과정에 권 선배님의 역할이 컸습니다.

이런 단신꺼리밖에 전하지 못하는 것은 모두 제 부덕의 소치로 여겨 주십시오.

김대중 대통령님께서는 복 받으셨습니다. 늦게까지 머무시면서 뒷갈망을 하시는 권노갑 선배님이 계시기 때문입니다. 건강하시면서 백수를 누리시길 축원합니다.

멈추지 않고 배우며
나아가는 사람

이성헌

민선 8기 서울시 서대문구청장
제16대 국회의원

1985년, 저는 민주화추진협의회 기획위원으로 활동하며 권노갑 고문님과 뜻을 함께했던 기억을 간직하고 있습니다. 의욕 넘치는 청년 정치인이었던 저에게, 고문님은 스스로 앞서기보다 묵묵히 신의와 의리를 지키는 모습으로 큰 울림을 주셨습니다.

이후 대통령비서실 정무비서관으로 근무한 뒤, 1996년 즈음 하버드대학교 케네디스쿨의 정부 고위관리자 과정에서 고문님을 다시 뵈었습니다. 일흔을 바라보는 나이에도 매일 맨 앞자리에 앉아 강의를 듣고, 질문과 토론에 임하시는 모습은 제 존경의 마음을 더 깊게 했습니다.

한순간도 놓치지 않으려는 눈빛을 지금도 생생히 기

억합니다. 훗날 77세에 동시통역사 과정을 수강하시고, 아흔이 넘어 최고령 박사과정을 수료하셨다는 소식을 접했을 때, 그 눈빛은 순간의 기세가 아니라 고문님의 평생을 지탱한 힘이었음을 다시 깨달았습니다.

권노갑 고문님의 삶은 분명한 메시지를 전합니다. 배움에 대한 열망과 실천이야말로 가장 강한 힘이라는 것입니다. 그 열정은 김대중 대통령을 곁에서 받들며 역사를 이끈 원동력이기도 했습니다.

고문님께서 삶으로 증명하신 대로, 우리 모두 멈추지 않고 배우며 쉼 없이 나아가기를, 스스로를 단련해 세상을 더욱 빛내기를 바랍니다.

형제처럼, 분신처럼

이영성

(전) 〈한국일보〉 사장
MBK 사회적책임위원회 위원장

"김대중 대통령 앞에선 장관이든 수석이든 왠지 주눅들기 마련인데, 권노갑 고문은 전혀 그렇지 않더라. 두 분은 사이좋은 형제처럼, 도인(道人)처럼 편안하고 깊은 대화를 하더라."

국민의정부 시절 김한길 당시 정책기획수석이 청와대로 찾아온 권 고문과 김 대통령의 면담에 배석했을 때의 느낌을 출입기자였던 내게 이렇게 술회한 바 있다.

그렇다. 권 고문은 단순히 측근이 아니었다. DJ가 직함을 부르면 그냥 측근이고, 동지라고 부르면 측근 중의 측근이지만, 권 고문은 "어이, 노갑이"라 불렀다고 한다. 어떤 역경에서도 변치 않고 속마음마저 읽는 권 고문은 DJ에겐 혈육이나 다름없고 자신의 분신으로 여겨졌을 것이다.

권 고문은 오래전 민주당을 출입했던 전직 정치부 기자들을 불러 식사도 하고 골프 라운드도 함께한다. 덕분에 나도 가끔 그를 뵙는 즐거움을 누리고 있다.

96세에도 청년처럼 건강하고, 바다처럼 넓고, 물처럼 맑은 그를 보노라면, 먼 옛날 선인(仙人)의 모습이 이러하지 않았을까 하는 생각마저 든다.

버팀목의 삶을
선택한 사람

이정민

마콜컨설팅그룹 고문
(전) 〈중앙일보〉 편집국장
(전) 〈중앙일보〉 논설실장

"어쩔랑가잉, (기사가) 다 나가 부렀는디, 냅둬 부러."

민주당 출입기자 시절, 외부에 알려지면 입장 난처해질 민감한 내막이나 권력 핵심의 행태를 꼬집는 비판 기사를 많이 썼는데, 그때 보인 권노갑 고문의 반응은 늘 한결같았다. 심지어 자신을 직격하는 비판 글에도 이렇게 '쿨'하게 나왔다. 성을 내도 모자랄 판에 "같이 밥이나 먹자고 한다"고 어이없어하며 껄껄 웃던 '동교동계 특무상사' 이훈평 전 의원의 걸쭉한 음성이 아직도 귓가에 생생하다.

자신에 대한 비판 기사를 쓴 기자를 아무 일 없었던

듯 유쾌하게 대할 정치인은 세상에 없다. 취재원 중엔 꼭 두새벽부터 전화통 붙들고 고성을 지르는가 하면, 협박 아닌 협박조를 늘어놓거나, 하소연하며 읍소하는 부류, 급기야 울음을 터뜨리며 울부짖는 인사까지…. 반응은 정말 다양했다. 나름 산전수전 다 겪은 터였으니 권 고문의 대범함은 인상적이고 신선했다.

민주당과 '동교동 사람들'을 꽤 오래 알고 나서야 나는 답을 알게 됐다. 그는 주연이 아닌 조연의 삶, 갈채를 받기보다 욕먹는 것을, 빛나는 일보다 궂은일을 소명으로 여겼고, 실제 그런 인생을 살아냈다는 것을. 그는 DJ를 처음 만났을 때, "이 사람이라면 평생을 함께 가도 후회하지 않겠다"는 믿음이 들었고, 그 길로 여고의 영어교사라는 안정된 직장을 때려치우고 정치에 뛰어들었다고 했다.

세상이 종잇장 만하게 보일 나이인 20대 열혈청년이 누군가의 조력자가 되는 걸 목표로 험난한 정치를 하겠다고 결심하는 것도 예삿일은 아니지만, 설사 그렇게 해서 정치에 입문했다 해도 국회의원 배지 달고 이름 알려지고 출세하고 난 후에도 초심을 지킨다는 건 거의 불가능에 가깝다. 게다가 정권 교체로 DJ가 대통령에 당선됐을 땐 그의 인생도 이미 황혼기에 접어든 때(당시 67세)였다.

그 이전은 가시밭길의 연속이었다. 툭하면 정보과 형사의 미행과 정보부(현 국가정보원)의 뒷조사로 가족의 신상이 탈탈 털리는 생활에 시달렸다.(그래서 그는 평생 수첩과 전화번호부를 갖고 다니지 않았다.) '대통령 한번 만들어야겠다'는 기대를 걸고 모셔온 주군은 가택연금·구속·망명과 여러 차례의 낙선으로 제대로 꿈을 펼칠 수 있는 기간도 그리 길지 않았다. 체념과 공포가 일상이 되면서 동지들도 하나둘 둥지를 떠났고, 어떤 이는 배신자라는 손가락질을 받기도 했다. 그러나 역경 속에서도 그는 주군의 곁을 떠나지 않고 약속을 지켰다.

권 고문과 대화를 나눠본 사람은 알아챘겠지만, 96세가 된 지금도 그는 DJ 얘기가 나오면 얼굴에 홍조를 띠고 눈빛이 반짝거린다. 무지개를 찾아나서는 소년 같은 설렘과 흥분의 감성이 살아 꿈틀거린다. 놀라운 일이다. 이런 열정이 있기에 한 평생 '누군가의 버팀목이 되는 삶'(자서전 제목이기도 하다)을 자처할 수 있었던 것이리라. 언젠가 권 고문에게 "다시 태어나도 DJ의 비서 권노갑의 삶을 선택하겠는가"고 물은 적이 있다. 주저없이 "그렇다"고 말하는 그는 정말 행복해 보였다.

스타와 영웅만을 기억하는 세상이라지만, 그는 기꺼이 '버팀목의 삶'을 택했고 이 하나의 약속을 지켰다. 그 영웅 못지않게 아름다운 사람이다.

정치의 품격을
가르쳐준 참 스승

정성호

제71대 법무부장관
제17·19·20·21·22대 국회의원
(전) 국회 기재위·예결특위 위원장

언제나 그렇듯 요즈음에도 언론에서는 "참된 스승이 없다", "이 나라에 어른이 보이지 않는다"는 지적을 종종 접하게 된다. 그럴 때마다 나는 한편으로 고개를 끄덕이면서도, 다른 한편으로는 우리의 삶을 조용히 지탱해온 질서와 가치가 분명히 존재한다고 믿고 싶어진다. 자연 속에 질서가 있듯, 우리 사회에도 말없이 중심을 잡아주는 어른들이 있다. 그 질서와 가치는 여러 사회 영역에서 드러나지만, 정치의 세계에서 그 영향력은 특히 크다.

나 역시 이 길에서 좌절을 겪었고, 희망을 발견하기도 했으며, 지금도 배움을 멈추지 않으려 애쓰고 있다. 경기북부라는 보수 성향이 강한 험지에서 오랜 시간 정치활동을 이어온 한 사람으로서, 실패와 성공에 일희일비하지 않고 견뎌낼 수 있었던 데에는 몇 분의 어른이 계셨다. 그 중 한 분이 많은 분들의 존경을 받고 계시는 권노갑 민주당 상임고문님이다.

고문님과의 인연은 지금으로부터 26년 전으로 거슬러 올라간다. 2000년 4월 13일, 제16대 국회의원 선거에서 나는 낙선했다. 선거 이후 의정부로 돌아와 변호사 업무를 시작했고, 양주와 동두천을 중심으로 지역관리를 계속하며 정치의 끈을 이어 갔다. 원외에 머물러 있던 시기였지만, 내 마음만큼은 단 한순간도 현장을 떠난 적이 없었다.

권노갑 고문님은 나를 포함한 낙선한 신진 정치인, 민주화운동을 거친 원외위원장, 아직 기회를 기다리던 촉망받는 신인 정치인들을 하나하나 챙겨 주셨다. 나는 변호사로서 생계의 어려움은 없었지만, 민주화운동의 길을 함께 걸어온 많은 동지들, 낙선 이후 정치적으로 불안정한 처지에 놓인 원외 정치인들은 여러 도움이 필요했다. 후배들이 정치적으로 가장 힘든 시기에 조용히 손을 내밀어 주시는 참으로 따뜻한 어른이었다.

한번은 고문님으로부터 문화관광부, 현재의 문화체육관광부에서 전화가 오면 잘 받으라는 말씀이 있었다. 그리고 얼마 후 실제로 문화관광부로부터 전화가 걸려왔다. 문광부 소관 공공기관의 감사직을 맡아달라는 제안이었다. 갑작스러운 연락이었고, 당시에는 그 배경을 정확히 알지 못했다. 이후 어느 자리에서 권노갑 고문님께서 직접 나를 추천하셨다는 이야기를 들었다.

권노갑 고문님은 신진 정치인들을 불러 모아 식사 자리를 종종 만들어 주셨다. 김대중 대통령님을 모셨던 경험, 정치인의 길에 대해서, 그리고 김대중 정신에 대해 말씀하시고, 힘이 되는 말씀을 많이 해주셨다.

"정성호는 변호사 수입으로 경제적으로 부족함이 없는 사람이지만, 우리 사회와 대한민국의 발전에 기여할 수 있는 자리에 서야 할 사람이다."

경기북부는 접경지역이라는 특성상 안보 문제에 민감하고, 보수 성향이 강한 곳이다. 그렇기에 더욱 김대중 정신을 이어가는 정치가 필요하다고, 고문님은 나를 볼 때마다 말씀하셨다.

"경기북부에서 김대중 정신을 이어 갈 민주당 정치인은 문희상, 김병호, 그리고 정성호다."

말씀을 마치실 때면, 내게는 꼭 이렇게 덧붙이셨다.

"정 의원, 잘해야 한다."

나는 대학 시절부터 인권과 정의에 대한 신념을 키우며, '정의가 강물처럼 흐르는 세상'을 만들겠다고 마음속으로 다짐해 왔다. 그 후 김대중 대통령님이 말씀하신

'정의가 강물처럼 흐르고, 자유가 들꽃처럼 만발하며, 통일에의 희망이 무지개처럼 떠오르는 나라'가 내 정치의 방향이 되었다

고문님께서 늘 말씀하시던 그 한마디는, 바로 그 정신을 이 땅의 민생과 민주주의가 맞닿아 있는 정치 현장에서 실천하라는 뜻이었고, 나에게는 격려이자 당부였으며, 동시에 결코 가볍지 않은 사명으로 마음 깊이 새겨졌다.

나는 권노갑 고문님을 뵐 때마다 그의 철저한 자기관리에 놀라곤 했다. 꼿꼿한 허리와 말쑥한 옷차림, 흐트러짐이라고는 찾아볼 수 없는 몸가짐은 그 자체로 후배들에게 말 없는 메시지를 전한다. 96세가 되신 지금도 과거와 다르지 않다. 이 연세에도 건강관리와 자기관리에 빈틈이 없다.

무엇보다 인상 깊은 점은 끊임없이 공부하고 계신다는 사실이다. 평생을 들여온 공부와 성찰, 그리고 만나는 사람마다 정성을 다해 건네는 따뜻한 말 한마디 속에는, 이 시대 진정한 큰어른의 품격이 자연스럽게 묻어난다. 어찌 존경의 마음을 갖지 않을 수 있을까?

나는 운명처럼, 청년 시절부터 정치인으로서 안착하기 어렵다는 평가를 받아온 경기북부 지역에서 정치의 길을 걸어왔다. 그 과정에서 좌절하기도 했고, 성취를 맛보기도 했다. 그 여정을 끝내 포기하지 않고 걸어올 수 있었

던 것은, 권노갑 고문과 같은 참 스승의 따스한 격려와 끝 없는 자기희생, 책임의 모습이 늘 본보기가 되어주었기 때문이라고 감히 말할 수 있다.

돌이켜보면, 2000년대 이른바 '386세대' 정치인들 가운데 권노갑 고문님의 도움을 받지 않은 사람을 찾기 어려울 것이다. 그분은 '사람'을 남긴 정치인이었고, 나에게는 정치의 기술보다 정치의 품격과 온기를 가르쳐준 참 스승이었다.

나는 기대해 본다. 젊은 청년들이 이 시대의 진정한 어른인 권노갑 고문을 통해 나아갈 길을 배우고, 현실의 벽을 넘어서는 과정 속에서 마음의 굳은살을 단단히 다져가며 스스로 성장해 가기를. 그분이 보여준 삶의 태도와 정치의 자세가, 세대를 넘어 오래도록 이어지기를 진심으로 소망한다.

고문님께 깊이 감사드린다. 부디 오래오래 건강하시어, 우리 곁에 큰어른으로 함께해 주시기를 간절히 기원한다.

스승의 곁을 지킨
순명

조수진

제21대 국회의원
(전) 〈동아일보〉 정치부 기자

2014년 〈동아일보〉가 '권노갑 회고록: 순명(順命)'을 매주 1개 면씩 연재할 때 저는 정치부 차장으로 작업에 참여했습니다. 매주 월요일 오전 9시 서울 용산구 권 고문의 집을 찾아 작업 장소였던 A호텔 커피숍으로 이동하면서부터 낮 1시쯤까지 권 고문이 준비한 원고 속의 주요 사건을 재구성하면서 묻고, 답을 들었습니다.

작업 내내 권 고문은 단 한 번도 김대중 대통령을 'DJ'란 이니셜로 부른 적이 없었습니다. 시대 상황에 맞춰 '대통령' '총재' '선생님' 등의 호칭을 썼습니다.

이유를 물었더니, 이런 답이 돌아왔습니다. "'스승의 그림자도 밟지 않는다'는 말이 있습니다. 평생 스승이었던 분을 어떻게 약칭으로 부를 수 있단 말입니까?”

권 고문은 DJ를 50년간 보좌했고, 2009년 8월 DJ 서거 이후엔 '동지'들과 함께 DJ 묘역을 찾고 있으며, 통합과 화해로 압축되는 '김대중 정신'을 세상에 알리고 있습니다.

DJ 생전에도, 사후에도 DJ의 곁을 지키는 것, 권노갑 고문은 이를 자신의 '순명'이라고 말했습니다. DJ 없는 권노갑이 있을 수 없지만, 권노갑 없는 DJ도 상상할 수 없다고 저는 생각합니다.

2026년 새해에도 우리 사회 원로로서 훌륭한 역할을 해주시길 기원합니다.

일본 연수의
막전막후

조한규

(전) 〈세계일보〉 사장
(전) 시청자미디어재단 이사장
미국 캐롤라인대학교 철학과 교수

권노갑 고문(더불어민주당 상임고문)은 1998년 8월 22일 일본으로 출국했다. 대외적 명분은 일본 게이오대 객원 연구원으로 국제정치 연구 및 휴식을 위한 것. 2003년 2월 24일 〈신동아〉 인터뷰 기사는 이렇다.

1997년 12월 DJ가 대통령에 당선됐을 때 권 씨는 병원에서 눈물을 흘렸다. 그해 2월 한보사건에 연루돼 구속됐다가 형집행정지로 풀려나 신병치료차 입원해 있었던 것. 그해 9월 옥중에서 동교동계 의원들의 공직 진출 포기 선언에 참여한 그는 이듬해 8월 8·15특사로 사면된 직

후 일본으로 출국했다. 출국하기 전날 대통령을 면담했
다. "일본 가서 공부 열심히 하라고 말씀하셨습니다. 국
제관계, 동북아정세, 통일문제 등을 공부하라고."

그러나 이 기사 내용은 지극히 표피적이다. 일본 연수의
막전막후가 전혀 세상에 알려지지 않았기 때문이다. 당시
많은 사연이 있었다. 그 중심에 내가 있었다. 평생 가슴에
묻어두고자 했다. 그런데 얼마 전 김현종 메디치미디어
사장이 그 얘기를 쓰라고 해서 쑥스럽지만 28년 만에 그
진상을 밝히고자 한다.

1998년 2월 18일 나는 〈세계일보〉 편집국 정치부에
서 해직됐다. 나는 당시 새정치국민회의를 8년 동안 출입
했던 정치부기자였다. 해직의 공식 사유는 'IMF정리해고
(〈세계일보〉 1번)'였지만, 실제 사유는 '김대중 대통령 당선
기여'다. 이회창 후보를 지지했던 〈세계일보〉 간부들의 보
복 인사였던 것이다. 나는 적지 않은 충격을 받았다. 나는
해직(세 번의 해직 중 첫 번째)의 상처를 치유하기 위해 오
대산 상원사 적멸보궁에서 3천배 기도를 하기도 했다.

3월 초 고향 어른이었던 조승형 헌법재판관을 만났
다. 조 재판관은 이런저런 이야기 가운데 권 고문의 억울
하고 답답한 사연을 이야기하면서 한숨을 쉬었다. 그래서
다음 날 오전 평창동 자택에서 권 고문을 만났다. 그 당시

권 고문은 형집행정지로 풀려나 자택에 머무르고 있었다. 그래서인지 방문객들은 한명도 없었다. 그의 표정에는 억울함, 분노, 쓸쓸함이 묻어 있었다. 정권 교체로 동교동계 모든 인사들이 활기찬 생활을 하고 있었지만, 권 고문은 연금이나 다름없는 생활을 하고 있었기 때문이다.

인사를 하고 나니 권 고문은 말없이 창밖을 봤다. '아! 그냥 가라는 사인이구나'라고 생각했다. 그럼에도 그냥 나올 수 없어서 한마디 했다. "제가 고문님, 사면복권을 추진해도 되겠습니까?" 권 고문은 그제야 고개를 돌려 나를 쳐다보면서 "할 수 있으면 해봐"라고 대답했다. 집으로 돌아오는 길에 '얼마나 간절했으면 힘없는 해직 기자인 나에게까지 부탁했겠느냐'고 생각하면서 반드시 사면복권을 추진해야겠다고 다짐했다. 아무런 대가도 바라지 않았다. 어떤 기대도 하지 않았다.

다음 날 다시 조승형 재판관을 만났다. 조 재판관은 "복안이 있느냐"고 물었다. 나는 홍인길 전 청와대 총무수석의 사례를 이야기하며 정면 돌파보다 돌아가야 한다고 건의했다. 당시 한보사태로 형집행정지 상태에 있던 홍 전 수석이 딸의 해외 결혼식 참석을 위해 출국했던 사실을 거론하며, 권 고문의 일본 게이오대학 연수 방안을 설명했다.

권 고문은 당시 당뇨병 환자였다. 그런데 당뇨병 치

료의 세계적 권위자가 게이오대학 의대 학장이었다. 나는 권 고문이 게이오대 병원에서 당뇨병 치료를 하면서 게이오대 객원연구원이 되면 일본에 갈 수 있고, 그러면 김대중 대통령이 사면복권해줄 수 있다고 역설했다. 조 재판관은 흔쾌히 동의했다. 일본 정부의 허가만 받으면 박상천 법무장관과 청와대측에 건의하겠다고 했다.

나는 곧바로 〈세계일보〉 정치부에서 함께 근무했던 윤창중 전 〈문화일보〉 논설실장(현재 윤창중칼럼세상TV 운영)에게 전화를 걸었다. 마침 그는 일본 게이오대에서 연수중이었다. 전후 사정을 설명하고 도움을 요청했다. 윤 전 실장은 오코노기 마사오(小此木政夫) 게이오대 교수(국제정치학, 남북관계 전공)를 만나 상의하고 조언했다.

평소 오코노기 교수는 한국에 자주 왔다. 그래서 만났다. 그는 김 대통령, 권 고문, 조 재판관의 3자 관계에 대한 자세한 자료를 요청했다. 김 대통령의 목포 북교초등학교 4년 후배가 권 고문, 권 고문의 4년 후배가 조 재판관이고, 권 고문, 조 재판관은 김 대통령의 비서실장 출신이다, 등등 자세한 이력을 일본어로 작성해 전달했다.

오코노기 교수는 평범한 학자가 아니다. 일본 자민당 출신 역대 총리의 핵심 측근이었다. 특히 요츠모토의 마지막 문하생이다. 일본의 요츠모토 요시타카(四元義隆, 1898~2004)는 쇼와 시대의 정치적 막후 인물. 소위 '정계의 막후 조정자'로 불리며 전후 일본 정계에 막대한 영향력을 행사한 거물이다. 요시다 시게루, 이케다 하야토, 사토 에이사쿠, 나카소네 야스히로 등 쇼와 시대 전후 역대 총리들의 막후 지도자(조언자) 역할을 했다. 1998년 총리였던 오부치 게이조(小渕 惠三) 총리도 요츠모토의 문하생이었다.

그래서 오코노기 교수는 오부치 총리의 막후 참모였다. 당시 오코노기 교수는 내가 작성한 자료를 오부치 총리와 요츠모토에게 전달했고, 그 뒤에 권 고문의 일본 방문이 결정됐다. 물론 그 이전 나의 주선으로 오코노기 교수는 권 고문과 조 재판관을 서울에서 만나 식사도 하고 많은 대화도 나누었다.

일본 정부가 권 고문의 게이오대 연수 및 치료를 승인한 직후(1998년 7월 초) 조 재판관은 김대중 대통령과 박상천 법무부 장관을 잇달아 면담해 자세히 보고한 뒤 권 고문의 일본 연수가 최종 결정됐다. 김 대통령은 "8월 15일 후 일본에 가라"고 조 재판관에게 말했다. 그리고 권 고문은 8·15 특사로 사면복권이 됐고, 8월 21일 청와대에서 김 대통령을 면담했다. 권 고문은 평창동 자택으로 돌아와 소리 없이 오열했다고 전해진다.

권 고문은 일본 연수기간에는 도쿄 왕궁 인근 조그만 아파트에서 부인 박현숙 여사와 함께 소박하게 생활

했다. 많은 일본 지도자들을 만났고, 수시로 재일교포들의 애로사항도 청취했다. 1998년 김대중 정부 출범 초기 한일관계 개선에 적지 않게 기여한 것으로 평가된다. '김대중-오부치'의 한일관계가 가장 원만했던 밑바탕에 권 고문의 드러나지 않은 노력이 있었다. 그의 담백한 성격, 'yes'와 'no'가 분명한 화법이 일본의 막후 실력자들의 마음을 사로잡았다. 'DJ의 버팀목이 되겠다'고 맹세했던 권 고문은 일본에서도 버팀목 역할을 했던 것이다.

권 고문은 1998년 12월 30일 4개월 10일간의 일본 연수를 마치고 조용히 귀국했다. 권 고문의 귀국은 당시 한화갑 원내총무의 두 번에 걸친 건의로 이뤄졌다.

내가 당시 수십 차례 만나본 권 고문은 상대의 마음을 읽는 탁월한 '제3의 눈'을 가지고 있었다. 내가 뭔가를 바라고 자신의 사면복권을 추진하지 않았음을 정확히 간파해 나에게 '원하는 게 뭐냐'고 단 한번도 묻지 않았다. 그 점이 나를 편하게 만들어 주었다. 권노갑은 그런 사람이다. 지금도 나를 만나면 그냥 웃기만 한다. 찐고수다.

인정이 넘치는
김대중 정신의 화신

천정배

제57대 법무부장관
제15·16·17·18·19·20대 국회의원

권노갑 고문을 처음 뵌 것은 내가 민주사회를 위한 변호사 모임의 일원으로 열심히 인권변호사 활동을 하고 있던 1995년 여름 어느 날이었다. 그는 김대중 총재를 보필하여 새로운 야당의 창당을 추진하고 있었는데 내게 입당과 이듬해 총선의 출마를 권유하였다.

나는 고문님과 동향 출신이어서 중학생 때부터 이미 고문님에 대해 알고 있었다. 김 대통령의 최측근으로 독재정권에게 모진 고초를 당하면서도 흔들림이 없었고 기억력이 비상하여 수첩이 필요 없는 분이라는 소문을 들었고, 후일 내 장인으로부터는 학생 때 권투를 같이 한 분이라고도 들었다. 그리하여 나는 고문님이 강력한 투사일 것이라는 선입견을 갖고 있었다.

고문님은 신당 창당의 당위성을 차분히 역설하며 함께하자고 강권하였다. 역사적인 수평적 정권 교체로 민주화와 사회대개혁을 이룩할 중산층과 서민의 당을 만들자는 것이었다. 김 대통령과 생사를 같이 하는 최측근 동지다운 풍모가 느껴졌다.

하지만 고문님의 인품은 예상과 전혀 달랐다. 투사와는 거리가 먼, 고향 마을에서 흔히 볼 수 있는 선량하고 정이 넘치는 아저씨 같았다. 아버지 연배의 어른임에도 거리감을 느낄 수 없게 하는 분이었다. 나는 고문님의 권유대로 신당에 참여했고, 이듬해 국회의원에 당선됐으며 그 다음 해에는 수평적 정권 교체의 대열에 함께하게 되었다. 고문님은 나를 역사 발전의 대열에 동참하게 해준 필생의 은인인 것이다.

고문님은 내게 정치 초년부터 늘 자상하게 실제적인 조언과 지원을 아끼지 않으셨다. 김 대통령과 함께한 경험을 바탕으로 선거 전략과 정치 활동에 대해 해주신 다양한 조언들은 참으로 유익했다. 특히 정책 전문가들과 긴밀히 접촉하며 국가비전과 정책을 잘 준비하라는 말씀은 평생 나를 떠나지 않았다.

나는 민주당의 쇄신 정풍 운동에 참여하면서 사심은 없었지만 고문님께 걱정을 끼쳐 드렸다. 내심 죄송스러웠다. 그러나 고문님은 전혀 언짢은 내색을 하지 않고 변함없이 따뜻하게 대해 주셨다.

어려움에 처한 사람을 외면하지 못하는 착한 사마리아인 같은 분, 내게 있는 것을 이웃에게 아낌없이 나누고 베풀지 않으면 못 견디는 인정 넘치는 분, 김 대통령과 김대중 정신에 대해 한결같이 충직하게 신의와 소신을 지킨 분, 그리하여 역사에 길이 기억될 정치인의 귀감이 바로 권노갑 고문이다.

회한에 머물지 않는
정치인

황정미

(전) 〈세계일보〉 주필
(전) 〈세계일보〉 편집인
(전) 〈세계일보〉 편집국장

2004년 늦여름 또는 초가을쯤으로 기억된다. 1년 미국 연수를 다녀온 필자는 떠나기 전 출입처였던 정당 지인들을 찾아 인사하던 중 권노갑 고문의 수감 소식을 들었다.

김대중 정부를 만든 공신인 그는 화려한 빛보다 궂은일에 휘말려 '권력무상'의 짙은 그림자에 묻힌 때가 더 많았다. 그를 면회간다는 이훈평 전 의원을 따라나섰다. 비정한 정치 세태에 분노하는 면회객들과 달리 권 고문은 내내 차분했다.

"이해찬 총리도 다녀갔는데 아버지처럼 자기를 키워준 분을 면회 한 번 안 다녀갔다"며 당시 정권 2인자로 불리던 정치인을 향해 불만이 쏟아지자 그가 말렸다. "야야, 우리가 아는 사람이 잘되면 우리가 다 좋은 거다."

네 편 내편 없이 상대에 대한 비난, 증오가 넘치는 정치 현장을 볼 때면 그날의 에피소드가 떠오른다. 상대에 대한 원망 대신 허물을 품어주고 "우리가 다 좋은 것"이라고 다독이던 노정치인의 지혜가 그립기만 하다.

돌이켜보면 입과 몸의 자유가 묶여 정치가 어려웠던 시절, 나란히 어깨를 겯던 동료 정치인에 대한 신뢰와 우의는 남달랐다. 그 노정을 겪은 정치인들과 함께 오늘 싸워도 내일 악수를 나누고 거친 말싸움 끝에 소주잔을 나누던 여의도 풍경도 사라져갔다.

민주당 70년사를 곁에서 지켜본 권 고문만큼 권력의 부침을 아는 이가 얼마나 될까. 그 멀미 나는 부침 속에서 "내가 모신 분, 내가 키운 후배들이 잘되면 그뿐"이라고 자족하는 정치인은 더욱 드물 것이다.

그와 오래 정치를 같이 했던 이들은 말한다. "형님이 제일 행복한 분입니다." 그건 타고난 건강과 최고령 영어 영문학 박사 학위에 도전했던 학구열 때문이 아니라 그가 어떤 회한에도 오래 머물지 않았기 때문이라고 생각한다.

긍정과 낙관의
불사조

황주홍

제20대 국회 농림축산식품해양수산위원회 위원장
제19·20대 국회의원
민선 3·4·5기 전라남도 강진군수

얼마 전 권노갑 고문을 모시고 정균환 선배와 함께 필리
핀을 다녀왔다. 거기서 어느 날 골프를 마치고 호텔로 돌
아오던 중 내가 "아, 오늘도 하루가 이렇게 저물어가고 있
군요"라고 말했다. 그랬더니 권 고문께서 대꾸하시기를
"계산하지 말아버려!"라고 하시는 거였다.

세월이 지나가는 걸 계산하지 말고, 그저 오늘에 감
사하며 즐겁게 지내자고 하시는 거였다. 유명한 송시의
일부인 '카르페 디엠(carpe diem, 현재를 놓치지 말자)'을 연
상시키는 이야기였다. 권 고문께서는 불평불만을 하지 말
고, 남을 탓하거나 흉을 보지 말고, 즐겁게 자기 실력을

키우면, 평화롭고 건강하게 살 수 있다는 이야기를 자주
하시곤 한다.

사람을 남기는 방식

어떤 사람에 관한 이야기를 할 때 권 고문께서 자주 하시
는 인물평은 "그 사람 괜찮아" 또는 "사람 좋아!"라는 말이
다. 권 고문께서 남에 대해서 모질게 비판하거나 적대감
을 표출하시는 걸 듣거나 본 적이 없다. 갈등과 적대감의
세계적 국가이자 사회적 갈등과 증오심이 치유 불가능한
상태처럼 보이는 오늘 대한민국에서 권 고문은 명백한 예
외자로 보인다.

한두 해 전 어느 가을 골프장에서의 일이다. 첫 홀에
서 운동을 시작하면서 잘 부탁한다며 5만 원을 먼저 주면
서 원만했던 캐디와의 관계가 차츰 불편해지기 시작했다.
조금 굼뜬 우리들의 진행 속도에 캐디는 불만이었다. 우
리 중 누구도 캐디에게 불평하지 않았지만, 그 캐디는 유
독 불친절했다.

18홀을 다 마친 뒤 우리는 캐디 비용을 규정보다 충
분히 지급했다. 그런데도 권 고문은 5만 원을 수고비로 더
주시려 했다. 이에 이훈평 선배가 "형님, 뭐 저런 애에게
또 돈을 주려고 하시오!"라고 반대 의사를 나타냈다. 그랬
더니 고문님은 "그래도 고생했잖아. 미운 사람에게 떡 하

나 더 주는 것이지” 하시며 “어이, 김 양! 이리 와 봐요!” 하고 그 캐디를 불러 5만 원을 더 주시는 거였다.

권 고문은 수도권 골프장을 주로 드나들지만 전남의 골프장도 자주 오시는 편이다. 영암에 있는 아크로CC에 오셔서는 “여기 골프장 참 좋아!”, “여기 음식이 참 맛있어”, “여기는 날씨가 좋은 것 같아” 등의 말씀을 종종 하신다. 비단 아크로만이 아니라 거의 모든 골프장을 다 좋아하신다.

그날 찾는 골프장마다 정을 느끼시는 셈이다. 그리고 짠 음식을 제외한 대부분의 골프장 음식들을 다 좋아하고 즐기신다. 캐디들에게도 “수고 많네. 고향은 어디여? 골프는 치는가? 고마워요” 등의 덕담 표현을 입에 달 듯 수시로 이야기하신다. 말씀이 따뜻하고 너그럽다.

권 고문님을 일러 ‘권 고문은 먼저 본 사람이 임자’라는 말을 한다. 권 고문을 먼저 만나 부탁한 사람이 자기 민원을 먼저 해결 받는다는 뜻이다. 워낙 사람이 좋으시고 부탁을 잘 거절하지 못하는 성품 때문에 어떤 부탁을 받으면 바로 그 자리에서 그 일을 이루기 위해 필요한 곳에 전화를 거는 분이니, 얼른 권 고문을 선점해야 자기 뜻을 이룰 수 있다는 얘기였다.

담대한 권노갑

인간 권노갑은 담력의 사나이다. 참 거침이 없으신 것 같다. 1963년 김대중 당시 강원도 인제 지역구 전 의원이 다음 총선에 인제로 다시 나오느냐 서울 마포로 나가느냐를 놓고 권 고문에게 의견을 구할 때 목포로 다시 내려가자고 얘기한 사람이 권 고문이셨다.

이미 목포에서 9명의 후보자 중 5위를 하고, 안 되겠다 싶어 호적조차 서울로 옮겨 버렸던 김대중 전 의원으로선 도무지 비현실적인 목포 출마 제안에 처음에는 완강하게 부정적이셨다. 그걸 자신 있는 배짱으로 목포에 내려가도록 설득했고, 목포에서 '김대중-권노갑 2인 체제'로 선거를 진두지휘한 사람이 권노갑이었다. 이 선거에서 이기면서 김대중은 훗날의 김대중이 될 수 있었다.

조봉암 선생은 1956년 대통령선거에서 낙선하고, 그 뒤 간첩죄로 재판을 받아 사형되었던 비운의 정치인이었다. 목포여고 영어교사였던 권노갑은 조봉암의 재판 때마다 기차를 타고 상경해서 방청하곤 했다. 정보기관에서 참석자들을 모두 사진 촬영하는 등 삼엄한 상태였지만 청년교사 권노갑은 오로지 담대한 정의감 하나로 재판 때마다 가서 조봉암의 무죄를 마음속으로 빌곤 했던 것이다.

지금도 현재진행형

얼마 전 세상을 뜬 미국 지미 카터 전 대통령을 'best ex-President'라고 불렀다. 퇴임 후의 활동이 더 빛났다는 뜻이다. 권노갑 고문님이야말로 국회와 정치 일선에서 떠난 지금이 더 아름답고 더 빛나는 '베스트 전역 지도자'라는 생각이 들 때가 많다.

지금도 김대중재단 이사장직을 비롯해서 여러 조직에 관여하고 각종 모임과 행사에 초청받아 축사하고 덕담을 건네는 일에 거의 영일(寧日)이 없을 정도로 공사다망하게 활동하고 계신다. 1930년생으로 96세이시니 그저 경이롭다 할 수밖에 없다.

권 고문께서는 한국외대 영문학 박사과정을 수료하셨다. 지금은 박사학위를 위한 종합시험을 준비하고 계신다. 집에 영어사전, 한글사전, 영한사전, 한영사전을 놓고, 영어 신문을 읽고 영어 방송을 들으신다. 골프장 그늘집이 'Tee house'인지 'canteen'인지 'a shaded house'인지를 놓고 토론하고 싶어 하시고, 최근 미국 국무성에서 한국의 민주적 회복력을 신뢰한다고 했을 때의 회복력(resilence)의 정확한 발음이 어떻게 되는 것이냐를 놓고 얘기하기를 좋아하신다. 몰랐던 영어 단어 하나를 알게 되었을 때가 그렇게 기쁠 수가 없다고 얘기하시는 걸 몇 차례 들었다. 권노갑 고문은 생각과 정신이 참 젊고 활기찬 분이다.

내가 아태평화재단 연구실장으로 있을 때인 1993년에 고문님을 처음 뵈었으니 벌써 30년이 넘었다. 앞으로 또 다른 30년을 권 고문님과 함께 공부하고 운동하고 일할 수 있었으면 더 큰 행복이 없을 것 같다. 자신보다 열 살 위인 철학자 김형석 교수를 언급하시며 "나도 김 교수만큼 계속 활동할 수 있을 것 같아. 그런데 김 교수는 골프를 못하지만 나는 골프도 치면서 김 교수처럼 건강하게 살 수 있을 것 같아" 하며 웃으셨다. 그 말씀 그대로 이루어지기를 진심으로 빌고 기도드린다.

4부

권노갑의 끝없는 배움

권노갑의 끝없는 배움

정치의 한복판을 지나온 뒤에도 권노갑은 과거에 머물지 않았다. 물러남은 끝이 아니라, 다른 방식의 시작이었다. 권력이 떠난 자리에 남은 것은 공허가 아니라, 더 깊은 사유와 배움의 시간이었다.

4부 '권노갑의 끝없는 배움'은 나이와 지위를 내려놓은 이후에도 계속해서 길을 묻는 한 인간의 현재를 담는다. 그는 가르치기보다 배우기를 택했고, 정답을 말하기보다 질문 속에 머문다. 백세를 앞둔 나이에 다시 교실로 돌아가 책을 펼친 선택은, 노년의 취미가 아니라 삶을 대하는 태도의 연장이었다.

이 장에 담긴 이야기들은 '늦음'에 대한 두려움을 거두게 한다. 공부는 그에게 성취가 아니라 자유였고, 배움은 과거를 정리하는 방식이 아니라 내일을 여는 힘이었다. 그렇게 오늘도 배우는 삶 속에서, 권노갑은 여전히 현재형으로 살아 있다.

2025년 4월 25일 국회도서관에서 열린 4·27 판문점 선언 7주년 기념식에서 축사하는 모습

2025년 8월 21일 용산 대통령실 청사에서 열린 더불어민주당 상임고
문단 오찬 간담회에서 이재명 대통령과 인사하는 장면

자유인 권노갑

박우수

한국외대 영문학과 명예교수
서울대학교 영문학 박사

권노갑 고문, 그는 자유인이다. 그가 추구하는 자유는 한 세기 동안 살아오면서 그가 겪어온 온갖 고난과 시련의 산물이기에 값지고 구체적인 것이다. 고통에서 건져낸 그의 자유에 대한 갈망과 염원은 억압 없는 사회, 정의에 바탕을 둔 자유로운 민주사회에 대한 그의 희원(希願)을 반영한다.

그는 말한다. 비록 지체되고 우회하는 일이 있을지라도 역사는 보편적인 자유를 향해 진보하고 있다고. 역설적으로 들리겠지만 자유에 대한 이 굳건한 믿음이 그를 자유롭게 한다.

자유롭다는 것, 그것은 일차적으로 궁핍으로부터의 해방, 결핍이 가져오는 온갖 형태의 지적, 육체적 속박으로부터의 해방에서 출발해서, 적극적인 선택의 자유를 보장하는 정의로움과 공생을 의미한다.

권노갑 고문, 그는 자유를 신봉하는 자유인이기에 우리를 옭아매는 허례와 체면을 멀리한다. 욕심을 버리라는 무소유에 대한 갈망마저 집착이 되는 순간 또 다른 욕심으로 변해버리는 현실에서, 그는 집착에서 벗어난 지 오래다.

그는 권위에 고개 숙여 아첨하지도 않지만, 지나치는 낯선 이방인에게도 무심하지 않다. 사람에 대한 관심과 배려는 그의 자유로움을 떠받치는 기둥들이다. 그는 어두운 시절 그를 미행하고 괴롭혔던 형사들마저 먼저 용서하고 화해를 구했다. 컴컴한 지옥을 빠져나오는 계몽의 빛이 자유로움이다.

정신이 자유롭다는 것, 그것은 새로운 가능성을 향해서 항상 길을 더듬는 달팽이의 촉수처럼 정신의 안테나를 치켜 세워놓고 열어놓음을 의미한다. 자유는 완성을 모르며 항상 진행형이다. 만약 자유가 완성에 달한다면 그것은 다시금 속박의 노예상태로 전락하는 순간이다. 공기가 통하도록 개방된 정신의 창문, 그것이 자유가 호흡하는 방식이다.

자유인답게 권노갑 고문은 백세를 앞둔 지금도 지적인 탐구를 계속하고 있다. 부단한 지적인 탐구의 길 위에

서서 그는 자신의 정신과 마음을 새롭게 하고, 새로움에 대한 인식으로 한 곳에 머물기를 거부한다.

탐구, 대상에 대한 면밀한 조사와 해부는 그로 하여금 절대적인 것의 유일한 가치에 대해 회의하게 하고, 그의 정신을 항상 열어놓는다. 지금도 또렷한 눈으로 종이 사전을 들춰보는 그의 시선은 지적인 열락(悅樂)이 가져다주는 선물을 받아든 어린아이의 반짝임으로 가득하다. 색깔을 달리하며 꼼꼼하게 기록해 놓은 그의 공부 노트는 발견의 기쁨으로 가득하다. 그런 그가 가끔 후회하는 일은 좀 더 일찍 지적 방랑의 길에 접어들지 못했음이다.

그의 역사에 관한 관심은 지대한데, 이것은 단지 정치인의 역사의식에서 비롯한 것이라기보다는, 과거의 유산에 대한 탐구로 자신의 마음의 영토를 넓히고, 현실의 한계를 더욱 또렷하게 인식하겠다는 그의 탐구정신을 반영한 것이다. 마음이 얽매이지 않고 자유로운 그는 진정 부유한 사람이다.

정신이 건강한 자유인이기에 권노갑 고문은 육체 역시 강건하다. 부모로부터 물려받은 우수한 유전자와 더불어 젊은 시절 권투선수로 다져진 그의 건강은 한 세기의 삶을 목전에 둔 지금도 젊은이 못지않게 온전하다.

이 건강을 바탕으로 그는 대한민국 최고령 박사학위 취득에 도전하고 있다. 만학이 건강을 해칠까봐 노심초사하는 주변의 시선을 뒤로하고 그는 영문학 박사학위를 위해서 젊은 학생들과 함께 딱딱한 강의실에서 영문학 텍스트를 공부한다.

공부, 그것은 그에게 정신의 수련이자, 얽매임에서 풀려난 선택의 자유를 위한 훈련장이다. 그의 만학을 두고 세간의 시선이 마냥 긍정적인 것만은 아니다. 그러나 학문의 자유와 기쁨이 가져다주는 만족 그 자체 이상으로 그가 목적하는 바가 무엇이 있겠는가?

두텁게 쌓인 푹석한 시간의 먼짓길을 멀찌감치 걸어온 그에게 분별의 지혜는 말한다. 중요한 것, 의미 있는 것을 따라가라고. 진정한 자유로움, 그것은 시간의 유한성과 파괴성을 인식하는 일이다. 노년의 자유로움은 이 변전하는 세속 시간의 굴레를 벗어나는 일인데, 그것을 권노갑 고문은 몰두에서 찾고 있다. 자유를 위한 몰두가 그의 정신의 근육과 뼈대를 더욱 강건하게 하기를….

닮고 싶은 멘토이자
나의 동급생

김명진

대통령직속 국민통합위원회 부위원장
(전) 김대중정부 청와대 선임행정관
(전) 민주당 박지원 원내대표 비서실장

권노갑 고문님은 나의 동급생이다. 참고로 나는 그보다 30년 이상 어리다. 가히 역설적 관계이다. 우리는 강남역 근처 이익훈 어학원을 6개월 동안 함께 다녔다. 나는 청와대 5년 근무를 마치고 미국 유학을 계획하고 있었고, 그는 좋아하는 영어 공부를 제대로 하기 위해 한국외대 통역대학원 입학을 준비하고 있었다.

그는 영어에 진심이다. 3시간 동안 진행된 학원 수업 중 한 번도 자리를 뜨지 않고 허리는 꼿꼿이 세운 채 수업에 집중했다. 강사에게 질문도 영어로 했다. 다른 학생들과 다른 게 있다면 우리는 전자사전을 이용했고 그는 손

때 묻은 두꺼운 옥스포드 영어사전을 들고 다녔다.

그런 인연으로 지금도 나를 볼 때마다 '동급생', '우리 클래스메이트(classmate)'를 번갈아 가며 호칭한다. 그러면서 "영어 공부 계속하는가? 나는 외대에서 영문학 박사과정을 하고 있네. 영어 공부 열심히 해. 무슨 공부든 꾸준히 해야 혀"라고 격려해 주신다. 가끔 그 소리를 주변에서 듣는 국회의원들이 "아니, 대한민국 정치권 최고령 원로와 김명진이 동급생이라고?"라며 의아해한다.

영어에 대한 그의 열정은 젊었을 때 영어교사를 했던 데서 시작되었다고 하지만 나의 해석은 좀 다르다. 모든 걸 다 바쳐 DJ를 모신 그도, 주변의 음해로 한 발짝 떨어져 있는 시기도 있었다. 평생 목숨 바쳐 모신 주군이 대통령이 되었는데도 공직은커녕 명예직도 주어지지 않았다. 심지어는 외국에 나가 있으라는 처분도 받았다. 그때마다 누구도 탓하지 않고 처분에 순응했음을 우리는 알고 있다.

산속으로 들어간 개자추(介子推)의 심경으로 조국을 떠나 있던 그가 회한을 달래고 시간을 낚기 위한 루틴이 어릴 적부터 좋아했던 영어 공부 몰입이지 않았을까…. 나의 해석이 엉뚱했다면 당시의 회한과 상념을 어떻게 벗어나 마음을 다스렸는지 따로 듣고 싶다.

모든 사람이 알듯이 그는 김대중 대통령의 '버팀목'

이었다. 김대중 대통령에 대한 일편단심은 부연 설명이 필요 없다. 한 사람이 주군을 만나 평생동안 여정을 함께 하고 사후에도 함께한 시간을 가장 자랑스러워하고 또 그의 정신과 철학을 잇는 일에 혼신을 다하는 모습은 동 서고금의 역사에 그렇게 많지 않다. 심지어는 브루투스(Brutus) 같은 경우가 더 많다.

목포상고 시절 DJ를 만나 같이 정치를 시작하고 평생동안 함께 대한민국 민주주의를 회복하기 위해서 달려온 그 수많은 사연과 우여곡절을 회고할 때면, 지금도 그는 자부심으로 가득하고 눈빛은 빛난다.

지금도 이처럼 건강을 유지하는 것도 살아온 삶에 대해 자부심으로 충만해 있기 때문이라고 생각한다. 그는 뇌 기능은 연령불문 별 차이가 없고 '나이 들었다는 착각' 만이 있을 뿐이라고 말한다.

사람과 사람이 만나 동지가 되고 평생동안 공통의 목표를 추구하고 사후에도 먼저 간 이의 정신을 계속 잇는 일이 어찌 쉬운 일인가. 그 일을 계속하기 위해서 그는 지금도 뜨거운 열정, 철저한 자기 관리, 그리고 미래의 준비로 자신을 단련하고 있다.

그런 열정과 단심을 가진 분과 동급생 인연을 이어가고 있는 나는 축복받은 사람이다. 그는 닮고 싶은 나의 멘토이자 동급생이다.

대학원생 권노갑

김태철

(전) 한국외국어대학교 영어대학 교수
(전) 성결대학교 영문과 교수
영국 서식스대학교 영문학 박사(문학비평전공)

필생의 염원이었던 영문학 공부

내가 권노갑 고문을 처음 만난 것은 교수와 학생의 관계로서였다. 그가 한국외국어대학교 대학원 영문학과 석사과정에 들어왔을 때 그는 이미 80대 초반이었다. 다른 학생들에겐 할아버지뻘이고, 교수에겐 아버지뻘이라서 부담스럽기도 했지만, 한편으로는 원로 정치인이 공부를 계속한다면서 정치학이 아니라 영문학을 공부하려 한다는 사실만으로도 흥미로웠다. 시쳇말로 영문도 모르고 영문학을 하려는 건 아닌지, 의문도 들었다. 하지만 그는 문학석사 학위를 성공적으로 취득했고 이제 박사과정을 수료한 후 박사학위 논문을 쓰기 위한 연구 중이다.

권 고문은 김대중 대통령이 돌아가시고 미국에 유학하여 대학원 과정을 다니던 중, 적응에 어려움을 겪은 나머지 우리 대학원으로 옮겨왔다고 했다. 또한 대학에서 경제학을 전공한 후 목포여고 영어교사였던 경험과 한국전쟁 당시 미군 UN군 통역관으로 복무했던 이력을 자랑스럽게 이야기했다. 정치가로서 시련의 시기에 교도소에서 영어사전을 손에서 놓은 적이 없다고 했는데 실제로 교실에서 교수가 머뭇거리는 영어단어의 한국어 뜻을 정확하게 먼저 대는 경우가 한두 번이 아니다.

정치가로서 일생을 살아온 그에게 영문학은 한가한 노년의 소일거리가 아니라는 의미다. 영문학이 그가 품어온 필생의 염원이자 추구였다는 사실을 알게 되었을 때 나는 그의 태도에서 앞뒤가 딱 들어맞는 진정성을 보았고, 그가 영문학 연구에서 보람과 성취를 이루도록 여느 학생과 다름없이 도와주고 싶었다.

교수를 긴장시키는 학생

돌이켜보면, 학생으로서 권 고문은 평범하지 않아 여러모로 이목을 끌었는데, 나에겐 연구 대상이기도 했다. 매 학기 세 시간짜리 강의를 연속으로 여섯 시간 동안 젊은 학생들 사이에 앉아, 그것도 집중력을 잃지 않고 수강했다. 체력이 뒷받침되지 않거나 흥미가 없으면 할 수 없는 고된 과정이다. 그가 노년이라는 느낌을 주는 유일한 경우는 독감에 걸렸을 때인데, 사고력까지 둔화되는 듯했다. 그가 수업 중 발표를 하면 동료 학생들은 편하게 여겨 유난히 질문을 많이 했고, 그는 그런 분위기를 즐기는 모습이 역력했다.

내가 강의했던 영문학 비평 과목들은, 물론 최대한 친절한 수업이 되도록 노력하지만, 다소 사변적이고 이론들이 현란하게 거론돼서 쉽게 이해가 되지 않는 경우가 더러 있다. 그럴 때 학생들은 교수에 대한 예우의 차원인지, 혼날까 봐 그런지, 으레 그러려니 하고 넘어가지만, 그는 미심쩍은 표정을 풀지 않는다. 때로는 젊은 학생들에 비해 순발력이 떨어질 때도 마찬가지로 그 자리에서 꼼짝하지 않는다. 그러면 교수는 돌아가서 다시 설명할 수밖에 없지만 그렇다고 해서 시원하게 해소될 성질의 것이 아니기 십상이다. '아, 교수가 학생의 눈치를 보게 되다니!' 어쨌든 궁금한 것은 수업 후에라도 반드시 해소해야만 직성이 풀리는 그의 지적 호기심 때문에 나는 그와 개인적으로 보다 친해지게 되었다.

권 고문은 맛있는 커피를 사주겠다고 나를 자주 불러내, 한동안 영어 원서를 읽으면서 쌓인 의문을 해결한다. 그의 의문은 대개 영문학의 주요 사건이나 개념이 중심을 이루지만 때로는 복잡한 영문 구조를 가지고 (대한

민국에서 영어를 가장 많이 읽었다고 자부하는) 나를 당황
하게 하고, 또 최신의 미국 저널의 칼럼에서 새로 익힌 표
현으로 나를 골탕 먹이기도 하는 악취미도 발휘한다. 그
러나 그와 보낸 시간이 나에게는 오히려 많은 것을 배우
고 깨닫는 과정이었다. 나보다 삼십 년을 더 사신 분에게
서 삶의 자세를 배운다.

한결같은 마음으로 계속 배우는 사람

권 고문은 내가 십 년 이상을 지켜보자니, 지내면 지낼수
록 겉과 속이 한결같다. 그가 노련한 정치인임을 감안하
면, 언뜻 최상의 정책인 정직을 실천하고 있다고 할 것이
다. 그러나 정신분석에서는 '정직이 나를 감추는 최상의
정책'이라고 한다. 가령, 우리가 공중목욕탕에서 나체인
상태로는 마주하는 사람이 어떤 부류인지 쉽게 알아볼 수
없는 것과 같은 이치다. 그렇다면 그는 무엇을 감추기 위
해 정직한 것일까.

　　하지만 옷을 안 입고 있을 때라도 우리는 사용하는
언어를 통해 자신을 드러낸다. 그의 언어도 속을 빤히 들
여다보게 한다. 마치 물이 맑은 샘은 깊은 바닥이 들여다
보이는 것과 같다. 가령, 그가 구사하는 언어를 지켜보면,
자신과 직접 관련된 경우 누구에 대해서도 부정적인 면을
들춰내거나 비난거리로 삼지 않는다.

그의 언어에서는 놀랍게도 진심이 묻어난다. 그게 천성이든 정치인으로서 터득한 기술이든 한결같음(integrity)이 그의 진면목이다. 그는 속 따로 말 따로가 아니다(He says what he means, and he means what he says). 그런데 최근에 그 점이 장수의 비결 중 하나일 수도 있겠다는 생각이 들었다. 속에 다른 생각이나 의도를 담아두고 입으로는 또 다른 말을 하면서 복잡한 삶을 꾸려나간다면 어떻게 오래 살 수 있겠는가.

일반적으로 장수하는 데는 유전적인 요인이 크게 작용하겠지만, 내가 권 고문을 지켜보면서 깨달은 사실은 철저한 자기관리도 더 큰 몫을 한다는 점이다. 손주들 이야기가 나오면 말이 많아지고, 아들과 딸을 여전히 걱정하는 데서 영락없이 평범한 할아버지 아버지의 모습을 드러내지만, 그가 유지하는 꼿꼿한 자세는 유전의 힘에다가 규칙적인 운동의 효과이리라.

그러나 내가 주목하는 점은 그의 습벽이다. 그는 놀라울 정도로, 그의 비서에 따르면 병적으로, 청결성에 집착한다. 책을 같이 읽기 위해 바싹 붙어 앉았을 때, 그의 체취는 노인이란 느낌을 전혀 주지 않는다. 게다가 그는 평생에 걸쳐 지적 호기심을 더듬이 삼아 유연한 사고를 갈고닦아왔다. 그에서 파생하는 융통성이 그를 장수로 이끌고 있다고, 나는 거의 확신한다.

이제 권 고문은 영문학도로서도 자기 세계를 구축해 가고 있다. 그는 케네디(John F Kennedy) 자서전을 문학 텍스트로 연구하여 영문학 석사를 취득한 후 학문적 역량을 확인하더니 더 큰 도전에 나섰다. 박사학위 논문은 김대중 대통령의 영어 연설문들을 수사학적 측면에서 분석하는 작업이 될 것이라고 한다. 연구가 성공적으로 완성되어, 훗날 그의 묘비에서 '김대중 대통령의 비서'와 '권노갑' 사이에 '영문학 박사'가 들어있는 모습을 꼭 보고 싶다.

공부하고 품는
정치인

맹찬형

연합뉴스TV 보도국장
(전) 연합뉴스 국제뉴스 선임기자

정치부 막내기자였던 1999년 초겨울 아침, 새정치국민회의 권노갑 고문의 평창동 자택에 찾아간 기억이 생생하다. 뉴스로만 보던 실세 정치인을 대면하는 부담이 없지 않았는데 권 고문은 초면인 나에게 선뜻 출근 차에 동승하기를 권했다. 그날부터 매일 함께 여의도로 출근하면서 권노갑을 취재했고, 온갖 질문에 거리낌 없이 털어놓는 소탈함에 놀랐다.

그가 면전에서 부탁을 외면하거나 누군가를 비방하거나 화내는 모습을 본 적이 없다. 심지어 자신을 배신하고 공격했던 후배들도 언제든 다시 동지로 품었다. 동교동계에서 그는 '쑥구 형님'으로 통했는데, 전라도 사투리로 '어리숙한 바보'라는 뜻의 별명이 붙은 이유가 금세 이해됐다.

인간 권노갑은 공부를 사랑한다. "새로운 것을 배울 때가 제일 좋다"며 행복한 표정을 짓는 것을 여러 번 보았다. 81세 되던 2011년 한국외대 영문학과 대학원에 입학해 2013년 석사학위를 받았고, 2025년 같은 학교에서 영어영문학 박사과정을 수료했다.

그는 2024년 12월 3일 밤 계엄령이 선포된 사실도 이튿날 아침까지 까맣게 몰랐다고 했다. "박사과정 시험 공부하느라 쿠데타 난 줄도 몰랐다"며 웃었다. 그는 공부하는 정치인을 무척 좋아한다. 공부를 쉬지 않는 김대중 대통령에게 반했고, 공부하는 후배 정치인을 응원한다. 이재명 대통령에 대한 칭찬과 호평도 같은 기준에서 나왔다.

권노갑을 보면 김대중은 참 행복한 사람이라는 생각을 하게 된다. 자신을 알아주는, 든든한 후배이자 동지가 늘 곁을 지켜줬기 때문이다. 비록 영광의 시간을 함께 나누지 못할 때에도 묵묵히 버팀목이 돼준 벗이 있어서 DJ는 행복했을 것이다.

그림자
길게 드리우고
길을 묻는다

박정운

한국외국어대학교 총장
UC버클리 언어학 박사

요즘 유행하는 "라떼는"은 "나 때는 말이야"를 빗대어 하는 말로, 나이 먹은 사람들이 젊은이들에게 자신의 옛날 이야기로 가르치려고 할 때 쓰는 말이다.

연륜이 있는 대다수 사람들은 세상을 좀 더 잘 이해하기 위해 배우려 하기보다 살아온 것으로 가르치려 한다. 그런데 살아온 역정이 사람들에게 가르침을 주기에 차고 넘치는 분이 90대 중반에 길을 묻고 있다.

그림자 길게 드리워질 때는 아침과 저녁이다. 인생을 하루로 은유적으로 이해한다면 아침은 어린 또는 청년의 시기일 것이고 저녁은 황혼의 시기일 것이다.

어릴 때 또는 청년기에 묻고 배우는 것은 아주 자연스럽다. 하지만 "라떼"의 시기도 넘은 90세 중반의 황혼길에서 세상을 그리고 살아가는 길을 더 잘 배우고 이해하기 위해 젊은이보다도 더 열정적으로 살아가는 분을 보며 참 멋있으시다는 생각이 든다.

권노갑 고문님은 한국외국어대학교 대학원 영문학과에서 「존 F. 케네디의 연설문에 나타난 정치사상 연구」로 석사학위를 받으셨다. 그때 연세가 83세이셨고 국내 최고령 석사학위 취득이기도 했다.

거기에서 멈추시지 않고 2023년 가을에 외대 영문학과 박사과정에 진학하시어 매주 9시간의 강의를 듣고 계신다. 화요일에는 연속으로 6시간의 강의를 들으시는데 한 치의 흐트러짐 없이 수업을 들으시며 질문도 하고 발표도 하신다고 한다.

김대중 대통령의 정치철학이 박사학위 논문 주제라고 하신다. 박사학위 논문을 잘 마치시길 기원한다. 90세 중반에도 길을 묻는 삶이 존경스럽고 그러한 삶을 배우고 실천하고 싶다.

마음을 비운
아름다운 삶

신계륜

제19대 국회 환경노동위원회 위원장
제14·16·17·19대 국회의원
(전) 노무현 대통령 당선인 비서실 실장

권노갑 선생님은 김대중 대통령님의 길을 걷다가 함께 여물어지면서 그 속에서 자신의 독특한 삶을 만들어 오셨습니다. 선생님의 삶은 한국 정치, 그것도 민주주의와 민주당의 역사가 됩니다.

선생님은 1998년의 수평적 정권 교체를 한국 정치의 분수령으로 보시며, 1961년 5·16이후 1987년 평민당 창당을 새로운 민주당의 시작이라고 설명합니다. 한국 정치사에 대한 그 설명은 문자 그대로 한국 민주주의와 민주당의 역사가 됩니다.

2023년 저의 출판기념회에 참석했던 권노갑 선생님

께 건강비결을 여쭤봤더니 "마음을 비웠기 때문이다"라
고 말씀하셨습니다. 소중한 시간을 아껴 열심히 공부하고
운동하기 때문이라고도 하셨습니다. 95세의 노정치인이
마음을 비우고 더구나 공부한다니…. 그래서 요즘 자라나
는 청년들이 권노갑이라는 전설에 대해 알고 싶어 한다고
저는 생각합니다.

　권노갑 선생님에게는 오늘만 특별한 날이 아닙니다.
앞으로 매일 매일이 아주 특별한 날이 될 것입니다. 그리
고 세대를 넘어 살아 있는 전설이 될 것입니다.

그는 아직도
봄을 걷는다

신장용

제19대 국회의원
(사)경기발전연구소 이사장
(주)호텔리츠 회장

누군가 나에게 '앞으로 남은 인생을 어떻게 살고 싶으냐?'
고 묻는다면, 나는 주저 없이 한 사람의 이름을 말할 것이
다. 그분처럼 살고 싶다고. 한 시대를 흔들던 바람 속에서
도 끝내 자신을 잃지 않았던 한 인간처럼 살고 싶다고.

그분의 이름은 권노갑이다. 올해 아흔여섯. 나는 그
분의 반세기를 가까이서 지켜보며 '삶이란 무엇으로 빛
나는가'라는 질문의 해답을 배웠다. 톨스토이의 작품《사
람은 무엇으로 사는가》에 대한 명제의 대답과 같은 것이
었다. 권노갑의 삶을 말한다는 것은 한 인간을 넘어, 이
나라의 근현대사를 건너는 일과 같다.

그의 인생 제1막은 고난의 서사였다. 독재의 시대, 민주주의의 이름으로 탄압받고, 수없이 쓰러지면서도 다시 일어섰던 그 세월. 그는 언제나 김대중 대통령의 곁에 있었고, 그 곁에서 함께 울고, 함께 버텼다. '동지'라는 말로는 담을 수 없는 시간이었다. 그는 그저 한 정치인의 동반자가 아니라, 한 이념의 그림자이자 한 세대의 뿌리였다.

나는 가끔 그의 젊은 시절을 상상한다. 동교동 골목 끝, 희미한 가로등 아래에서 누군가를 기다리던 젊은 날의 권노갑. 그에게 정치란 권력의 사다리가 아니라 운명처럼 짊어진 빛이었다. 김대중이라는 거대한 이름의 곁에서 그는 언제나 뒷자리를 택했다. 그 선택은 곧 고난의 시작이었고, 누구보다 길고 어두운 터널이었다. 그러나 그는 그 길 위에서 자신의 존재를 바람처럼 비워냈다. 나라를 위한 충성, 사람을 위한 의리, 그것이 그의 이름을 만든 단어들이었다.

그의 인생 제1막을 요약하자면 '헌신의 얼굴을 한 고통'이었다. 민주주의의 겨울을 뚫고 봄을 맞이했으나 그 봄의 끝에는 늘 희생이 기다리고 있었다. 정권의 중심이 아닌 늘 뒤편에 서 있었다. 빛은 언제나 다른 이의 얼굴에 비쳤고 그는 그 빛의 온기를 지켜주는 그림자였다. 그러나 그 그림자가 없었다면 그 빛 또한 오래가지 못했을 것이다. 그것이 내가 존경하는 권노갑의 첫 번째 인생, '그림자의 시대'였다.

인생 제2막, 다시 시작된 시간

그러나 내가 진정 감동받은 것은 그의 인생 제2막이었다. 정치를 내려놓은 이후, 그는 마치 다른 세상을 사는 사람처럼 변했다. 나는 그가 80을 넘긴 나이에 다시 책을 펼치는 모습을 지켜보았다. 83세에 영문학 석사학위를 받고, 93세에 박사과정을 밟았다. 그는 노후를 '쇠퇴'가 아닌 '새로운 시작'으로 바꾸었다. 하루 세 시간 영어 공부를 하고, 두 시간 이상 운동을 하며, 매일 새로운 단어를 외웠다. 그의 인생은 나이를 거꾸로 걷는 시간이었다.

나는 1990년 연청(연합청년회) 활동에서 그와 처음 인연을 맺었다. 그때 나는 아직 젊었고 그는 이미 세월의 바람을 견뎌온 거목이었다. 그와의 첫 만남은 마치 낯선 별빛을 마주한 듯했다. 그 후로 35년, 나는 그분의 곁에서 많은 것을 배웠다.

끊임없이 공부하는 자세, 세상과 화해하려는 포용의 마음, 그리고 자신보다 타인을 먼저 생각하는 겸손함. 그분은 내게 '정치의 기술'이 아닌 '인간의 길'을 가르쳤다. 그의 삶에는 고요한 회한도 있다. 평생을 정치와 국민을 위해 헌신한 대가로, 그는 한 인간으로서의 시간을 잃었다.

늘 곁에서 그를 지탱하던 아내가 병환을 앓기 시작

할 때, 그는 세상이 준 모든 영광보다 더 깊은 슬픔 속에 잠겼다. "그 병은 나 때문이야." 그는 그렇게 되뇌었다. 그는 세상 앞에 무릎 꿇지 않았지만 아내 앞에서는 언제나 낮았다. 그의 하루는 병실에서 시작해 병실에서 끝났고, 아내의 머릿결을 쓰다듬으며, 잊힌 자신의 과거를 조용히 어루만졌다. 사부곡(思婦曲)의 애련 속에서 나는 한 인간의 진실을 보았다.

그리고 어느 날, 나는 다시 한 번 놀라움을 느꼈다. 그는 95세의 나이로 골프에서 샷 이글을 기록했다. 79타 에이지슈터(자신의 나이보다 적은 스코어)였다. 그것은 단순한 기록이 아니라, 시간 속에서도 살아 있는 인간 승리의 징표였다. 그는 웃으며 말했다. "공은 바람이 아닌 마음이 보낸다네." 나는 그 말을 들으며 생각했다. 그의 삶 전체가 바로 그 한 문장이었다. 권력 대신 마음으로, 경쟁 대신 평온으로, 그는 여전히 자신의 공을 날리고 있었다.

화해의 품격

정치적 명예나 세속의 권좌보다 그에게 더 값진 것은 '화해'였다. 한때 정적이었던 박정희 대통령 추모사업 부회장(김대중 대통령은 명예회장)으로 참여하며 그는 시대의 상처를 껴안았다.

"이제는 용서해야지. 우린 모두 같은 시대를 살아온

사람들이니까."

그 한마디에 담긴 무게는 정치의 언어로는 다 설명할 수 없는 것이었다. 그는 증오 위에 다리를 놓았고, 그 다리 위에서 젊은 세대들이 새로운 길을 걸을 수 있도록 선도했다.

그리고 나는 또 하나의 이유로 그분을 존경한다. 대부분 정치인들이 권력을 잃으면 주변 사람들도 함께 떠나지만, 권노갑 고문님 곁에는 365일 사람이 끊이지 않는다. 그의 주변에는 언제나 웃음과 따뜻한 손길이 머문다. 그것은 단순한 인맥이 아니라, 진심으로 맺어진 관계의 결이다. 언제나 단정한 옷차림, 깔끔한 매너로 주변을 밝히는 그의 모습은 정치인의 권위가 아니라 한 인간의 품격으로 남아 있다. 그분은 진정한 의미의 '멋쟁이'였다. 그 멋은 겉모습이 아니라, 세월과 품격이 빚어낸 내면의 아름다움이었다.

이제 나는 안다. 아버지는 세상에 한 분뿐이지만, 인생의 스승은 다시 만날 수 있다. 나에게 권노갑 고문은 제2의 아버지다. 그분의 삶을 곁에서 보며, 나는 나의 길을 다시 정비했다. 늙지 않는 배움, 멈추지 않는 운동, 그리고 잊지 않는 감사….

그분은 내게 말했다. "늙는 건 몸이지, 마음은 네가 단련시키는 거야." 그 말씀이 내 가슴 속에서 한 줄의 기도로 남았다. 지금 이 글을 쓰는 내 마음은, 감사의 마음보다 더 깊다. 그분은 이미 역사의 인물이지만, 내게는 여전히 손을 내밀어 주는 따스한 스승이다.

나는 고문님이 더 오래, 더 젊게, 그리고 만수무강하시길 기원하고 있다. 그의 걸음이 멈추지 않기를, 그의 숨결이 봄바람처럼 더 오래 머물기를, 이 땅의 후배들에게 '늙지 않는 꿈'을 보여주시기를….

존경하는 권노갑 고문님, 부디 100세의 봄을 향해 당신의 걸음을 계속 걸어가 주십시오. 우리는 당신의 발자국을 따라 기꺼이 동행할 것입니다.

아직도 '앞으로'를
말하는 사람

어윤대

(전) 고려대학교 총장
(전) 국가브랜드위원회 위원장
(전) KB금융지주 회장

의로운 권노갑 고문!

고문님은 96세의 연세에도 불구하고 날마다 미래를 향한 열정으로 하루를 열어 가시는 모습은 그 자체가 깊은 감동과 교훈입니다.

매우 건강하시고 그동안의 경험과 지혜로 많은 후배들에게 존경과 흠모를 받고 계십니다. 아직도 미래 커리어를 구상하고 계십니다.

지금이 새로운 시작이라는 긍정적인 자세로 지식을 탐구하십니다. 매일 체육관에서 운동하시며 푸시업 100개를 거뜬히 해내십니다. '돈족탕' 등 고단백 음식을 챙겨 드시며 건강을 철저히 관리하시는 생활 태도는 누구도 쉽게 흉내 낼 수 없는 꾸준함의 결과입니다.

저는 고문님과 인연을 맺은 지 2년밖에 되지 않았습니다. 김재기 행장님과 김명호 총재님의 소개로 장춘회 골프 모임에 참여하면서 고문님을 가까이에서 뵙게 되었습니다.

78세에 최연소 회원으로 입회했던 저는, 96세이신 고문님께서 160야드 드라이버를 구사하시고, 최근에는 이글까지 기록하시는 모습을 보고 놀람과 존경을 금치 못했습니다. 필드에서 흥이 나시면 젊었을 때 하셨던 권투 선수의 새도복싱 모션을 보이십니다. 저희들은 웃음을 감추지 못합니다.

골프장에서도, 식사 자리에서도 항상 '앞으로'를 말씀하십니다. 정치활동을 하실 때 같이 일하신 분들의 신상과 과업을 소상히 기억하시고 칭찬과 배려의 말씀만 하십니다. 이래서 여야를 막론하고 고문님을 높게 평가하시는구나 하고 여깁니다.

최근에는 한국외국어대학교에서 영문학 박사과정을 수료하시고 논문을 준비 중이십니다. 'B' 학점 받은 과목에 대해서 교수인 저에게 불평하십니다. 연세를 뛰어넘는 학문에 대한 열정에 다시 한번 감탄할 수밖에 없습니다.

고문님의 삶은 오늘을 사는 우리 모두에게 아직 젊

다는 자신감과 내일을 준비하라는 메시지를 전해주십니
다. 고문님의 건강과 건승을 진심으로 기원합니다.

권노갑 고문의
건강 비결

엄영수

코미디언
한국방송코미디언협회 회장

현존하는 최고참 정치인이며 가장 의리 있는 인물. 지금까지도 바른 생활 외에는 다른 길을 모르는 모범적인 삶을 살아온 권노갑 고문의 생신 축하연이 지난 2월 8일 오후 6시, 서울클럽에서 정치인과 일반인 등 200여 명의 축하객이 자리한 가운데 화기애애하게 진행되었다.

공식 의식 사회는 김민석 국회의원, 축하 공연 사회는 그간 생신을 비롯해 산수연, 미수연 사회를 봤던 개그맨 엄영수가 맡았다.

김대중 대통령의 '영원한 그림자'이자 '영원한 비서'로 불리는 민주당 평생 고문. 그는 실세였지만 배후에 머물렀고 정치 전면에 나서지 않으면서도 그 영향력이 미치지 않는 곳이 없었다.

　정치인은 보통 청중에게 말하기를 좋아한다. 지지 세력을 만드는 것이다. 직업상 당연한 일이다. 나도 코미디협회장 직책을 맡고 있어서 축사, 격려사, 기념사, 심사평, 치사, 소감 등 여러 가지 말을 하게 되는데 내용은 항상 10초 이내다.

　"훌륭한 분들께서 좋은 말씀하십니다. 저도 그렇습니다."

　축하차 왔다는 것만 보이고 내려오면 된다. 행사장은 어디를 가나 시간이 늦어진다. 축사가 길어진다. 빨리 끝내주기를 바라는 바로 코앞의 민심도 제대로 읽지 못하고 무슨 큰일을 할 수 있단 말인가? 쓸데없는 말을 제발 절반만이라도 줄이자! 행사 시간을 줄여서 다른 참석자들 현장에 일찍 복귀해 산업 발전에 이바지하고, 시간 없어 쩔쩔매는 밑에서 일하는 실무자들 일 좀 여유 있게 할 수 있도록 배려하자!

　행사 시간이 길어지면 그 틈새를 메꾸려고 과속하다가 교통사고도 자주 발생한다. 마이크를 장시간 독점하는 것은 민폐다. 국가적인 손실, 사회적 손해비용을 따져서 말 많은 곳에 세금을 물려야 한다. 재미없는 말을 길게 하는 코미디언은 결국 퇴출당한다. 국회는 마이크 세를 제정하라!

권 고문은 말을 듣기만 할 뿐 함부로 말을 하지 않는다. 언제나 말을 아낀다. 남의 말을 경청하는 것을 평생의 업으로 삼았다. 그래서 비서, 고문을 평생 하고 있다. 주빈께서 참석 내빈을 한 분 한 분 소개하는데 그렇게 정확할 수가 없다. 듣는 분들이 모두 94세 노인께서 기억력이 어쩌면 저렇게 좋을까? 놀라움을 금치 못했다. 상대방의 이름, 인연을 맺은 이유, 현재의 직책, 예전에 있었던 일화, 주요 사건을 하나하나 상세히 열거하는데, 참으로 신기한 일로 보였다.

정확한 발음, 넘치는 건강미, 맑은 목소리, 꼿꼿한 자세, 침착하고 여유 있는 모습, 젊음이 넘치는 기백을 보니 100세 돌파는 시간 문제고 120세 장수도 문제없으리라는 것을 나뿐만 아니라 모든 축하객들이 느꼈다.

90세 넘으면 노인들께서는 걸음도 제대로 걷기 어렵고, 발음이 부정확하며, 앉아 있기도 쉬운 일이 아니다. 소개를 받은 영화배우 신영균 스타께서는 96세로 매일 권 고문을 휘트니스 클럽에서 만나 꾸준히 운동하고 항상 좋은 생각을 하고 남의 애경사는 반드시 시간을 내어 챙겨서 가고 이웃과 대화를 끊임없이 하는 게 장수의 비결이라고 했다.

두 분을 보니 공통된 특징이 있었다. 바로 웃음이 끊이지 않는다는 점이었다. 권 고문께서는 미소가 얼굴에서 떠나지 않았고 신영균 스타께서는 입장하실 때부터 나갈 때까지 호탕한 너털웃음을 멈추지 않으셨다. 내가 인사를 올리니, "그래 알아, 알아, 하하하. 말 잘하지 잘해, 하하하. 응, 좋아. 하하하" 하면서 웃기 위해 태어나신 것처럼 계속 웃어주셨다. 건강의 기본, 건강의 비결, 건강 지킴이는 웃음이란 것을 다시 확인했다.

가수 남진 형님이 무대에서 과거를 회상했다. 권 고문께서 목포여고에 영어교사로 재직 시, 남진 형님 사촌 누나 영어 과외 가정교사를 하셨는데 그때 모습이 영화배우 같으셨다. 처음에 팝송 가수로 출발해서 영어에 관심이 많을 때라 사촌 누나가 영어 공부하는 걸 여러 번 봤는데 어려운 영어를 쉽고 재미있게 강의를 하셨던 게 기억난다고 하였다.

권 고문께서는 남진 형님의 아버님을 회상하며 화답했다. 당시 〈목포일보〉 회장이자 양조회사를 운영하는 국회의원이었던 남진의 부친이, "이제 시대가 바뀌었으니 국회의원은 젊은 사람이 해야 한다"며 불출마를 선언하고 김대중 후보를 밀어주지 않았으면 김대중 대통령이 탄생하기 어려웠을 것이라는 비사(秘史)를 들려주셨다.

이어 권 고문은 과거 정보기관에 끌려가 모진 고초를 겪었던 때를 회상했다. 물고문을 가장 많이 당한 것이 김옥두 총장과 자신이었는데 물을 먹여서 거꾸로 매달아

놓으면 죽음이 오는 것이 보였고 '아, 이제 죽는구나' 하는 실감이 났지만, 반드시 살아나가서 하려던 일들을 끝까지 할 것이란 결의를 다졌다고 했다. 포기하지 않고 버티는 정신력이 매우 강한 분이다.

권투 선수로 3등을 하는 바람에 3회 런던올림픽을 못 나갔고 운동으로는 먹고살기 힘든 시절이었기에 영어 공부로 전환해서 영어 선생이 됐으며 복싱뿐 아니라, 육상·축구·배구 농구 등 만능 운동선수였고 꾸준히 공부를 병행했다고 전했다.

건강을 위해 오랫동안 골프를 즐겨왔는데, 드라이버 잘 치는 사람 만나면 그를 목표로 놓고 꾸준히 연습하여 반드시 비거리를 앞서 나갔고 한 번도 도전에 실패한 적이 없으며 최근 국회의원 중 가장 멀리 나가는 두 사람을 추월하려고 밤낮으로 때리고 있으며 곧 따라잡을 것이라 예고하였다.

1월에도 가장 추운 날을 택해 여섯 번, 2월 초에 한 번, 올해 들어 벌써 일곱 번 라운딩했다. 드라이버 승부에 이기기 위해서는 만약 실수하거나 거리가 짧게 나면 공을 몇 개라도 더 놓고 다시 쳐서 악착같이 목표를 달성한다며, 이제 이 정도는 좀 봐줘야 할 나이 아닌가? 밝게 웃으시며 촌철살인 조크로 좌중을 폭소하게 하며 그야말로 웃음바다를 만들기도 했다.

묘기 대행진처럼 94세 고령에도 불구하고 천재나 신동처럼 한 치의 오차도 없이 축하객 소개와 과거의 추억 에피소드를 열변으로 들려주시던 권노갑 고문께서 연예인도 자세히 소개하였다.

"한국의 톱스타 최고의 인기 가수이자 요즘 가요제에서 심사위원장을 전담하는 남진! 미녀 가수로 우리 행사에 자주 나와 아끼지 않고 봉사해 주는 마음씨 착한 최유나! 세계적인 사회자 김대중 대통령 성대모사의 일인자 정치 개그의 달인…" 하고는 말이 끊겼다. 잠시 적막이 흘렀다. 안타까웠다. 일반인 같았으면 아무 일도 아니었다. 그렇게 되는 것이 오히려 당연한 일이다. 잠시 침묵이 있었고 축하객은 애가 탔다. 다시 말이 이어졌다.

"엄영수 동지!"

바로 환호성을 지르며 일제히 박수가 두 배, 세 배로 터져 나왔다. 다 기억하셨는데 내 이름을 순간적으로 잊으셨다. 내 차례에서만 문제가 생겼다. 엄영수가 끼어서 사고가 터진 것이다. 흔히 있을 수 있는 일이라 문제는 아니다. 사실 지극히 정상인지도 모른다. 그러나 아쉬웠다. 내가 송해 선생이나 나훈아였으면 잊지 않고 바로 기억하실 건데 만약 다른 사람이 MC였으면 이런 사태가 나지 않았을 수도 있었지 않았나 큰 죄를 지은 것 같았다. 권노갑 고문님께 죄송했다. 아직 내가 많이 모자란다는 생각이다. 더 부지런히 더 많이 일해야 한다.

인생 스토리를 들으면서 모든 참석자가 감동하였으며 고문님에 대한 사랑과 존경이 충만하였다. 들으면 들을수록 배울 점이 많은 이 나라 어르신의 인간적인 매력에 흠뻑 빠져드는 시간이었다.

권노갑 고문님 만수무강 하십시오.

출처: 엄영수 에세이 《연예비사, 남기고 싶은 이야기》

다정다감하고
품격 있는 큰어른

여상규

대한민국헌정회 사무총장
제20대 국회 후반기 법사위원장
제18·19·20대 국회의원

누구에게나 다정다감하신 권노갑 상임 고문님!

2023년 3월 어느 토요일 난데없는 전화 한 통을 받았습니다. 정대철 헌정회장님이셨습니다. 정대철 회장님은 워낙 유명히신 분이라 그 존함은 익히 알고 있었지만, 대면은 물론 통화조차 한 적이 없었기 때문에 놀라지 않을 수 없었습니다.

당시 회장님 말씀은 "이번 헌정회 정기총회 결과 회장은 민주당 출신이 되었으니 사무총장은 국민의힘출신이 되는 것이 옳다. 더구나 "나는 '상생과 협치'를 기본정신으로 하여 헌정회를 이끌 생각이니 여총장이 나를 좀 도와달라"는 것이었습니다.

저는 그런 회장님의 말씀에 담긴 깊은 정치철학을 느끼면서 매우 공감하였을 뿐더러, 대학 5년 선배이기도 한 회장님의 제안을 거절할 수도 없었습니다.

그 이후 이런 경위로 회장님을 모시게 되면서 많은 정치 선배님들을 알게 되었고, 그중에 특히 권노갑 민주당 상임고문님이 가장 인상 깊은 분이셨습니다. 권 고문님은 정대철 회장님과 더불어 당대의 큰 정치인으로 대한민국의 민주 발전에 엄청난 영향을 끼친 분임은 그 누구도 부인할 수 없을 것입니다.

더욱 놀랄 만한 점은 그런 권 고문님에게 중후하신 인품이 배어 있는 것은 당연하다 하겠으나 매우 다정다감하다는 것이었습니다. 고문님은 저와 같은 정치신인에게도 매우 다정하셨고 활짝 웃으시면서 일상의 애기들을 거침없이 하시는데 놀라지 않을 수 없었습니다.

하루는 고문님께서 "어제 골프에서 95세인 내가 이글을 하나 잡았고 언더파까지 쳤다"면서 파안대소를 하여 좌중을 깜짝 놀라게 하였습니다. 설마 하는 분도 있었으나 다음 날 〈스포츠신문〉에 난 것을 보고 우리 모두 스포츠사에 길이 남을 큰 업적이 될 것이라고 칭송이 자자하였습니다.

사실 권 고문님께서 그런 연세에도 활발하게 활동하

시고 나이보다 훨씬 젊어 보이시는 것은 무엇보다도 건강
하고 편안한 마음씨를 가지셨다는 데에 그 이유가 있을
것이라는 점에서, 헌정회원 모두가 본받아야 할 점이라고
하지 않을 수 없습니다.

　존경하고 존경하옵는 우리 권노갑 고문님!

　저희 곁에 오래오래 계시면서 더 많은 것을 가르쳐
주시고 만수무강하시기를 축원드리옵니다.

개에게서 배운
정치의 마음

윤신근

수의사
한국동물보호연구회장

요즘은 "의원님"이나 "고문님", 1980년대에는 "형님"이라
고 했습니다. 그때 저는 민주화운동에 열심인 30대였지
요. 청년의 혈기로 멋모르고 그러다가 어느 순간 권노갑
의원님이 제 아버지와 동갑이라는 사실을 상기했고, 이후
호칭을 바로잡았습니다.

　의원님은 저를 항상 "윤 박사"로 칭합니다. 그 흔한
'동지'라는 단어는 쓰지 않습니다. 제가 집시법 위반으로
서울구치소에 수감 되기 전 노량진경찰서 유치장으로 찾
아와 '동교동'의 분부라며 격려한 게 엊그제 같습니다. (롯
데백화점을 방문해 애완동물 코너를 지나던 김대중 대통령
이 그곳 직원들에게 '윤신근 박사'를 아느냐고 물었다. 김홍

일 의원을 나는 '홍일이 형'이라고 불렀다)

의원님은 또 아들 편에 서울 중구 필동의 제 동물병원으로 화분도 보냈습니다. 키가 천장에 닿을 만큼 큰 나무였습니다. 제 아들이 초등학교에 입학하자 "자전거값"이라며 용돈도 챙겨주셨고요. 졸저《개를 무서워하는 수의사》출판기념회에도 왕림하셨습니다. 영어의 몸으로 제일병원에 입원해서는 지척에 있는 제 동물병원 간판을 보면 기분이 좋아진다며 당신의 반려견 안부도 물었습니다. 묘하게도 의원님의 본적은 필동, 제 일터도 필동입니다.

만주화와 개, 의원님과 저를 연결한 두 끈이었습니다. 저는 민주연합청년동지회 멤버에서 더 이상 나아가지 않았습니다. 정치 대신 동물 진료 외길을 택했습니다. 그럼에도 당신은 물론 사모님, 보좌진과도 가족처럼 지내는 데는 개가 있습니다.

과거 댁의 무척 사나운 개가 제 앞에서 온순해진 이후부터 의원님댁 모든 개의 주치의가 됐습니다. 필리핀 독재정권과 맞싸운 '베니그노 니노이 아키노'의 이름을 딴 푸들종 '니노이'부터 의원님이 제일 좋아하는 진돗개까지 숱한 개들이 건강하게 천수를 누리다 갔습니다.

일간지에 의원님의 개 사랑을 알리는 칼럼도 썼습니다. 손톱만큼이나마 우호적 여론 형성과 득표에 도움이 됐으면 더할 나위 없겠다는 마음이었습니다.

　의원님에 대한 세상의 이미지는 사리사욕 없는 강직과 일편단심의 '직선'일 것입니다. 고승의 즉문즉답이 연상되는 명쾌한 상황판단과 처방 때문입니다. 저는 그러나 의원님에게서 '곡선'을 봅니다. 바로바로 제시하는 시원시원한 해결책의 근저에는 경륜이 있습니다. 권투와 운동으로 단련된 강골 이미지 뒤에는 개라는 생명체를 향한 측은지심이 있습니다.

　언젠가 권노갑 의원님이 제게 한 말씀이 떠오릅니다. 사리사욕과 당리당략을 좇는 권모술수가 난무하는 여의도에 일갈했습니다.

　"윤 박사, 정치인들은 개한테 충의를 배워야 해!"

후배들이 본받는
참 어른

이연택

제12대 총무처 장관
제9대 노동부장관
제34·36대 대한체육회장

나는 정계 출신이 아니어서 권노갑 고문님을 직접 뵐 기회는 많지 않았지만, 대학교 선후배 사이로 동창회에서 뵐 수 있었다.

고문님은 모든 이에게 친근하고 원만하며, 자상함과 인자함을 고루 갖추신 분이다. 시간이 흐를수록 더욱 깊은 존경심이 우러나온다. 매사에 긍정적이고 포용력이 강하시며, 덕과 인품 또한 남다르게 훌륭하시어 후배들이 본받을 귀감이 되셨다.

내가 총동창회장으로 선출되었을 때, 고문님은 전임 회장으로서 늘 자문과 격려를 아끼지 않으셨다. 후배들에 대한 배려와 애교심은 언제나 우리 모두의 롤모델이었다.

권노갑 고문님은 특히 인간미가 넘치고, 결코 권위적이지 않으며, 정의감이 투철한 분이다. 나는 무엇보다도 고문님의 노익장에도 불구하고 끊임없는 학구열에 깊은 감명을 받았다. 영문학 박사과정을 90대에 시작한다는 것은 결코 쉬운 일이 아니다. 그 치열한 학구열은 남녀노소 누구에게나 귀감이 아닐 수 없다.

스포츠에서도 고문님은 빼어난 발자취를 남기셨다. 청소년 시절에는 대표급 복싱 선수로 활약하셨는데, 대한체육회장을 지낸 나로서도 참으로 존경스러운 이력이 아닐 수 없다.

또한 고문님은 나와 함께 정기적으로 골프 라운딩을 하시는데, 최근에는 무려 샷 이글을 기록하셨다. 그것도 95세의 연세에 에이지 슈터를 뛰어넘어 달성하신 성과이니, 그 자체가 경이로움이다. 이는 꾸준한 연습과 집념이 빚어낸 결실이라 생각한다. 나 역시 후배로서 늘 자극을 받고 더 열심히 정진하게 된다.

나의 평생 롤모델, 권노갑 고문님! 만수무강하시기를 기원합니다.

비단결 같은 사람

이윤석

대한민국헌정회 감사
(전) 디지털서울문화예술대학교 총장
제18·19대 국회의원

권 비단! 마음씨가 비단결 같이 아름답다고 해서 붙여진 별명이다. 이런 별명을 지어준 이도 권 고문님께서 세상에서 가장 존경하고 평생을 함께하던 그분이시다.

세상에 듣기 좋은 말과 타인을 평가하는 좋은 글들이 많이 있지만 어찌 보면 현실과는 다소 거리가 있는 꾸며진 표현일지도 모른다고 생각할 때가 종종 있다. 하지만 내게 "권노갑"이란 이름과 그분의 인품을 마주할 때면, 어쩌면 저리도 자신에게는 엄격하고 주변에는 한 없이 덕을 베푸시는지 절로 감탄하지 않을 수 없다.

내가 청년 때부터 꽤 오랜 시간을 함께하였다. 가까이서 모시며 내 스스로 생각하기를 나는 몸종이라도 되리라 하였다. 그래서 할 수 있는 한 최선을 다해왔다고 생각하지만, 여전히 부족함이 많았으리라.

공부하며 사랑하고, 미워하지 않는 삶

어느 날인가 고문님께 "고문님! 고문님은 어떻게 이렇게 건강하시고 주변에서 모두 다 좋아하십니까? 그 비결이 무엇입니까" 여쭤봤더니, "첫째는 늘 공부를 하면서 살아야 한다" 하셨고, "둘째는 절대로 남을 미워하지 않고 사랑하고 용서하며 살아가야 한다"라고 말씀하셨다.

세상 사람들에게 권노갑 고문님의 영어실력은 동시통역이 가능할 정도라고 알려졌음에도 불구하고 멈추지 않고 영어 공부를 하고 계실 뿐만 아니라, 다양한 사회과학 분야의 공부를 하고 계신다는 것을 주변에서는 익히 알고 있다. 새벽이면 국내 일간지는 물론, 영자신문 까지 세세하게 다 읽으시고, 스크랩도 하실 정도다.

특히 영어 공부는 끝없이 파고들며, 시간을 내어 집에서 영어나 경제 관련 전공 대학교수님들과 개인수업을 하는 모습을 나는 종종 보았다. 거실 탁자에 큰 백과사전과 대형 영어사전을 놓고 단어를 찾으시고, 태블릿을 펼쳐놓고 영어 발음을 듣고 따라 하며 공부하고 계시는 모습은 가히 상상을 초월하는 집념이시다. 어쩌면 늘 공부하면서 자신을 더욱 단련시키는 건 아닌가 싶다.

"둘째 절대 남을 미워하지 않아야 한다"고 말씀하셨는데 지금까지 살아온 그의 인생길 많은 정치적 부침을 보아온 나로서는 그 말에 절대 공감한다. 일반인 같으면 너무나 분하고 수치스러움에 무너질 수밖에 없는 상황이라고 생각 될 때에도 그는 언제나 초연함을 잃지 않았다.

권 고문님으로부터 많은 도움을 받았던 정치 후배들이 어느 날 갑자기 돌아서 앞장서서 그를 모함하고 공격할 때에도 결코 의연함을 잃지 않고, 본인이 모시는 주군을 위해서 희생양을 자처하였다. 본인은 물론 가족들도 말할 수 없이 힘들었을 텐데도 주변 사람들에게 결코 흐트러진 모습을 보이신 적이 없다. 지금 100세를 바라보는 연세임에도 불구하고 주변에 많은 사람들이 몰려들고 뵙기를 원하는 것을 보면서 나는 그림자만 보아도 영광스럽고 행복한 사람이라고 생각한다.

권노갑 하면, 많은 사람들에게 정치적인 좋은 길을 안내하였고 좋은 영향을 끼쳤다는 평을 듣는데 나 역시 예외는 아니다. 조용히 생각해 보면 천성적으로 선하고 좋은 성품은 부모님으로부터 물려받았다고 생각이 들기도 한다. 두 분은 안동 출신으로 목포에 오셔서 정착하셨다고 했다.

어린 시절은 비교적 부유하였다고 한다. 무안 몽탄에 농토를 가진 까닭에 추수가 끝나면 농토가 있는 곳까지 어머님과 함께 농세를 받으러 갔다고 한다. 소달구지 타고 목포에서 몽탄까지 오가면서 많은 정다운 이야기를 주고받았었다고 때때로 말씀해 주셨다. 그때마다 그리움이 가득한 어린 소년 같은 애잔한 모습으로 어머님을 회상하셨다. 지금은 어머님의 위패가 목포 소재 유달산 자락 달성사에 모셔져 있는데 사진으로 보아도 무척 자애로운 모습이시다. 어머니의 성품을 닮아 권 고문님의 성품이 온화하고 인자한 것 같다는 생각도 해본다.

내 고향동네 앞을 지나 몽탄으로 가는 길이 소달구지가 지나다니는 길목이니, 아마도 이때쯤부터 우리의 인연이 시작된 것은 아니었을까 생각해 보게 된다.

묵묵히 견디고, 넉넉히 내어주는 사람

가까운 곳에서 보아온 고문님은 항상 영광의 길만 있는 것은 아니었다. 억울하고 분한 일이 많았으나 늘 긍정, 늘 허허 하며 넘기셨다. 언젠가 의정부교도소에 계실 때 몇몇 지인들과 면회를 간 적이 있는데 오히려 고문님을 만나고 돌아올 때 우리가 힘을 얻고 나왔던 기억이 있다. 교도소 내에서도 겨울이면 두꺼운 솜옷을 입고 단정히 앉아 한 점 흐트러짐 없는 모습으로 공부하고 또 공부하신다는 것을 교도관이 귀띔해 주기도 하였다.

지금도 여전히 운동과 공부를 거르지 않는다. 체육

관에서 근력운동을 하고 골프도 즐겨 하시는데 비거리가 꽤 나가신다. 100세를 바라보지만 자세하나 흐트러짐 없이 꼿꼿하시고, 옷 모양새도 좋으시고, 피부도 좋으시고, 누구에게도 부담을 주지 않으시려는 모습이다.

욕심 없는 마음은 예나 지금이나 한결 같다. 무엇이든지 "마음에 든다"고 하면 주저없이 "응, 그거 자네가 가져"라고 하시며 누구에게나 선뜻 내어 주시는데 이것은 사모님이 더하신다. 이런 너그러운 마음과 베풂이 몸에 배어 있는 것은 어디서부터일까? 아마도 부모님의 넘치는 사랑과, 늘 곁을 지켜주신 사모님의 후덕한 마음의 지지와 사랑, 그리고 주군에 대한 의리의 마음이 아닐까 생각한다.

공부든 운동이든 인간관계든 끈기와 집념으로 자신의 내면 속에서의 완벽함을 추구하는 모습을 우리도 닮아가면 좋겠다.

정치인은 동고는 하지만 동락은 하지 않는다는 말이 있는데, 그런 시절이 고문님에게도 있었다. 당시 자의 반 타의 반으로 외유의 길을 선택한 슬픈 시절에 나도 함께 동행하였다. 캐나다 벤쿠버, 미국 시애틀, 하와이, 일본 동경 등등 그때의 모습을 생각하면 지금도 가슴이 먹먹하다.

그때 고문님의 속은 새까맣게 타버렸을 것이다. 표현은 하지 않으셨지만, 항상 같은 자리에서 하루 종일 앉아서 자리를 지키며 멍하니 하늘만 바라보던 모습이 지금도 눈에 선하다. 그때 나의 마음속에는 그토록 충성되게 헌신한 사람을 왜 이리 외롭게 내버려 두시는가 하는 원망이 있었지만, 고문님은 모든 걸 그저 묵묵히 견디며 어떤 말도 표현하지 않았다.

소년의 마음을 가진 어른

정치인 중에 권노갑은 대기권 밖의 사람이다. 누구하고도 비교할 수 없다. 강할 때는 강하지만 부드럽고 소년처럼 순수한 맑은 사람이다. 난 나의 길을 모두 고문님과 상의한다. 34세 젊은 나이에 정치에 입문한 것도 고문님의 권유에서다. 고문님께서 권유하시면 수용하며 정치적으로 성장해 왔고 앞으로도 변함없이 곁을 지키며 배우고 세월을 함께해 나갈 것이다. 고문님께서도 우리와 함께하실 것이라 믿는다.

며칠 전 방문 때 "고문님이 김형석 교수님보다 훨씬 건강하게 오래 사실 것 같다"고 했더니 "내 생각에도 그러네" 하며 허허 웃으셨다. 그날도 여전히 거실 탁자 위 각종 서적들과 영자 신문들을 놓고 공부하고 계셨다.

때로는 어린 아이와 같은 순수함, 차분함, 진실함이 마음을 헤집고 들어온다. 요즘 사모님이 예전과 같이 건강하지 않으시다.

사모님의 안부를 여쭈면서 "사모님이 안 보이시네요" 했더니 "방으로 자러 들어갔어" 하시면서 사모님이 얼마나 예쁜지 모르겠다고 말씀하셨다. 고문님이 일과를 끝내고 집에 들어가서 사모님께 "여보, 나 왔소. 내가 누구여?" 하시면 "노갭이 노갭이" 하신단다. "내가 누구여?" 또 다시 물어보면 "내가 좋아하는 노갭이, 내가 좋아하는 노갭이" 하시는 모습이 "그렇게 사랑스럽고 예쁘다"고 하시며 웃는 모습에 코끝이 찡해왔다.

존경하는 권노갑 고문님, 지금까지도 감사했고 앞으로도 제게는 여전한 감사의 어른이십니다. 가까이에서 함께할 수 있었던 모든 시절이 복입니다. 늘 건강하시고 오래오래 함께하기를 소망하며 오늘도 기도합니다.

시를 사랑하는
따뜻한 어른

이윤지

한국외대 영문학 석사과정 수료
권노갑 고문님 석사과정 동급생

권노갑 정치인은 김대중 대통령의 핵심 비서이자 최측근 인물로서 군사정권 시기 민주화를 이끈 다선 국회의원이십니다. 이러한 무겁고 엄숙한 정치 경력과 달리, 그분은 2013년 국내 최고령 석사 학위를 취득하고, 2023년에는 90대에 박사과정에 입학한 만학도입니다.

저는 석사과정을 그분과 함께했었고, 동기로서 같이 대학원 시절을 보내면서 우리나라 정치사의 한 획을 그은 그분의 숨겨진 내면을 알게 되었습니다. '열정적이고 인간적으로 따뜻한 분'이라는 사실을 말이죠.

그분은 2010년도 초반 80대 연세에도 불구하고 한국외대 대학원 영문학과에 입학하셨습니다. 많은 연세에도 불구하고 반짝이시는 눈빛과 아우라가 느껴지는 첫인상은 대학원생 동기로서 지금도 기억에 남습니다. 20대 중후반 학생들 사이에서 학업에 대한 열정은 빛이 났었고 그 열정은 3년이라는 학교생활 내내 엿볼 수 있었습니다.

시의 마음으로 이끌다

그분은 강의 시간 내내 매우 적극적이셨습니다. 그분의 적극적이고 열정적인 수업 태도는 저에게 3시간이라는 강의 시간을 지루하지 않게 해주었고, 자연스럽게 다른 학생들의 학업 성취도를 크게 올려주기도 하였습니다.

모두가 쉬는 휴식 시간에도 그분은 쉬지 않았습니다. 강의실에 혼자 남아 영문학 서적을 읽으며 공부하셨고, 모르는 것이 나오면 교수님들에게 자세히 묻곤 하였습니다. 그분의 그런 영향력은 대단했습니다. 시간이 지날수록 쉬는 시간에도 공부하는 분위기가 만들어졌고, 서로 질문을 꺼려하던 분위기에서 자유로운 토론의 장이 되었습니다.

그분은 모르는 것을 부끄러워하지 않았습니다. 당신보다 나이가 어리든 학년이 낮든 구분하지 않고 당신이 모르는 것이 나오면 누구에게나 묻고 배우면서 알아갔습니다. 새로운 것을 알아갈 때마다 즐거워하시던 그분의 반짝이는 눈빛은 지금도 기억에 납니다.

그분은 특히 시 장르를 좋아하였고, 영문학 시 수업에 그분의 배움에 대한 열정적인 태도를 보였습니다. 그분은 직관적인 소설이나 분석적인 비평문을 좋아할 것 같았지만, 오히려 시의 세계, 그리고 시 속에 들어 있는 순수와 섬세한 감정이 담겨있는 인간 내면에 대한 통찰을 더 좋아하셨습니다. 시는 다른 장르보다 분량이 길지 않지만, 짧은 문장 속에 들어 있는 의미와 본질을 발견해 가는 문학으로, 많은 학생들이 선호한다고는 할 수 없습니다. 하지만 시를 좋아하던 모습에서 그분이 얼마나 섬세하고 감성적인 분인지를 알 수 있었습니다.

그분은 오랫동안 동교동계 좌장으로서 '야당의 맏형'으로 불리며 리더십이 강한 인물로 알려져 있습니다. 저는 시를 좋아하시던 모습에서 그분의 리더십에는 시를 좋아하는 섬세하고 인간 내면에 대한 깊은 이해가 큰 역할을 하지 않았을까 하는 생각을 했습니다. 분석적이고 이성적으로 방식이 아닌 다른 사람의 마음을 살펴가며 공감과 이해로서 자연스레 끌어가는 리더십 말이죠.

먼저 와서 기다리는 사람

그분이 타인을 대하는 태도는 약속 시간 엄수에서 알 수 있었습니다. 그분은 강의에서 거의 언제나 첫 번째로 출석하여 학생과 교수들을 기다리셨습니다. 대학원 외부 행사가 있을 때에도 가장 먼저 도착하여 다른 학생들을 반겨주었습니다. 사소한 생활 태도에서 타인에 대한 배려가 몸에 배어 있었고 그러한 것들이 그분의 높은 인격을 보여주었습니다.

어느 강의시간, 전날 밤늦게 과제를 하느라 늦게 잤던 저는 강의 시간에 계속 졸았습니다. 강의가 끝난 후 괜히 옆 사람에게 피해를 준 거 같은 미안함을 느껴 부끄러워하던 제게 그분은 다가와 한마디를 건넸습니다. "많이 피곤하지." 그때 그분이 제게 주신 공감과 위로는 아직까지도 제 마음속에 깊은 울림과 진심 어린 감동으로 자리 잡고 있습니다.

그분은 외부에서 알려진 정치인으로서 권위와 명성뿐만 아니라, 남에 대한 배려와 따뜻한 공감으로 가득 찬 분이었습니다. 일개 대학원 동기 학생인 저에게도 누구보다 다정하고 따뜻한 친구이셨던 거죠.

학교생활 내내 그분이 보여준 리더십은 당신이 먼저 행하는 솔선수범이었습니다. 연장자로서 학생들에게 조언이나 제안을 하는 것이 아니라, 먼저 출석하여 학생과 교수들을 맞이하고 쉬는 시간에도 공부하는 등 실제적인 행동과 모범적인 태도를 보이면서 사람들을 이끌었습니다.

세상은 그분을 전략적인 정치인으로 기억하겠지만, 대학원생 동기로서 저는 그분을 제가 본 어른 중에서 '인간적으로 가장 따뜻한 분'으로 기억합니다. 사람들에게 알려진 리더십은 그분의 인격에서 나온 자연스레 나온 힘에서 출발한 것이라고 보고 있습니다. 그분이 지금까지 저의 마음속에 가장 크게 울린 한마디는 단순합니다. "많이 피곤하지." 바로 그 한마디입니다.

　이처럼 그분은 인격에서 우러나오는 따뜻함을 가진 분입니다. 아무리 어린 학생들에게라도 진심 어린 배려와 따뜻한 공감을 가지신 분입니다. 다른 사람들을 그분을 한 시대를 대표한 리더로 기억하고 있지만, 대학원생 동기로 저는 그분을 인간적으로 정말로 따뜻한 어른으로 기억하고 있습니다.

정관자득의 내공

이헌재

제7대 재정경제부 장관 겸 부총리
초대 금융감독위원장

권노갑 고문은 언제나 고문이다. 대한민국 현대 정치사 60여 년 모든 중요 현장에 항상 계셨고, 중요한 역할을 하셨으면서도 한 번도 바깥으로 자신의 이름을 내세운 적이 없으시다. 뚜렷한 직책도 없으셨다. 그래서 '권노갑 고문'인가 보다.

권 고문은 부드러운 표정으로 항상 웃으신다. 조곤조곤 조용하게 말씀하시나 그 말씀에는 위엄이 있고 무게가 느껴진다. 카리스마라고나 할까. 평생을 변함없이 대중의 편에 서서 험지와 엄혹한 시기를 가리지 않고 정치 일선에 계셨으면서도 반대편의 사람과도 끊임없이 대화하신다.

1930년생이시니 96세다. 나는 권 고문께 감탄과 경외

감을 느낀다. 지금도 총기와 건강이 대단하시다. 자기관리가 엄격함을 느낄 수 있다. 권 고문의 시선은 항상 미래를 향해 있다. 과거에 매달려 있지 않으시다. 지금도 대중을 바탕으로 한 정통민주당의 미래를, 또한 나라의 장래를 걱정하며 많은 분과 의견을 나누신다.

권 고문은 끊임없이 공부하신다. 영어의 대가임은 이미 잘 알려진 사실. 최근에는 경제학에 심취하신 듯, 평생 경제문제에 매달려온 내가 놀랄 정도의 깊은 안목과 이해를 보이고 계신다.

권 고문은 건강하시다. 끊임없이 건강을 위해 운동하신다. 연세가 의심될 지경이다.

"정관자득(靜觀自得)". 권 고문을 뵐 때마다 떠오르는 단어다. 범접할 수 없는 내공을 느끼게 한다. 한 치 앞을 내다볼 수 없는 오늘날의 국내 정치 상황, 해법이 보이지 않는 남북 관계와 한반도를 둘러싼 국제관계에 권 고문님의 미래지향적이고 당파를 초월한 역할을 기대해 본다.

62년 지기가 밝히는
인간 권노갑

이훈평

제15·16대 국회의원

권노갑 고문과 고락을 함께해 온 지 올해로 62년이다. 대학에 다니던 1963년 총선 때 목포상고 선배인 '노갭이 형'을 따라 목포 국회의원에 출마한 김대중 대통령 선거운동원으로 활동한 게 시작점이다. 학연, 지연에 이어 정치 인연까지 삼연이다. 그래서 다른 사람은 못할 '흉'을 좀 보려 한다.

유별난 청결 강박이 권 고문의 흠이라면 흠이다. 하루에도 십수 번 손을 씻는다. 음식점에 들어가면 주방 쪽부터 살핀다. 탁자 위 수저는 보고 또 보고 뒤집어 보고 들여다본다. 마음에 안 들면 차라리 굶고 만다. 예전 다방에 들어갈 때면 팔꿈치나 발로 문을 민다. 어지간해선 손을 쓰지 않으려 한다. 권 고문에게 '김대중' 다음으로 중요한 게 위생이다. 저절로 문이 열고 닫히는 '자동문 시대'를 제일 반긴 사람이 아마도 권 고문일 것이다.

정치 현장에서 물러나 중국 여행을 갔을 때다. 라운딩 후 발 마사지를 받는데, 권 고문은 기어코 입던 옷은 물론 양말까지 벗지 않았다. 아무리 설득해도 소용없었다. 일행은 '못 말리는 노갭이형'이라 폭소했다.

그의 건강 염려증은 때로는 '친절한 노갑씨'를 만든다. 티타임을 할 때면 "설탕은 몇 개?" 물으면서 자신의 스푼으로 상대의 커피잔에 설탕을 넣어 여러 번 저어주니, 상대는 감동할 수밖에! 그러나 형님을 속속들이 아는 내 눈엔 자신을 위한 '식기 소독'이 분명하다.

권 고문은 영어 공부 마니아(mania)다. 수십 년 전부터 매일 새벽 〈뉴욕타임스〉 등 영자지를 읽는 것으로 하루를 시작한다. 하도 뒤적여 애용하는 영한사전은 깔끔한 형님과 어울리지 않을 만큼 낡디 낡았다.

6·25 때는 미군 부대에서 통역관으로 활약했고, 종전 후엔 반도호텔에서 미국인이 운영하던 무역회사에 다녔다. 목포여고에서 5년간 영어 선생님으로 교편을 잡았을 정도로 권 고문은 젊은 시절부터 영어와 인연이 많았다. 그리고 그의 '영어 사랑'은 현재도 진행형이다. 85세에 영문학 석사 학위를 받아 '국내 최고령 석사 학위 취득' 기록을 세우고, 95세에 박사과정을 수료한 것도 필연이란 얘

기다.

　문제는 내게도 귀에 못이 박히도록 영어 공부를 당부하고 당부한다는 것. 언론인 등 지인들에게도 입버릇처럼 "훈평이는 다 좋은데 공부를 안 해서 걱정"이라고 한다. 그렇다고 기가 죽을 내가 아니다. 형님이 '잔소리'를 할 때마다 나는 큰소리로 반박을 가한다.

　"형님! DJ 계보 모두 죽어라 공부해서 DJ가 되려 한다면 되겠소? DJ 계보라면 술도 마시고, 골프도 치고, DJ가 못 하는 걸 하는 게 계보원의 자세 아뇨?"

　나는 형님의 '평생 짝꿍' 형수를 존경한다. 온갖 뒷바라지를 하면서 한 번도 푸념한 적이 없다. 돈가스 전문점을 할 때 허리 한번 못 펴고 식탁을 닦고 인사하면서 정치인 남편을 지원한 형수다. 그리고 유별난 형님을 새벽부터 밤까지 지극정성 수행하는 문성민 비서에게도 각별한 감사를 드린다.

영국신사
권노갑 고문

장석일

성애병원 의료원장
대한알레르기천식학회회장
(전) 김대중 대통령 주치의

"장 박사, 평전에 글 쓰세요." 갑자기 던지는 말씀에 처음에는 무슨 말씀인지 의아했습니다. 가끔씩 뵙기는 하지만 무슨 글을 어떻게 써야 할지 선뜻 엄두가 생기지 않고, 더구나 글 쓰는 것이 주 업무가 아닌 임상의사로서 고민이 되었습니다.

권노갑 고문님에 대해 가장 먼저 떠오르는 모습은 말쑥하고 피팅이 잘 된 정장차림의 영국신사풍의 멋진 모습입니다. 저는 김대중 대통령님 취임 후 청와대 상주하는 의무실장과 대통령주치의로서, 그리고 퇴임 후까지 김대중 대통령님의 건강을 돌봐드렸습니다.

대통령님과의 인연은 1990년 지방자치에 성취를 위한 단식투쟁 때 평민당사에서부터였습니다. 그러나 권노갑 고문님과의 인연은 그렇게까지 길지는 않습니다. 처음에는 김대중 대통령님께서 하셨던 말씀을 통해서였습니다.

권 고문님과 관련되어 들은 대통령님의 말씀 중에서 제일 인상적인 것이 있습니다. 너무 기억에 강하게 색인되어 그 장면이 지금도 잊혀지지 않습니다. 재임초기 관저에서 하신 말씀입니다.

"고향이 안동인데 목포까지 와서 나를 도와주었으니 대단하지 않아?"

침대에 걸터앉아 그 말씀을 하시면서 대단히 자랑스러워하시고 흐뭇해하시던 표정이 세월이 한참 지난 지금까지 생생합니다. 그 당시는 고문님과는 개인적인 친분이나 교류는 없던 시절이었습니다. 그렇지만 대통령님께서 가지신 권 고문님에 대한 오래된 사랑과 신뢰를 온몸으로 느낄 수 있었습니다.

그런 이유로 2009년 대통령님 임종이 다가왔다고 판단했을 때, 입원 기간 동안 뵙지 못한 주변분들 중 가장 먼저 떠올린 분이 권 고문님이었습니다. 생을 정리함에 있어 오랜 인연이시고 분신과 같았던 고문님을 임종 전 꼭 뵙게 해드리려고 마음먹고 안내했던 기억이 새롭습니다.

그 이후 가끔 병원에서 뵙는 사이가 되었고 또 식사를 하며 옛날 대통령님과의 활약상을 흥미진진하게 듣게 되었습니다. 그때마다 느끼는 점은 놀라울 정도로 연도와 인물에 대한 기억력이 정확하고 그 내용이 많다는 점입니다. 그러면서 계속 느끼는 점이 있습니다. 그것은 두 분이 무척 비슷한 점이 많으시다는 것입니다.

첫째, 멋과 맛에 대한 것으로, 옷에 대한 감각뿐 아니라 예절, 그리고 미식이 비슷하십니다. 세련되게 옷을 입고 맛에 대해서도 많이 생각하시는 점이 유사하십니다.

둘째, 학구적인 점과 기억력을 비롯한 건강입니다. 얼마 전 고문님이 라틴어 어원의 의학용어로 더 쓰이는 영어스펠과 뜻을 상세히 물어보셨습니다. 영문학 박사과정 공부를 하고 계신 것은 알고 있었지만 상당수준의 의학용어를 이해하시는구나 하는 점과 그 후 그것을 계속 기억하고 계시다는 점에 깜짝 놀랐습니다. 과거의 기억뿐 아니라 최근의 일에 대한 인지력 부분에 있어서도 스케줄이 머리에 입력되어 있으신 것을 느낄 수가 있어 의사로서 평가할 때도 너무도 건강한 상태이십니다.

1997년 대선전 김대중 당시 후보님의 건강진단서에 대통령직을 수행함에 정신적으로 그리고 육체적으로 건강하다고 기술하였습니다. 고문님도 건강도 그러합니다. 그 어떤 젊은 정치인 못지않게 육체적·정신적으로 건강하신 상태셔서 은퇴하신 것이 아쉬울 정도입니다.

셋째, 과학적이고 합리적인 사고입니다. 대통령님은 과학과 미래에 대한 통찰력이 대단하셨습니다. 의학에 대해서도 그렇고 의사의 의견을 존중하시고 그에 따라 잘 지키시는 점이 그렇습니다. 권 고문님도 이런 점이 너무 닮아 있습니다. 권 고문님의 건강이 잘 유지되시는 것에는 이런 것도 많이 기여했으리라 생각합니다.

이렇듯 두 분의 비슷한 점을 알아가고 있어 뵙는 것이 더 소중한 시간이 되고 있습니다. 부디 권노갑 고문님의 건강과 밝은 웃음이, 그리고 호쾌한 골프의 스윙이 지속되길 기원합니다.

언론을 존중한 사람,
권노갑

장화경

(전) 〈경향신문〉 정치부장

지금도 가끔씩 골프를 치러 갈 때면 갖고 가는 옷가방(소위 보스턴 백)이 있다. 이 가방에 대한 추억은 30년 전으로 거슬러 올라간다. 당시 새정치국민회의가 출범한 뒤인 1996년쯤으로 기억한다. 권 고문은 국민회의 출입기자 중, 골프를 치지 않는 기자들을 서울 모 골프장으로 초대한 적이 있다.

전문용어(?)로 '머리를 올려주겠다'는 것이었다. 골프장에 갔다가 옷가방을 하나 선물 받았다. 요즘은 골프 용품이 엄청 비싸지만 당시 받은 가방은 조금 '싼 티'가 났다. 그래도 처음 받은 선물이어서 애지중지하다 보니 30년이 지난 '골동품'이 된 셈이다.

권 고문은 늘 언론의 중요성을 잊지 않았던 정치인

이었다. 김대중 대통령의 오른팔 역할을 하면서 야당의 모든 것을 챙겨야 하는 입장이었지만 특히 언론인들을 접촉하는 '업무'를 게을리하지 않았다. DJ에게 마지막 대선이었던 1997년 대선 승리를 위해서는 특히 언론을 가장 중시해야 할 입장이었다.

1992년 대선패배로 정계은퇴 선언 후, 번복하고 복귀한 문제가 정계나 언론의 주요 비판거리였기 때문이다. 그 탓에 국민회의는 1995년 15대 총선에서도 예상보다 적은 의석수를 얻어야 했다. 이런 환경을 극복하고 대선 승리를 이루기 위해 권 고문은 언론인과의 접촉면을 넓히면서 우군 만들기에 진념했던 것으로 생각된다. 그런 각고의 노력들이 합쳐져 한국 정치사상 처음 평화적 정권 교체를 이뤄내는 역사를 만들었을 것이다.

지금도 권 고문과 당시 국민회의, 민주당, 청와대 출입기자 출신들이 모이는 모임들이 있다. 여전히 예전 언론인 대하듯 존중해 주면서 덕담해 주시는 것을 보면서 당시 기자들이 좋은 어른과 함께 했구나 하는 상념에 잠기곤 한다.

인생의 장타를
날리는 사람

정균환

민주화추진협의회 회장
(전) 새천년민주당 원내대표
(전) 김대중 대통령 특보단장

권노갑 고문님과 나는 오랜 세월 정치생활을 같이 해왔습니다. 이제 그 긴 세월을 뒤로하고 권 고문님이 90 평생을 돌아보는 평전을 출간하신다니 감회가 새롭습니다.

권 고문님은 백세를 바라보는 연세에도 필드에서 장타를 날릴 정도로 강건하시고, 공부를 계속할 정도로 정신이 명징(明澄)하여 오늘날 '백세 시대'에 모든 후배와 후손들에게 진정 인생의 지표가 되고 계십니다.

나는 어쩌다 늙음에 허탈감을 느끼다가도 권 고문님을 떠올리면 절로 힘이 나서 다시 생기를 발산하며 필드에 나갑니다. 나이가 10여 살 적은 나는 늘 고문님을 사표로 삼아 살고 있습니다.

동국대 황태연 명예교수가 내게 이렇게 말한 적도 있습니다.

"정 총무님은 다 좋은데 권 고문님처럼 '공부하는 정치인'이 되십시오, 권 고문님은 90대 연세에도 외국어대학교 대학원 영어과 박사과정에 다니십니다."

이 점에서도 권 고문님은 후배들의 사표이십니다. 나도 권 고문님을 따라 공부하려고 애쓰고 있습니다.

권 고문님은 나에게만 아니라 다른 이들에게도 힘을 주십니다. 《사상가 김대중》을 비롯한 '김대중학술원'의 김대중 연구시리즈와 《정의 국가에서 인의 국가로》라는 황태연 교수의 방대한 저서를 출판한 김경희 지식산업사 대표는 88세로 목포 사람인데, 원고를 꼼꼼히 다 읽고 책을 만드는 분입니다.

김대중 대통령을 참으로 존경하는 그분이 "황 교수의 출판할 원고들이 많은데 늙어서 읽어내기가 힘에 부친다"고 하더랍니다. 그래서 황 교수가 "권노갑 고문을 보십시오, 95세 연세에도 장타를 날리고 영문학 대학원 공부를 합니다. 권 고문을 생각하며 역행하십시오"라고 말해주었더니, 그분이 아주 좋아하더랍니다.

골프는 그분의 강건함을 증명합니다. 지난겨울 권 고문님과 필리핀으로 골프 여행을 가서 그 이튿날부터 하루도 쉬지 않고 무려 열흘간 골프를 쳤습니다. 나는 약간 피곤해서 권 고문님께 좀 쉬자고 말했습니다. 그랬더니 권 고문님이 "난 계속하고 싶은데!"라고 말씀했습니다. 나는 실로 그 체력에 감탄했습니다.

그리고 권 고문님이 식당에서 식사를 하시는 것을 보면 청년 못지않게 잘 드십니다. 음식 종류를 보면 우유·계란·콩을 꼭 가져와 드십니다. 이것을 보고 나는 이래서 건강하신가 보다 생각했습니다.

《권노갑 百人 평전》의 출간을 진심으로 축하합니다. 이 평전을 내시고 나서도 내내 심신 건강하셔서 백세의 담장을 훌쩍 넘기는 '인생 장타'를 한번 날리시기를 기원합니다.

T. S. 엘리엇의 시를
외우는 공부길 위의
현자(賢者)

정은귀

한국외대 영미문학문화학과 교수
작가, 번역가

"왜 공부하실까? 이 연세에 무엇이 부족하셔서?" 많이들 물어보십니다. 저 또한 예외가 아니었어요. 무엇이 부족하셔서 영문학 공부를 하려고 하실까? 내심 품었던 그 질문은 그러나 강의실에서 권노갑 고문님을 만난 첫날에 사라졌습니다. 오히려 공부 길의 의미를 다시금 생각할 수 있는 기회가 되었지요.

한국외국어대학교 대학원에서는 학부 전공이 영문학이 아닌 경우 학부에서 영문학 수업을 추가로 듣게끔 안내합니다. 학생으로선 좀 귀찮을 수 있는 일이지만 전공 공부를 더 심화하게 이끄는 효과적인 방법이지요. 권 고문님은 조금의 불평도 없이 학부생을 대상으로 하는 저의 시 수업을 신청하셨지요.

그날 첫 장면이 아직도 기억에 또렷합니다. 이미 긴 세월을 정치인으로서 공적인 삶 속에서 보내온 너무 유명한 분이 강의실에 앉아계시는데, 첫날의 긴장된 공기 속에서 고요하고 단정하게 앉아 계시는 모습이 참 인상적이었어요. 첫 시간 안내가 끝나고 저는 늘 학생들에게 시로 자기소개를 하게 하는데, 그날 고문님은 놀랍게도 T. S. 엘리엇의 시 〈황무지(The Waste Land)〉를 또렷하게 암송하셨어요. 그 일은 제게 오래도록 잊히지 않는 장면으로 남아 있습니다. 삶의 여러 장면을 건너온 노년의 정치가가 시의 언어를 입속에서 되살려내는 순간, 학생들도 저도 탄복하며 들었답니다.

배우는 자의 자리

석사에 이어 박사 공부를 하실 때도 고문님은 늘 조금의 흐트러짐 없이 앉아서 공부하셨어요. 그 모습은 시간을 채우는 단순한 성실의 표현이 아니라, 공부라는 행위를 정말로 좋아서 하는 어떤 태도의 표본 같았어요. 블루베리와 염소 즙을 섞은 음료를 간식으로 싸 오셔서 쉬는 시간에 마시는 것 외에 늘 꼿꼿이 앉아 수업을 들으시는데, 평생 동안 셀 수 없이 많은 분을 만나고 어렵고도 중요한 결정을 내린 과감한 분이 영어 사전을 옆에 놓고 시 구절을 하나하나 헤아려 이해하시는 모습이라니….

고문님 위치에서 스스로를 배우는 자의 자리에 자발적으로 들어가는 것은 절대 쉬운 일이 아니라 생각합니다. 그러나 고문님은 늘 겸손하게 학생의 자리에서 수업을 들으셨고, 그 자세는 처음부터 끝까지 변하지 않았습니다. 그 꾸준함이야말로 학문을 향한 진정한 예의이자 스스로를 단련하는 방식이었다 싶어요.

시를 연구하고 번역하는 제게 고문님과의 수업은 늘 즐거웠어요. 수업 쉬는 시간이나 수업 후에 이어지던 질문들도 참 인상 깊었어요. 질문은 여러 가지였는데, 난해한 시 구절에서 내용을 확인하기 위한 질문도 있었고, 긴 삶의 경험과 사유가 겹친 자리에서 나오는 질문도 있었습니다. 저는 고문님이 계시든 안 계시든 수업에서 읽는 작품의 난이도를 늘 높게 끌고 가는 편이었고, 실험적인 현대시를 많이 읽었기 때문에 고전적인 시의 형식과는 거리가 있는 작품들이 쉽지 않으셨을 거예요.

하지만 고문님은 시에 대한 이해가 삶의 경륜과 맞물려 참 높았습니다. 한 문장의 의미가 인간의 선택과 어떻게 연결되는지를 질문하시면서 강의실을 단순한 정보 전달의 공간이 아니라 함께 사유하고 성장하는 배움의 공간으로 바꾸어 주신 데 대해 이 자리를 빌려 감사드립니다.

생각해 보니 고문님에게서 제가 배운 것이 더 많다 싶습니다. 늘 겸손하게 삶을 대하는 모습, 자신이 지나온 길에서 사람과 세상에 대해 포기하지 않고 낙관적으로 성심성의껏 새로운 해답을 찾으려는 적극성, 그 모습에 다른 학생들은 노년의 공부가 단순히 학위를 향한 것이 아니라 삶을 개척해 나가는 과정이라는 것을 깨달았고, 무엇보다 겸손과 함께한 삶의 진실한 모습에 감응되는 듯했어요.

공부로 살아가는 사람

또 인상적인 부분은 공부를 대하는 일상의 태도였어요. 고문님은 지금도 매일 영자신문을 읽으시면서 영어 공부를 하십니다. 문장을 다시 읽고, 단어를 정리하는 그 반복된 공부는 화려하지 않지만 강인한 삶의 방식과도 닮아 있습니다. 평생을 김대중 대통령의 큰 뜻을 따라 희생하시고 다시 또 노년에 이르러 다른 이들이 편리함에 쉽게 취할 때 긴장을 늦추지 않고 일상을 관리하면서 공부하시는 모습은 하루하루의 시간을 자신이 소망하는 길을 따라 성실하게 지켜내는 표본으로 조용한 울림을 줍니다.

공부란 어느 특정한 젊은 시절에만 하는 것이 아니라 삶 전체를 통해 이어지는 길이라는 사실을 몸으로 보여주고 계시는 권노갑 고문님에게서 평생을 학자로 공부하며 살아가는 저 또한 많이 배우고 있습니다.

성실과 겸손. 성실은 시간을 쌓는 힘이며, 겸손은 배움을 가능하게 하는 태도라 생각해요. 이미 많은 것을 이루셨는데 여전히 배우는 자의 자리에 서는 모습. 자신의 경력을 앞세워 인정받기를 원하지 않고 공부 길을 차분히 걷는 그 모습은 인문학을 단지 지식으로서가 아니라 삶의 태도로 받아들이는 정치인의 구체적인 실천으로 이 사회에도 큰 모범이 되지 싶습니다. 어쩌면 권 고문님의 공부는 개인의 지적 성취를 넘어, 삶의 방식으로서의 공부가 무엇인지를 보여주는 예가 되지 않을까요?

공부 길을 묵묵히 걸으면서 배움이란 결국 자신을 낮추고 다시 시작하는 일임을 보여주고 계시는 고문님. 강의실에서 시를 암송하시던 대학원 시작하시던 그 첫날의 모습과, 박사과정을 수료하시고 논문쓰기를 고민하시는 지금의 모습은 아무 변함없이 이어져 있습니다. 그 이어짐 속에서 공부가 일회적인 사건이 아니라 지속되는 삶의 태도임을 확인하게 됩니다.

이번 평전 출간을 진심으로 축하드립니다. 고문님의 삶이 한 권의 책으로 엮일 때, 그 책은 단순한 회고가 아니라 여전히 공부의 길 위에 서 있는 한 사람의 기록이자 한 시대의 기록으로 읽힐 것이라 생각합니다. 공적인 삶과 사적인 사유가 겹치는 자리를 보며 독자들은 한 사람

의 삶을 넘어 공부라는 길 자체를 다시 생각하게 될 것이
라 생각합니다.

　　시를 좋아하는 정치가의 별난 인문학 공부가 아니
라, 오랜 시간 성실과 겸손으로 삶을 진중하게 걸어오신
분의 궤적이 자연스레 이어지는 그 길을 곁에서 바라볼
수 있어서 저는 참 감사하고 행복했습니다. 변함없는 속
도로 걷는 이 시대 현자(賢者)의 모습에 존경과 축하의 마
음을 전합니다. 앞으로도 그 조용한 성실과 겸손과 사랑
의 마음으로 더 많은 이들에게 참된 삶의 길과 배움의 의
미를 일깨워 주시기를 바랍니다.

두려움 없는 도전

정은성

에버영코리아 대표

1994년 어느 날이었습니다. 당시 저는 신진 국제정치학자로서 학회에 자주 나가는 편이었는데 대선배이신 라종일 경희대학교 교수님께서 부르셨습니다. 가 뵈었더니 한번 과외 일을 해보지 않겠냐고 물으셨습니다.

알고 보니 당시 야당 지도자이자 국회의원이셨던 권 의원님께서 영어 공부와 국제문제 연구에 워낙 관심이 많으셔서, 영어 원서로 공부를 하고자 하셨던 것입니다.

그때 권 의원님께서 선택하셨던 책이 바로 그해 출간되었던 헨리 키신저의 《Diplomacy》였습니다. 거의 1천 페이지에 달하는 양도 만만치 않았지만, 외교사와 국제정치 이론으로 무장된 학자들에게도 부담스러울 정도로 어려운 내용이 많았습니다. 번역서도 최근에야 겨우 나왔을 정도입니다. 그럼에도 불구하고 권 의원님께서는 도전하셨습니다. 그리고 꾸준히 공부하셨습니다.

　제가 권 의원님을 공적으로 모셨던 것은 2년 정도밖에 되지 않지만 개인적으로는 거의 30년 동안 인연을 이어오고 있습니다. 그 짧지 않은 세월 속에서 제가 권 의원님을 진심으로 좋아하고 또 존경하게 된 계기와 일들이 얼마나 많았겠습니까만, 그중에서도 제게 가장 큰 가르침을 주셨던 점은 바로 이 도전 정신과 꾸준함이 아닌가 합니다.

　이 두 가지를 덕목으로 표현하면 아마도 '용기'와 '의리'라고 할 수 있을 것입니다. 다시 말해서 권 의원님의 많은 장점들 중에서도 남들과 비교할 때 가장 뛰어나신 점이 바로 이 두려움 없으신 부분이 아닌가 합니다.

　그래서 걱정도 별로 없으신 편입니다. 아마도 그 어려운 고난의 세월을 오래 견뎌내시고 또 이렇게 여야 구분 없이 존경 받게 되는 이유도 바로 이 부분과 큰 상관이 있다고 저는 생각합니다.

　얼마 전 권 의원님을 모시고 골프를 친 적이 있습니다. 약간 내리막이 있는 코스인데 티샷을 무려 190미터나 치셨습니다. 궁금해서 스윙하시는 것을 자세히 살펴보았습니다. 임팩트 순간 두 발이 거의 무중력이 되는 것을 보았습니다. 90세가 넘으셨는데 참 대단하십니다. 인생이나 좋아하시는 골프나 다 도전적이십니다. 그래서 참 멋지십니다.

　요즘은 영문학 박사과정을 수료하고 박사논문을 쓰고 계시지만, 앞으로 여생에 더 많은 새로운 도전을 하시길 바라고 또 믿습니다.

현역으로 남은
정치의 어른

주영진

SBS 논설위원장실 앵커

생각난다. 헌정사상 첫 정권 교체가 이뤄진 1997년 대선 직후 긴장과 떨림을 안고 정치부 기자생활을 시작했다. 대선 날 밤 일산 김대중 후보의 집 앞에서 목 놓아 '목포의 눈물'을 부르던 지지자들의 마음이 어떤 건지 혼자서 생각하던 기자는 여당이 된 새정치국민회의 출입기자가 됐다. 말진(末陣)이었다.

대통령의 측근들을 뚫어야 했다. 그들과 동향이거나 사투리를 잘 알아들어야 한다고들 했다. 이도 저도 아닌 기자는 그저 찾아가고 열심히 들으며 모르는 사투리가 나오면 물어서 이해해 나갈 수밖에 없었다. 가슴이 '폭폭'해지던 시절이었다. 그때 '권노갑'이라는 이름은 쟁쟁한 측근들의 이름들 중에 단연 돋보였다. 기자들에게는 반드시 넘어야 할 산이기도 했다 대통령과 수십 년 생사고락을 같이 한 그는, 한 순간도 대통령을 배반한 적이 없는 사람이라고 했다.

지금도 마찬가지지만 정치권과 주변 사람들은 가장 힘 센 사람에게 다가갈 수 있는 통로인 '실세'에 민감하다. 권노갑의 움직임과 말 한마디로 김대중 대통령의 생각을 읽어내곤 했다. 사람이 몰리고 돈이 몰렸다. '2인자', '실세', '황태자', '김영삼 정권의 김현철'이라는 수군거림이 시작됐고, 권노갑은 공개적인 행보보다는 '잠행'을 선호했다. 누구에게도 자신의 동선을 알리지 않고 사람을 만나고 생각을 전하고 그렇게 들은 이야기를 또 누군가에게 전하면서 조율사 역할을 하고 있다는 이야기들이 돌던 때다.

은밀하게 움직이는 그가 어디에 있든 찾아내서 이야기를 들어야 하는 게 기자의 일이었다. 평창동의 고갯길을 올라가야 있던 집 앞에서 뻗치기 하던 일은 동부이촌동 아파트로 그가 이사한 뒤에도 계속됐다. 때로는 웃으며 차에서 내려 반갑게 기자를 맞아주다가도 어떤 날은 차에서 내려 뛰다시피 하며 집으로 들어가던 그를 전력질주로 따라붙던 순간들이 기억난다.

어느 날은 그가 지금은 세상을 떠난 한나라당의 어느 중진과 서울 남서쪽의 유명 골프장에서 골프를 치고 있다는 이야기를 그 골프장에서 라운딩 중이던 지인으로부터 확인받고, SBS로고가 선명하게 찍혀 있던 취재차를 타고 보무도 당당하게 골프장 안을 휘젓고 다니기도 했다. 제지하는 골프장 직원들 그 뒤로 야당 정치인이 보였고 그를 쫓아가자 그는 특유의 허허실실 화법으로 "몰라"를 반복하며 기자의 시선을 끌었다.

　순간 기자의 뒤편에서 반대쪽으로 이 취재의 주인공인 권노갑이 수행비서의 안내를 받으며 종종걸음으로 차량으로 이동하던 모습도 기억난다. 달리기를 잘하는 기자는 그때도 따라붙어 한두 마디 질문을 던지는데 성공했다. "뭐 할라고 여까지 왔는가?"가 항상 그의 일성이었다. 물론 미소도 빠지지 않았다. 그렇게 어렵게 따낸 그와의 작지만 귀한 단독 인터뷰를 다른 방송사들에게 나눠주라는 부장과 국장의 이야기가 반복되면서 많이 서운했던 그때의 기자 마음도 생각난다.

　어린 기자들이 어렵고 두려운 사람이라고 여기던 그는 처음 만났을 때부터 특유의 부드러움과 너그러움으로 편안하게 해줬다. 정권 실세라는 선입견만 아니라면 마음씨 좋고 인상 좋은 초로의 신사였다. 무엇보다 질문에 핵심을 이야기하지 않아도 충분히 자신의 생각을 전하는 여유와 능숙함이 있었다.

　갑자기 마이크를 대고 질문할 때도 부드러운 미소를 잃지 않았다. 생각해보니 그가 기자와 마주했을 때 '격노'

나 '냉대'한 적이 없다. 자신이 영입하고 공천까지 책임졌던 후배들로부터 "퇴진하라", "떠나라"는 소리를 들었을 때, 기자들이 여권의 쇄신과 분열상에 정신없이 바빴을 때, 권노갑의 선택은 '격노'보다는 자의반 타의반이라고 하더라도 그 요구를 수용하면서 그 요구의 시비와 자신의 정치 운명을 시간에 맡기는 것이었다고 생각한다.

아직 식당에서 흡연이 가능하던 시절, 기자들과의 식사 자리에 모처럼 참석한 그가 조금 떨어진 자리에 앉아 담배를 피우던 기자에게 "어이, 주 기자 담배 끄쇼. 그리고 끊으쇼. 건강에 안 좋아. 선생님도 그 좋아하시던 파이프 담배 끊으시고 정진하셔서 대통령 됐소" 하며 금연을 권하곤 했다.

독재정권의 탄압 속에, 이후에는 고된 야당 대선후보의 측근으로 견디고 참아야 했던 일이 많았던 그가 김대중 후보가 대통령이 되고 나서 비로소 '골프'를 시작했다면서 언젠가부터 만나면 '골프' 이야기에 열을 내곤 했다. 골프 이야기를 할 때 가장 표정이 밝아진다는 소문의 시작이었다. 그런 품성과 태도, 운동과 여유가 권노갑에게 건강과 장수라는 행운을 선물한 것으로 믿는다.

평생의 선배이자 선생님이었던 김대중 대통령을 비롯해 많은 정치 선후배, 동료들이 먼저 세상을 떠난 지금도 권노갑은 분주하게 움직인다. 민주당의 상임고문으로 당 안팎의 통합을 당부하는 어른의 역할을 해내고 있다. 정치인과 기자, 동지와 친우들을 끊임없이 만나고 소통하고 있다.

영문학 박사과정까지 수료하며 공부를 놓지 않고 있다. 기자와 만나는 정치권 인사들은 "결코 간단치 않았고 칭송만 받을 수 없는 현실 정치인이었지만, 아무리 생각해도 결국은 권노갑이 승자다"라는 이야기를 하곤 한다.

95세의 나이에 골프 라운딩에서 이글을 하고 이븐파를 기록해서만은 아닐 것이다. 아직도 정치사의 한 순간, 한 순간의 인물들과 일시, 장소를 생생하게 기억하며 과거의 정치사가 현실과 미래에 어떻게 영향을 미치고 있는지를 풀어주고 설명해 주는 영원한 '현역' 권노갑이 세상에 전하는 이야기가 궁금하다.

지난 추석 연휴 특집으로 이틀 동안 방송된 SBS 라디오 '주영진의 뉴스직격' 인터뷰를 보면 확인하겠지만 그의 기억력은 현장에 있던 모두의 혀를 내두르게 했다.

그 순간 그곳의 작은 숨결까지도 기억하는 듯했다. 그의 이야기가 기록으로 남아야 하는 이유이기도 하다. 먼 훗날 어느 순간, 그가 그토록 존경하고 인생을 다 바쳐 따르던 선생님을 다시 만나게 되는 날 권노갑은 어떤 이야기를 준비해 갈까? 그것도 알고 싶어진다.

역사를 들려주던
어른

천슬미

한국외대 영문학과 박사과정 수료

권노갑 고문님과 함께했던 박사과정의 시간을 떠올리면 즐거웠던 기억들이 많습니다. 특히 아시아계 미국 시 수업에서 있었던 일이 기억에 남습니다. 일제강점기, 6·25전쟁, 민주화운동 등 한국 현대사의 굵직한 사건들이 이를 직접 경험하지 않은 1.5세·2세대 한국계 이민자 시인들의 작품 속에서 어떻게 반복적으로 소환되는지 토론하던 때였습니다.

저를 비롯한 학생들이 깊이 이해하지 못하고 있을 때, 그 역사의 현장에 실제로 계셨던 고문님께서 허허 웃으시며 자신의 삶을 들려주셨습니다. 전쟁을 피해 피신하던 일, 교사로 학생들을 가르치던 시절, 그리고 정치 현장에서의 경험까지…. 그저 과거의 일로만 여겨졌던 역사적 사건들이 고문님의 담담한 이야기를 통해서 생생하게 다가오던 순간이었습니다.

어렴풋이 알고 있던 고문님의 세월, 가늠하기 어려운 시간의 깊이가 얼마나 크고 단단한지 새삼 느낄 수 있었습니다. 그 모든 격동의 세월을 살아오신 분의 얼굴에서 분노나 상처가 아니라 인자하고 온화한 표정이 어려 있던 것이 지금도 잊히지 않습니다.

고문님과 함께 수업을 들었던 기간 동안 제가 배운 것은 학문적 내용만이 아니었습니다. 바쁘신 일정 속에서도 누구보다 수업에 열정적으로 참여하셨던 모습, 늘 두툼한 영어사전을 곁에 두고 단어 하나하나를 꼼꼼히 확인하시던 모습이 선명합니다.

두 과목, 총 여섯 시간의 긴 수업 동안에도 흐트러짐이 없으셨습니다. 학생들은 연속 강의에 곧잘 지치곤 했는데, "피곤하지 않으세요?"라고 여쭐 때마다 고문님은 환하게 웃으시며 "하나도 피곤하지 않다"고 답하셨습니다.

연세도 많으시고 맡고 계신 일도 많으셨을 텐데, 제 눈에는 이미 모든 것을 이루신 분처럼 보이셨던 고문님께서 누구보다 진지하게, 또 즐겁게 공부하시는 모습을 보며 '공부한다는 것'의 의미와 기쁨을 다시금 깨달을 수 있었습니다.

훨씬 어린 학생들과 함께하는 자리에서도 한 번도

권위를 내세우지 않으시고, 편견 없이 따뜻하게 대해 주셨던 점 또한 큰 배움이었습니다.

　이런 멋진 어른, 권노갑 고문님의 삶을 담은 평전이 세상에 나온다니 진심으로 기쁩니다. 이 책이 고문님의 오랜 성찰과 깊은 경험을 더욱 널리 전하는 계기가 되기를 바랍니다.

영원한 스승,
고독한 구도자(求道者),
권노갑

최경원

제51대 법무부 장관
제3대 대학법인 서울대이사장

내 인생에서 권노갑 고문님을 만난 것은 큰 행운이라 생각하고 늘 감사하고 있다.

권노갑 고문님은 모든 면에서 잊을 수 없는 분이다. 100세를 바라보는 고령이시지만 따뜻한 인간애와 진지한 노력, 구도자적인 삶의 자세를 견지하신 인생 선배로서의 역할을 운명처럼 실행해 오셨다.

젊은 사람도 하기 어려운 영문학 박사과정을 매일 6시간씩 강의를 들으시면서 이수하시고 곧 학위를 받으실 예정으로 있다. 뒤늦게 시작한 골프도 베테랑급으로 얼마 전 이글을 하시는 등 화제가 되고 있다.

권 고문님은 김대중 대통령의 최측근이시며 우리 정치사에 큰 족적을 남기셨지만 임명직을 단 한 번도 하지 않았다. 권력욕을 절제할 수 있다는 것이 과연 인간으로서 가능한 일이겠는가. 놀라울 뿐이다.

평생 반독재 투쟁의 선봉에 서서 험난한 역사의 풍랑을 몸으로 부딪쳐 오셨으면서도 온화하고 인자한 풍모를 잃지 않으셨다는 점에서 정말 존경의 마음을 금할 수 없다.

권 고문님을 만나서 식사를 하고 대화를 나누는 것은 큰 즐거움이다. 언제나 유쾌한 표정으로 비데오 필름을 보면서 말씀하시는 것 같은 태도에 놀랍기도 하고, 시간 가는 줄 모를 때가 많다.

젊은 사람도 기억하기 어려운 시간, 장소, 사람 이름, 유래까지 정확하게 말씀하시는데 경탄을 금하기 어렵다. 규칙적 생활과 책을 곁에서 놓지 않는 면학의 생활 습관 때문이 아닐까. 여하튼 후학으로서 부러울 뿐이다.

요즈음도 가끔 모시고 운동을 하면서 권 고문님과의 추억의 시간을 넓혀 가고 있다. 부디 고문님께서 건강하게 오래오래 사시면서 후학들의 사표(師表)가 되시고, 인생을 이끌어 가는 기회가 더 많이 주어지길 간절히 바라고 있다.

노갑열전(魯甲列傳)

최경주

정치학박사
한국폴리테크 CEO
광주전남김대중재단 대표

사마천(司馬遷)의 《사기(史記)》 130권 중 〈열전(列傳)〉 70권은 인간 군상에 대하여 그 본성을 들추며 역사적 교훈을 읽게 해준다. 그 인간형은 대략 의리와 충절, 책략과 지혜, 용기와 결단, 복수와 의리, 권력과 야욕, 초연한 지혜, 후세 사표 등 일곱 가지 유형으로 나눌 수 있다.

나는 그중에서 의리(義理)와 충절(忠節)의 인간형을 흠모한다. 여기에 공자(孔子) 사상의 중추인 인(仁)과 의(義)가 들어간다면, 그에게 나의 모든 것을 바쳐도 여한이 없다. 권노갑 고문님이 바로 그런 분이다.

정치적 계파를 달리했어도 항상 포용했으며, 부탁했을 때도 '노'라고 하신 적이 없다. 대신 '길'을 알려주셨다.

고하지욕(袴下之辱)을 거쳐도 탓한 바가 없었고, 인의(仁義)로써 주군을 모신 그 의리와 충절은 변함이 없었다. 언제나 온화하고 유순하며 이해가 가득한 웃음이 있으시다.

자신의 모든 것을 바쳐 모셨던 김대중 대통령님에 대한 충의(忠義)는 해가 갈수록 더욱 짙어지고 그의 인의(仁義)와 예(禮)에서 우러나온 경륜은 많은 이들에게 희망과 용기가 되고 있다. 사마천이 오늘 그 열전을 다시 쓴다면, 그 71권이 〈노갑열전(魯甲列傳)〉이길 희망한다.

열전의 본 뜻인 서열인신사적전어후세(敍列人臣事跡傳於後世, 인신의 사적을 서술하고 열거하여 후세에 전한다)에 적절하다. 사마천의 사후 2,170년이 흘렀다. 다행하게도 권노갑 고문님의 평전(評傳)이 이를 대신하게 되었다.

절제로 다져진 품격

한인권

(전) 삼성제일병원 내과과장 전문의
(전) 성균관의대 내과교수
의학박사

저는 권노갑 고문님의 건강을 한동안 돌보아 드렸던 주치의(내과 전문의사) 한인권입니다. 어느 날 젊은 나에게 정계의 최고봉이라고 할 수 있고 권력의 최고봉이라고 할 수 있는 분으로부터 주치의를 맡아 달라는 부탁이 왔습니다. 물론 그때 저는 대통령 영부인의 부분 주치의를 맡고 있었던 상황이라서 별로 두렵거나 떨리지는 않았으나 상당한 스트레스를 받은 것은 사실이었습니다.

그러나 처음 안면을 대하는 순간 모든 스트레스와 두려움은 싹 사라졌습니다. 너무나 부드럽고 인자한 모습으로 저를 대해 주셨기 때문입니다. 당뇨병을 비롯한 몇 가지 질병은 가지고 계셨지만 잘 조절이 되어 있는 상황이었습니다.

그 이후에 이분과의 관계는 의사와 환자의 관계가 아니라 형님, 삼촌, 또는 한 가족의 일원의 관계로 바뀌었습니다. 저뿐만 아니라 모든 분들에게 진심으로 대하여 주시는 것을 너무나 많이 보아 왔습니다. 그리고 미래를 예측하시는 능력은 어느 누구에게도 뒤지지 않는 분이셨습니다. 기억력은 두말할 나위도 없었지만, 상대의 가계까지 꿰뚫어 외우시는 능력은 혀를 내두를 만큼 놀라웠습니다.

또한 의사로서 제가 보았던 놀랄 만한 몇 가지 사실을 적고 싶습니다. 골프를 좋아하는 저도 깜짝 놀란 것은 기사에도 나왔고 소문이 퍼졌지만 드라이버 거리가 220야드를 넘어가는 것이었습니다. 이것은 제가 직접 고문님과 안양 베네스트 골프장에서 라운드를 같이 하면서 제 눈으로 직접 본 것이었습니다.

칠십이 넘어서까지 비거리 욕심을 놓지 못하고, 골프장에서 드라이버 거리가 줄어드는 것을 보며 실망하는 저 자신이 부끄럽기 한이 없었습니다. 과연 저 나이에 100야드를 넘길 수나 있을까 하는 좌절이 처음으로 밀려왔습니다.

당뇨병은 약으로만 조절하는 것이 아니고 식사와 운동과 삶의 패턴이 함께 종합적으로 조절하여야 당뇨가 잡히는 데 고문님은 의사가 필요 없을 정도로 당뇨를 잘 조절하고 계십니다. 제 의사로서의 역할이 매우 작아지는 느낌입니다. 스스로 절제하시고 조절하시는 의지는 가히 세계적이라 할 수 있습니다. 고문님 같은 분만 계시면 의사 돈 벌기 힘들겠다는 생각이 듭니다.

어느 누구보다 정치적 배신을 많이 경험하신 것으로 아는 데 분노를 빨리 넘기시며 원수를 갚지 않으시는 분이십니다. 어느 날 여러 번 면회를 갔을 때도 딱 한 번 분노하시는 얼굴을 뵈었을 뿐 모든 상황을 이겨내시는 모습은 가히 성인의 모습이었습니다.

바라옵건대, 남은 생애 동안 나라를 향한 깊은 염려와 그 고귀한 마음이 널리 영향력을 미쳐, 보람과 기쁨이 충만한 삶을 누리시길 기도합니다.

권노갑 박사학위
논문에 거는 기대

한상진

서울대 명예교수(사회학)
중국 난징대 유교와신사회학연구소장
(전) 김대중 대통령 정책자문기획위원장

파란만장하면서도 영광에 찬 고 김대중 대통령(이하 DJ)의 '영원한 비서실장' 권노갑(이하 권 고문)의 활동이 근래 부쩍 사람들의 관심을 끈다. 1924년 출생인 DJ와 1930년 출생인 권 고문은 전남 목포상고의 선후배였기에 둘의 인간적 만남은 실로 길고도 길다. 1961년 5월, 강원도 인제의 국회의원 보궐선거에서 DJ가 승리하면서 두 사람이 정치적 동지가 되었다고 한다면, DJ가 세상을 떠난 2009년까지 50여 년간 권 고문은 항상 DJ를 가장 가까운 거리에서 충직한 마음으로 보좌하고 관리하며 음지에서 생사고락을 같이 한 DJ의 분신 같은 인물이 아닌가 한다.

DJ를 따랐던 많은 이들이 중요한 관직이나 공적인 지위에 올랐지만 권 고문은 자신의 묘비에 '김대중 대통령의 영원한 비서실장'으로 새겨달라고 할 만큼 지위를 떠나 DJ에 대한 헌신과 봉사가 몸에 밴 사람이다. 그런 인물이 있었기에 DJ의 성공이 가능했다는 생각도 든다. 게다가 그는 아직도 건강한 몸과 미래를 향한 열정으로 DJ의 유산을 설파하고 많은 활동을 하고 있다.

나의 DJ 자문과 권 고문

그렇지만 나는 직접 정치활동을 한 사람이 아니어서 권 고문과 자주 만나 대화할 기회는 없었다. 잠시 기억을 회고해보면, 1988년 4월 26일 총선에서 DJ의 평민당이 제1야당이 되면서 DJ는 당시 중민이론을 주창하고 있던 나에게 자문을 요청했다. 나는 제1야당을 돕는 것이 민주주의에 도움이 된다는 생각으로 자문을 시작했다. 1992년 대선 때는 최초로 대선후보 지지 텔레비전 방송 제도가 도입되었다. 나는 당시 강의하고 있던 뉴욕 컬럼비아 대학에서 일시 귀국하여 DJ를 공개 지지하는 TV 유세를 했다. 하지만 대선에서 패배한 DJ는 정계은퇴를 선언하고 영국 캠브리지 대학으로 떠났다.

나는 이 때 예고 없이 그곳으로 가서 며칠을 같이 지내며 대화한 적이 있었다. 외로웠던 DJ는 나를 반갑게 대해 주었다. 그 뒤 나는 그를 독일 베를린으로 초청하여 한반도 3단계 통일방안에 대해 발표하고 통일 이후의 독일 현장을 방문하는 여정을 같이 수행하기도 했다.

기억이 생생한 또 다른 경험은 1997년 9월, 대선을 얼마 앞두고 서울대 내 강좌에 DJ를 일일 강사로 초빙한 것이다. 그때 그는 '아시아적 가치와 민주주의'에 관하여 40분간 발표하고 80분간 학생들과 대화했다. 수많은 학생들이 운집했고 학생들과 불꽃 튀기는 논쟁이 일어났다.

이런 활동들은 정치적 함의는 적지 않았지만 직접 정치하는 것은 아니었다. 어디까지나 학문과 지식을 매개로 한 활동이었다. 이런 이유로 나는 이런 저런 기회에 권 고문을 만나기는 했지만 직접 정치문제로 대화할 기회는 없었다.

현충원 DJ 묘역에서의 만남

그러던 중 2026년 1월 6일 현충원 DJ 묘역에서 신년 참배의 의식이 열렸다. 여기서 우렁찬 목소리의 권 고문 연설을 들었고 DJ와의 관계에 대한 김민석 총리의 진술한 소회를 들었다. 사정이 있어서 나는 총리가 마련한 오찬에는 참석하지 못했다. 그 뒤 권 고문이 만남을 제안해서 나는 1월 15일 조선호텔 나인스게이트에서 고려대 최상용, 김대중학술원 백학순과 함께 저녁을 했다.

이 자리에서 세계정치학회가 제정한 '김대중 상'에
관해 이런 저런 얘기를 나누던 중, 권 고문은 자신에 관한
일종의 평전 출판기념 모임이 3월 6일 국회에서 열릴 예
정이라고 하면서 나도 한 꼭지를 써 주기를 요청했다.

처음 받는 부탁이라 즐겁게 쓰기로 했는데, 내가 생
각한 것은 권 고문의 신선한 지적 욕구와 자극에 관한
것이다. 권 고문은 1953년 동국대 경제학과를 졸업했다.
1961년부터 DJ 정치를 도왔고 1963년에는 비서로 정계에
입문했다. 그 뒤의 대통령을 만드는 정치일정과 경험 등
에 관해서는 꽤 알려져 있다. 1998년에 나온 책《대통령을
만든 사람들》에 권 고문도 풍부한 정보와 깊은 소회를 담
은 글을 썼다. 1999년에는《누군가의 버팀목이 되는 삶이
아름답다―김대중 대통령과 함께한 40년》을 출간했으며,
이를 포함하여 다른 것을 포함하여 확충한 자서전,《순명:
권노갑 회고록》을 2014년에 출간했다. 여기까지는 DJ와의
관계, 정치적 동지, 참모, 비서실장 또는 흔히 말하는 동교
동계 좌장으로서 능히 할 수 있는 일이다.

《논어》의 눈으로 본 권 고문의 실천윤리

권 고문은 자신의 충성심을 공자의《논어》15장〈위령공
편〉, 9절을 인용하여 피력한 적이 있다. 원문을 보자면, 다
음과 같다. "志士仁人 無求生以害仁 有殺身以成仁" 뜻이

곧은 사람은 살겠다는 마음으로 인을 해칠 리가 없고 자신의 목숨을 바치어서라도 인을 이룬다.” 여기서 인은 곧 DJ의 정치를 뜻한다. 생사고락을 같이 한 주군의 옳은 정치를 위해 모든 것을 바친다는 충직과 결의가 담겨 있다

《논어》는 정치를 논하기 때문에 주군을 보좌하는 참모의 언행에 관해 여러 제안을 한다. 같은 〈위령공편〉 8절에 의하면, “더불어 할 수 있는 말을 하지 않으면 사람을 잃고, 말을 하지 않아도 되는데도 말을 하면 말을 잃는다. 지혜로운 사람은 사람도 잃지 않고 말도 잃지 않는다”고 했다.

더 나아가 《논어》 16장 〈계씨편〉 6절은 세 가지 허물을 구체적으로 언급한다. “군자를 모실 때 세 가지 허물이 있다. 말할 때가 아닌데 말하는 것을 ‘조급하다’고 하고, 말할 때가 되었는데도 말하지 않는 것을 ‘숨긴다’고 하며, 안색을 살피지 않고 말하는 것을 ‘눈치 없다’고 한다.

《논어》의 눈으로 권 고문의 행동을 음미하는 것은 흥미롭다. 쉽게 말해, DJ를 보좌하는 역할에서 권 고문은 ‘조급함’도 없고 ‘숨기는 것’도 없으며 ‘눈치 없는’ 언행도 없다는 뜻이 되겠고, 그럼으로써 DJ와의 관계에서 서로 사람을 얻고 또한 말을 얻는 상생의 관계를 유지했다, 이런 뜻이 되겠다.

그러나 사람들이 근래 권 고문의 삶에서 받은 신선한 자극은 다른 데 있는 것 같다. 권 고문이 대학을 졸업한 지 60여년이 지나, 한국외국어대학교 영어영문학과 석사과정에 입학해서 본격적인 공부를 시작한 것이 특이하고 매력적이다. 그는 어느 인터뷰에서 "내 인생을 버티는 마지막 힘은 정치가 아니라 공부"라고 했다. 이런 배움에 대한 그의 태도, 젊은 학생들과 어울리며 같이 공부하는 그의 마음은 널리 알려진 《논어》 1장 〈학이편〉의 첫 문장, 즉 "배우고 때로 익히면 참으로 즐겁지 아니한가"에 농축되어 있는 공자의 세계관을 연상케 한다. 바로 여기에 남이 모방하기 어려운 권 고문 자신의 독특한 내면의 즐거움과 보람이 있지 않을까 짐작한다.

이미 잘 알려져 있듯이, 권 고문은 2011년 한국외대 영문과 석사과정에 입학했고 2013년 8월에 〈존 F. 케네디 연설문에 나타난 정치사상연구〉라는 주제로 석사학위를 취득했다. 그리고 나서 10년 뒤, 2023년에 93세의 고령에도 불구하고 같은 대학의 영문학과 박사과정에 입학했고 현재 박사논문을 준비하고 있는 중이다.

박사논문은 나름의 품질과 품격을 요구한다. 나는 이 점에서 권 고문이 지성계에 자극과 활력을 주지 않을까 기대하고 있다. 사실 90대 중반에 《논어》의 배움의 정신을 따라 박사학위 논문을 쓴다는 것은 그 자체가 희귀하고 도전적이다. 의무로 할 수 있는 일이 아니다. 배움의 즐거움이 몸에 배어 있지 않으면 실행하기 어려운 일이다. 뿐만 아니라 그는 DJ의 삶을 속속들이 잘 알고 있고 DJ가 실천에 옮긴 인권, 민주주의, 평화의 사상을 잘 알고 있기 때문에 다소 진부할 수도 있는 정치적 관찰을 넘어 깊이 있는 학술적 논문을 생생한 자료로 완성한다면, 이 분야에 귀중한 공헌을 남길 것으로 기대한다.

지구적 민주주의의 뜻

이런 기대의 눈으로 제안한다면, DJ가 인권, 민주주의, 평화를 말할 때 지구적 관점에서 접근했다는 것이다. DJ는 글로벌 데모크라시를 자주 언급했는데, 여기서 글로벌이란 뜻은 단순한 국민국가의 경계를 넘은 초국가적 세계를 뜻한 것이 아니라 문자 그대로 지구, 생태, 환경을 아우르는 보다 폭 넓은 상호의존의 관계를 가리킨다. 한 보기로, DJ는 1997년 9월 서울대 강의에서 자연과 인간의 관계에 대하여 다음과 같이 말했다.

"중요한 것은 자연의 소리를 듣는 우리의 양심입니다. 우리가 자연을 얼마나 괴롭히고 있습니까? 이 지구가 생겨난 이래 우리 인간만큼 자연을 무지막지하게 괴롭히는 존재가 과연 있을까요? […] 그러면 우리는 환경에 대해서 어떤 태도를 취해야 할까요? 우리에게는 선인(先人)들의 모범이 있습니다. 동양사회에는 '천하태평'(天下泰平)이라는 말이 있습니다. 하늘 아래 모든 것—사람만이 아닙니다—이 태평해야 한다는 것입니다."

그러고 나서 DJ는 생태적 인간의 삶을 묘사한 이율곡의 서정적인 시를 읊은 다음 이어서 이렇게 말했다.

"부처님은 만인불성(萬人佛性)이라고 했습니다. 부처님 말씀대로 하면, 모든 것에 불성이 있습니다. 나무도 흙도 그렇지요. 모든 자연을 인간과 똑같이 존중하는 철학이 우리에게 있습니다. 우리가 사는 길도 그렇고, 윤리와 도덕을 세우는 길도 그렇고, 이제는 자연을 우리의 어머니로 생각하는 가치관을 가져야 합니다. 자연과 함께 인간이 공존공영해야 한다는 것이지요. '보호'란 것은 말이 안 되는 소리입니다. 자연도 우리와 똑같이 생존의 권리를 갖고 있습니다."

자연의 생존권 또는 비인간주체의 권리는 요즘 서구 학계를 관통하는 새로운 발상을 뜻한다. 그런데 DJ는 일찍부터 이런 생태적 차원의 권리, 공존, 평화를 지향하는 지구적 민주주의 개념을 가지고 있었다. 물론 DJ는 생전에 다른 국가 위난 사태에 보다 집중하느라 정책적으로 이 차원을 충분히 다루지 못한 것은 사실이다. 그러나 자료를 보면, 산업발전과 생태문제에 관하여 그가 일찍부터 상당히 개명되고 역동적인 생각을 했다는 것을 어렵지 않게 파악할 수 있다.

한 보기로 1990년 12월 21일, 환경기자클럽이 당시 평민당 총재 DJ를 초청해서 원자력발전에 관해 물었을 때, DJ는 아주 솔직하게 고백했다.

"찬성하는 사람도 있고 반대하는 사람도 있다. 둘 다 근거가 있다. 그러나 나는 아직 입장을 정하지 못했다. 원자력발전이 경제적이고 생태학의 측면에서 공해가 적은 측면을 고려해야 한다. 누가 독단적으로 결정할 문제가 아니고 국민적인 합의가 필요하다. 국민투표도 한 방법이다."

지금 들어도 손색이 없는 DJ의 사상이며 국정철학이다.

생태공원의 조성에 관해서도 입장을 밝혔다. 한 보기로, 여의도에 국회의사당이 들어가는 것을 반대하여 그는 "여의도를 공원으로 개발해서 영등포 쪽과 마포 쪽 양쪽 시민들이 휴일이나 평소에 와서 놀면 거기에 적어도 2~3만 명이 들어갈 수 있다. 그리고 강물까지 포함해서 수상공원까지 하면 공원 없는 서울에 훌륭한 선물인데 아무 필요 없이 거기에 막 집을 지었다"고 술회했다. 아울러 서울대병원에 대해서도 이렇게 말했다.

"저는 78년 겨울부터 79년 겨울까지 1년 동안 서울대병원에 감금당했습니다. 서울대병원을 그 공기 나쁜 데에다 왜 새로 짓느냐는 것입니다. 서울대병원은 마땅히 관악구 같은 다른 곳으로 옮겨가고 서울대병원 자리 그리고 서울대 문리과대학과 법과대학 자리는 동물원, 이렇게 해서 창경원에서 세 가지를 갈라서 분산시키고 창경원과 서울대병원 사이의 도로와 대학로를 전부 지하도로 만들어서 3개 공원을 모두 걸어서 다닐 수 있도록 만들었으면 훌륭한 생태공간을 만들었을 것 같은데 좋은 기회를 놓쳤습니다."

이것은 소수의 사례에 불과하지만, 요점은 DJ의 인권, 민주주의, 평화의 사상은 인간중심의 태도를 떠나 생태친화적으로 열려 있다는 점이다. 이 점을 잘 포착한다면, 권고문의 박사학위 논문은 금상첨화의 가치를 유감없이 발휘할 수 있지 않을까?

맺는 말

마지막으로 한 가지 첨언한다면, DJ의 정치유산이 오늘의 한국 정치에 미치는 함의를 넓은 시각으로 조명하면 얼마나 좋을까 생각해본다. 그러려면 DJ가 남긴 정치 유산의 핵심을 잘 짚어야 할 텐데, 무엇보다 DJ는 소통의 달인이었고 협치의 실천가였다는 점이 중요할 것 같다. 이런 관점에서 보면, 오늘의 한국 정치가 과연 DJ의 유산을 제대로 계승하고 있는가에 대해 대한민국의 미래를 위해 성찰을 요구할 수 있지 않을까? 그렇게 되면 권 고문의 박사학위 논문은 고품격의 높은 호소력을 가질 수 있지 않을까 전망해 본다.

김대중 총재의
그림자 권노갑

허경만

제14대 전반기 국회부의장
제10·11·12·13·14대 국회의원
민선 1·2기 전라남도지사

권노갑 의원은 김대중 총재가 대통령에 당선될 때까지 언제나 그 옆에 있었다. 그의 그림자라 표현하는 것이 맞다고 생각한다.

유신시절 야권에 투신하여 민주화투쟁을 하고 당무에 참여하면서 만난 사람 중 좋아하고 존경하는 몇 분 중 하나다. 한때는 광신도와 같은 무비판적이고 맹목적이고 맹목적인 충성심의 결정체라고 의심한 적도 있었지만 몇 차례 선거를 같이 치루고 공천심사를 하면서 생각이 완전히 바뀌었다.

공처에서 탈락하여 불만과 독기로 가득한 사람들의

폭발을 막고 무마하는 어려운 일의 대부분이 그의 몫이었다. 총재께서 공천을 약속하고 권 의원과 타협하라 하셨는데 그가 딴사람의 청탁을 받아 일이 뒤틀려졌다고 오해하는 사람도 많았다.

공천이나 인사에서 뜻을 이룬 측은 감사하는 마음보다 자기 실력에 상응하는 당연한 결과라고 자부하는 반면 실패한 사람들은 자기의 능력부족이나 처신의 잘못을 탓하기보다 편파적인 결정 탓이라고 원망과 불평으로 가득 찬다. 이 사람들을 설득하여 무마하고 조직을 평온하게 끌고 가는 것이 어찌 쉽기만 하겠는가? 더구나 일회에 그치는 것이 아니라 지속해야 하니 더욱 힘든 일이다.

때로는 불만해소나 공격의 과녁이 되는 역할도 맡아야 한다. 이 어려운 일들을 아무런 변명이나 불평 없이 처리하고 온갖 뒤치다꺼리를 맡으면서도 '노갑이 형'으로 인간관계의 중심에 서 있는 모습이 경이롭고 존경스럽다. 온유하고 친화력 강한 그가 지속적으로 뒤치다꺼리를 하지 않았다면 '김대중정권'의 탄생, 여야 간의 참다운 정권교체가 가능했을까 하고 가끔 생각해 본다.

구십이 훌쩍 넘어선 나이에 대학원에 입학하고 골프장을 섭렵하는 열정과 건강에 경의를 표합니다. 지금처럼 곱게 늙으셔서 어려운 시대를 살아온 사람들의 기억 속에 영원히 살아남길 기원합니다.

배움을 멈추지 않는
정치인

홍준호

〈조선일보〉 발행인
(전) 〈조선일보〉 편집국장
(전) 〈조선일보〉 정치부장

솔직히 말해서 '정치인 권노갑'에 대해 깊이 알진 못한다. 안다고 하는 건 기사나 정치인들의 전언을 통해 접한 게 대부분이다. 하지만 '정치를 떠난 이후의 권노갑'에 대해선 그가 전념해 온 김대중 전 대통령 기념사업 말고도 직접 보고 듣고 느낀 바가 몇 대목 있다.

2023년 9월 〈조선일보〉에 그에 관한 기사가 화제성으로 실렸다. 만 93세 나이에 한국외대 영문학 박사과정에 입학해 영시, 영소설을 공부한다는 얘기였다. 그보다 10년 전 같은 학교에서 이미 석사학위를 받았다는 내용도 담겼다. 그가 정치를 하기 전 잠깐 영어교사를 했다는 건

알고 있었지만 정치 본업을 끝내고 삶의 막바지에 젊은 시절 꿈꾸었던 또 다른 목표를 향해 이렇게까지 깊이 몰입하고 있다는 사실은 놀라웠다.

얼마 후 권노갑 고문은 한 모임에 노트 한 권을 갖고 나와 나를 다시 한번 놀라게 했다. 〈조선일보〉 윤희영 기자가 장기 연재 중인 'News English'를 스크랩한 두툼한 공책이었다. 공책에는 신문 연재물을 그냥 오려붙이기만 한 게 아니라 그 옆에 자신의 느낌과 궁금증, 익혀야 할 표현들을 손 글씨로 빼곡히 정리해 두었다. 마치 중·고교 시절 학습 노트를 보는 느낌이었다. 그는 그런 노트가 십수 권에 이른다고 했다.

나중에 윤 기자에게 이런 사실을 전했더니, 이미 오래전부터 권 고문이 연재물 중, 궁금한 대목이 있으면 자신에게 직접 전화를 걸어와 묻곤 했다는 답을 들려주었다. 또한 〈조선일보〉에 미국 유력 인사들의 인터뷰가 실리면 그 인사가 사용한 어떤 특정 단어나 문장의 영어 원문을 알고 싶다며 문의를 하는 일도 잦았다고 한다.

'정치 이후 권노갑'이 이렇게 어떤 분야에 매진하고 진심일 수 있는 건 건강이 뒷받침하기 때문이다. 그가 영어 못지않게 자신의 건강을 유지하는 데도 진심인 건 잘 알려져 있다. 나는 그의 이런 모습들을 지켜보면서 그가 진정으로 자신을 아끼고 심신을 갈고 닦고 있다는 느낌을 받았다.

존경하는 도산 안창호 선생의 말씀 중에 이런 말씀
이 있다.

"나를 사랑하라. 그리고 나를 사랑하듯 남을 사랑하
라(愛己愛他)."

그 말씀을 실천하는 이가 권노갑 고문이 아닐까 싶다.

부록

김대중 총재 '총격 해프닝'
수행 의원들 먼저 피신했다

부지영 정치부 기자, 《주간조선》(1988년 9월 11일, 1015호)

"탕! 탕! 탕!" 총성이 울리는 순간, 그야말로 단상에 사람 그림자 하나 보이지 않았다. 육영수 여사 피격 사건 때와 흡사한 광경이었다. 1974년 8·15 기념식장에서 문세광이 박정희 전 대통령을 저격했을 때, 너도나도 피신하기에 바빠 허둥대던 유명 인사들의 꼴사나운 모습이 얼핏 떠올랐다. 지난 8월 22일 밤 필리핀 마닐라에서 있었던 실제 상황이다.

마닐라 중국인촌 마카티(Makati)의 한국 식당 '코리아가든'에서 김대중 평민당 총재가 필리핀 방문 마지막 행사로 라모스 국방장관 등 필리핀 정부 고위 인사 20여 명을 초청, 만찬을 베풀고 있었다. 필리핀 측에서는 라모스 장관 외에 미트라 하원의장, 망글라프스 외무장관, 위코 농지개혁부장관 등 필리핀 정부의 고위인사들이 입장해 있었고, 우리 측에서는 김 총재와 수행 국회의원, 수행 기자단 등 방문단 10여 명이 모여 있었다.

이때 갑자기 "탕! 탕! 탕!" 하는 20여 발의 총성이 울리면서 삽시간에 만찬장을 혼란 속으로 몰아넣었다. 처음에는 폭죽소리인 줄 알았으나 밖에 나갔던 라모스 장관의 경호원이 좌중을 향해 뭐라고 소리친 순간, 실내가 소동에 빠졌다.

그 경호원은 필리핀식 영어로 "충격이 있었으나 '안에 계신 분들'은 안전합니다"라고 소리친 것. 그러나 영어에 익숙지 않은 몇몇 우리 국회의원은 '슛(총격)'이라는 말과 '에브리원 인사이드(안에 계신 분들)'라는 단어가 떨어지기가 무섭게 이 말을 "총격이 있으니 모두 안으로!"로 해석, 주방 식탁 밑, 내실 등으로 뛰어들어가 잽싸게 피신한 것.

만찬장인 한국 음식점은 사건이 발생한 도로와 바로 붙어 있어 총격 현장과 김대중 총재가 서 있던 만찬 테이블과는 창문을 하나 사이에 두고 불과 10여 미터밖에 떨어져 있지 않은 거리였다. 수행 의원들이 몸을 피하자 김 총재도 만찬장 구석 테이블 밑에 몸을 낮춰 대피했다. 그 옆에는 권노갑 의원과 몇몇 수행원이 김 총재를 둘러싼 채 보호하고 있었을 뿐이다.

이와는 대조적으로 라모스 장관 등 필리핀 고위인사들은 호기심 정도의 관심만 나타내 보였을 뿐 담소를 계속했다. 영어에 능통한 C 의원도 상황을 파악, 이들의 담소에 합류해 있었다. 10여 분가량의 긴장된 순간이 흘렀다. 그사이 우리 측의 재빠른 피신을 본 라모스 장관은 손수 무전기를 들고 나가 경호작전을 직접 지휘했다. 아키노 대통령의 의전비서관은 대통령궁에 전화를 걸었다. 방탄차 2대를 급히 보내달라는 요청이었다.

이후 별다른 상황이 이어지지 않았고 기관총으로 무장한 경호원들이 식당 내에 재배치됐다. 그제서야 피신했던 김원기, 허만기, 김주호, 박실 의원 등이 제자리로 돌아왔다. 라모스 장관이 "이젠 안전하다. 만찬을 계속하자"고 일행을 안심시켰다. 만찬은 다시 정상적으로 진행됐다.

안색을 회복한 수행 의원들은 또다시 충성스런 모습으로 되돌아갔다. 필리핀 경호원의 말을 제대로 이해 못하고 가장 먼저 테이블 밑으로 몸을 숨겼던 K 의원은 김 총재에게 "총재님, 6번째 다시 목숨을 구하셨습니다"라고 인사말을 건넸다. 그리고 기자들에게는 "틀림없이 김 총재를 노린 범행"이라고 거듭거듭 강조했다. 수행 의원들은 필리핀 경찰이 8월 23일 "이 총격 사건은 정치적 의미가 없는 우발적 사고였다"라고 발표한 후에도 계속 이 사건을 '김대중 총재를 겨냥한 음모'로 해석하려는 태도를 견지했다.

총격 현장에서 '위험한' 총재를 버려둔 채 잽싸게 사라졌다가 나중에 나타나 사건을 자기 쪽에 유리하게만 해

석하는 것이 충성이라도 되는 듯 행동하는 우리 의원들의
행태에서 우리 정치 수준의 현주소를 보는 느낌이었다.

석하는 것이 충성이라도 되는 듯 행동하는 우리 의원들의
행태에서 우리 정치 수준의 현주소를 보는 느낌이었다.

이슈 대담:
지역감정은 없앨 수 있다 ①

《여원》(1987년 6월호)

색깔 다른 뜨거운 목소리를 지닌 전라도 경상도 토박이
초선 의원이 말하는 '지역감정' 해소 방안

"내외 사이엔 풀지 못할 지역감정이란 없습니다"

국회의원·평민당 권노갑 의원

1930년 목포 출생. 동국대 경제학과와 고려대 경영대학원을 나왔다. 목포여고 영어교사를 거쳐 김대중 의원 비서관 (6,7,8대)·특별 보좌역·비서실장을 역임한 후 현재는 특별보좌관과 안보 국방 담당 위원장으로 있다. 30여 년간 당총재를 보필하면서 3번 투옥되었던 권 의원은 '72년엔 1년 구형, '76년엔 7년 구형받았으며 긴급조치 위반 혐의로 만 22개월간 투옥됐다. '87년 5·17 이후 5개월간 도피 생활하다 연행되어 고초를 당하는 등 정치 경력이 투쟁과 고난, 시련의 세월로 점철되어 있다. '84년 민추협 창립 60인 중 1인이며 평민당 발기인의 한 사람인 권 의원은 현재 평민당 목포 지구당 위원장도 맡고 있다.

국회의원·민주당 노무현 의원

1946년 경남 김해에서 출생. 부산 상고를 졸업한 후 4번 응시 끝에 '75년 제17회 사법 시험에 합격, 판사를 거쳐 '78년부터 변호사 생활을 시작했다. '81년 부산 운동권 학생들의 변호를 맡으면서 소외되고 억압받는 사람들에 대한 인간적 애정을 느껴 구조 전반에 관해 생각하게 됐고 인권·노동 관계 전문 변호사로 변신했다. 늘 현장에 있어 '아스팔트의 변호사'로 잘 알려져 있는 그는 '85년 부산 민족 시민 협의회 결성 재야 인사 중의 1인이며 '87년 6·10항쟁의 야전 사령관으로 유명한 인물. 민주헌법쟁취 국민운동 부산 본부 상임 집행 위원장이며 대우조선 노조사건과 관련, 투옥되기도 했다.

'지역감정' 이용한 정치 현실

정국이 안개에 싸인 듯 불투명할 때 우리는 통쾌한 속풀이를 하고 싶어 한다. 독설가(?)의 진실한 목소리를 통해 듣는 한 줄기 소나기 같은 시원한 한마디.
　'권노갑'(58)
　'노무현'(43)

　　13대 총선을 통해 등원한 이 두 사람은 '서민의 대변
자'로 또는 '인권·노동변호사'로 현장에서 뛰며 고난과 눈
물의 세월을 마다하지 않는 사람들이다.

권 오래 기다리셨죠? 조성만 군 자살 사건 수습 대책 협의
때문에 늦어졌습니다. 인권·노동 변호사로서의 노 의원의
명성은 익히 들어 왔는데 이렇게 만나 뵙게 되어 반갑습
니다. 또한 어려운 싸움에서 승리한 것 축하드립니다.
노 고맙습니다. 허삼수 씨보다 1만여 표 많은 5만 3천여
표로 당선됐지요.
권 저 또한 일대 격전을 치렀습니다. 목포 총 유권자 10만
5천 63표 중 83.5%인 8만 7천 7백 35표를 획득, 전국 2위로
압도적인 승리를 거두었습니다.
　　이번 13대 총선엔 특히 '전라당'이니 '경상당'이니 '충
청당'이니 하는 지역 문제를 야기시키는 정치 용어가 생
겼어요. 그러나 '지역당'이란 말은 군사 문화의 산물 아닙
니까? 출신지가 다른 곳에서 당선된 의원들도 예전엔 있
었습니다. 즉 3, 4대 민주당 의원이었던 이종남, 조병옥 박
사, 조재천 씨는 경상도 지역에서, 강선명 씨는 전라도에
서 당당히 당선됐던 분들이지요.
노 그러나 내재되었던 지역감정이 선거 결과로 나타난
것을 볼 때 '지역당'이란 현실을 무시할 수는 없습니다. 원

인을 분석할 수는 없지만 지역감정이 작용하지 않았다면 당선될 수 있었는가 묻는다면 아니라고 말할 수는 없습니다. 따라서 먼저 정치인부터 지역감정의 문제를 극복하기 위한 자세를 가져야 할 것이라고 봅니다.

권 사실 '지역당'이란 부끄러운 말이 아닐 수 없습니다. 민주화 성취에 있어 의식적인 대립 관계가 발생하는 것은 아닙니다. 군사 문화가 지역적인 감정을 조장, 유발시키는 겁니다.

이번 선거에서 목포 출생인 절 '경상도 사람'이라며 상대편에서 흑색선전(?)으로 몰아붙입디다. 사실 전 안동 권씨거든요. 그래서 유세장에서 말했습니다. "내가 경상도 안동 권씨라 경상도 사람이라 하는데, 그럼 김해 김씨는 김해라 모두 경상도 사람"이냐고 말입니다. (웃음)

노 저도 마찬가지였습니다. 저는 광주 노씨거든요. 사실 전 김해에서만 10대째 살아온 경상 토박이인데 상대측에서는 제가 전라도 사람이라는 겁니다. 또한 모 당에서 선거 자금을 지원 받았다는 유언비어까지, 아무튼 지역감정을 선거에 이용하는 흑색선전을 많이 당해 골치가 아팠지요. (웃음)

뿌리 없는 지역감정의 허상

권 굳이 지역감정의 뿌리를 따져 보자면 장기간에 걸쳐

집적된 대립 감정에 의해 존재하는 것 아닙니까? 치유가 용이하지 않는 역사적 유산으로 빚어진 지역감정이 그 하나요, 일시적인 이해관계나 특수한 동기에 의해 촉발된 지역감정이 또다른 하나라고 봅니다.

우리의 경우는 후자의 대표적인 케이스라 생각됩니다. 물론 미국의 흑백 문제와 결부된 전자와 같은 지역감정의 예도 역사 속에서 발견할 수 있어요. 고려 왕건의 '훈요 10조'에 보면 차령산맥 이남과 금강 이남을 반역의 땅이라 해서 이곳 출신들을 인재 등용에서 배제했지요. 참으로 고질적인 지역감정의 예라 할 수 있습니다. 그러나 고려 묘청의 난 이후 서경 지방의 인물을 기피한 것이랄지, 조선 초기 함경도 지역을 차별한 것, 정여립의 난으로 인한 호남 지역에 대한 탄압 사건 등은 정치적 이유에서 벌어진 지역감정이었지 민중들 간의 뿌리 깊은 지역감정은 아니었죠.

노 그렇습니다. 문제는 지역감정이 정권적 차원에서 이용될 때라고 생각합니다. 가령 '호남의 한을 풀어야 한다', '부산에서만이라도 전원 민주당원을 당선시켜야 한다'는 것도 같은 맥락일 수 있겠죠. 군사 문화에서 만들어진 지역감정을 부득이 야당이 받아들였고 그것을 또한 주장하고 있는 겁니다. 말하자면 구체적인 정치적 이해가 걸린 문제에서는 정치 문제를 최우선에 둔다는 것이 원칙이지요. 어떤 정치인이 되더라도 이런 일반적인 경향을 극복하기를 바란다는 건 쉽지 않습니다. 자신의 정치 생명 때문에라도 누구든 지역감정을 이용하려고 할 겁니다.

권 현대사에 있어 지역감정은 앞서 말했다시피 군사 정권을 유지하기 위해 촉발된 것입니다. 따라서 지금 우리가 문제 삼고 있는 지역감정은 노력하면 쉽게 해소될 수 있는 뿌리 없는 지역감정, 이유 없는 지역감정이라고 잘라 말하고 싶군요.

정권적 차원에서 만들어진 허상의 지역감정이므로 정권적 동기만 제거하면 어느 정도 사라지고 말 것입니다. 특히 지역감정이라고 하면 막연히 좋다 나쁘다 하는 식의 무조건적·무의식적인 감정상의 대립으로 생각하게 되고 어떤 면에서는 해결할 수 없는 영원한 숙제로 남게 될지도 모릅니다. 그래서 전 '지역감정'이라는 표현보다는 '지역 문제'라고 하는 것이 적절한 것이 아닌가 생각합니다.

노 사실 전 영남인으로서 호남인에게 조금 죄스러움을 갖고 있습니다. 군사 문화가 만든 것이긴 하지만 호남이 소외된 것은 사실 아닙니까? 신라가 3국 통일한 후 고려, 조선에 이르기까지 소외된 지역의 피해 의식을 갖고 있기도 하고, 피해자로서의 한이 응어리져 있다고나 할까요. 그러다 보니 영남인 중에는 그 '한의 문화'에 대한 공포를 갖고 있는 사람도 많습니다. 가령 보복의 정치로 남지 않겠느냐는, 한에 대한 공포가 있습니다. 가해자의 방어 본능이랄까, 공포·방어적 심리가 사라지지 않는 한 호남인과의 문제는 해결되지 않습니다.

호남·영남인도 정치의 피해자

권 지역감정의 가장 큰 문제는 '지역 간의 배타주의', '지역 간의 차별화'입니다. 결국 문제에 대한 해결 노력과 정책적 고려를 통해 해결책을 찾을 수 있고, 찾아야 한다고 생각합니다. 지역 문제, 즉 우월 의식과 피해 의식 가령 경상도 지역은 타 지역에 대한 막연한 배타 의식을 갖게 됐고 호남이나 충청 지역 등 기타 지역은 피해의식과 한의 응어리를 농축시켰다고 생각됩니다. 교육 분야, 정치 분야, 경제 분야 등 각 분야에서의 주도적 인사의 비율을 살펴봐도 많은 차이를 보이고 있구요.

노 정치의 장에서 해결되어야 하는 이해관계란 지역적 이해관계는 드뭅니다. 물론 관계(官界)나 정부의 입김이 들어가는 것은 사실입니다. 따라서 영남인 중에도 상층인 사람들은 혜택을 받습니다. 그렇다 해도 가령 상당한 울산시민은 심각한 공해 때문에 오히려 피해자의 입장에 서 있습니다. 마산도 마찬가집니다. 이은상 선생의 가곡 '내 고향 남쪽 바다. 그 파란 물 눈에 보이네', 그러나 그 파란

물이 어디 있습니까?

권 그래요. 산업화와 도시화의 우선순위를 고려할 때 지역적인 안배는 꼭 있어야 한다고 생각됩니다. 지난 대통령 선거 때 선심 관광의 관광 코스가 영·호남을 넘어서지 않도록 했다는 무서운 이야기도 있었습니다. 관광시, 발달된 지역으로의 관광이 오히려 역효과를 가져올 정도로 지역 간의 차이가 심하다는 얘기겠지요. 따라서 지역 간의 균형은 각 분야에 대한 기회 균등뿐 아니라 결과의 평등도 요구되어야 하지 않을까요? 사실 우리나라의 경우 지역적으로 이익을 달리할 이유가 없고 다만 계층 간의 모순과 갈등을 해결해야 할 문제만 있는 셈이므로 마땅히 척결되어야겠지요.

> "지역감정의 가장 큰 문제는 '지역 간의 배타주의' '지역 간의 차별화'입니다. 결국 문제에 대한 해결 노력과 정책적 고려를 통해 해결책을 찾을 수 있고, 찾아야 한다고 생각합니다."

노 '해야 한다'는 얘기와 '할 수 있다'는 말은 다르지요. 그런 노력이 별 성과를 거두지 못할 것은 무엇보다 정치인의 자세를 바꾸지 않으면 안 된다는 대전제 때문입니다.

정치의 장에서 해결되어야 할 것은 기층 민중의 사

람, 소외당하고 핍박받는 사람들에 대한 것입니다. 한국의 정치 구조가 전근대적인 지역 문제에 관념적으로 사로잡혀 있을 것이 아니라 계급적 이해 문제가 정치 세력으로 각각 묶여야 할 것으로 봅니다. 영남당·호남당·충청당으로 묶일 것이 아니지요.

초당적 차원에서 풀어야

권 그렇습니다. 혜택 받는 지역에서 실제 혜택 받는 사람들은 소수의 영남인입니다. 도시 서민, 노동자 등 계층 간의 차별을 불식하기 위해 정당이 올바른 정책을 펴 나가면서 정치하면 지역 문제는 해결되리라 봅니다. 우리 당은 이번 국회에서 '지역감정 해결 대책 위원회' 같은 특별 기구를 만들어 반드시 이를 척결하도록 할 것입니다.

노 초당적인 입장에서 말하자면 그건 일종의 P·R 아닙니까? (웃음) 가령 과거 민통련 출신의 재야 정치인들이 복안을 갖고 있는 것 아니냐 보고는 있습니다만 한계가 있고 환상입니다. 그렇다면 한 가지, 두 양당에 있어 자금의 근거가 어디 있습니까? 전국구 의원 10번까지의 성분을 분석해 보면 부동산 재벌·사업 재벌들입니다. 따라서 이념 정당은 대중적 기반 조직 위에 서야 되지 상의 하달식 하향적 구조에서는 힘든 겁니다. 엄밀히 말해 평민당, 민주당 어디가 다릅니까. 지역감정 없는 상태에서 두 정당의 컬러를 말할 수 있습니까? 두 정당의 차원에서 뿌리깊은 지역감정을 넘어갈 수 있는 어떤 방법을 찾을 수 있을까요? 그러므로 사심 없이 초당적으로 결합해야 할 것입니다.

권 사실 미국의 민주당과 공화당도 따지고 보면 지역당입니다. 민주당은 남부의 이익을 대변했으며 국가의 전체적 이익이 교차되면서 이 색깔이 다소 희석되었을 뿐이지요. 물론 우리나라 사정관 다릅니다만 그럼에도 불구하고 제기된 지역 문제는 마땅히 척결돼야지요. 민중 세력·민주 세력을 영입할 수 있는 당이 나타나 발전적으로 개편되어 국민의 절대적 지지를 얻어야 할 것입니다. 소급해 올라가 보면 자유당 시절의 민주당은 영호남이 일체 단결, 정통 야당으로서 각계각층의 호응을 얻었을 뿐더러 지역감정은 없었습니다.

> "예전에 임금은 무치라 했습니다. 그러나 이젠 잘못은 비판하고 따질 건 따지고 도울 건 돕는 원숙한 정치인의 모습을 보이지 않을 땐 지역감정의 문제는 곧 대권 경쟁으로 가는 결과가 될 겁니다!"

양 김씨의 '교(敎)'에서 벗어나야 한다

노 전 특정 정치 지도자에게 쌍방이 다 신화적 또는 종교적인 존경을 계속 보내는 것이 이런 상황을 더 어렵게 만든다고 생각합니다. 김영삼 총재 아니면 안 된다, 김대중 총재 아니면 안 된다는 거죠. 두 분이 지도력에 있어 어느 쪽이 탁월한지 함부로 얘기할 것은 아니지만 '안 된다'는 근거는 자신의 정치적 이해에 달려 있다는 거지요.

이 두 분에 대해 어떤 이의를 제기하거나 독자 노선을 표방하면 지역감정 때문에 정치 생명이 끝난다라는 거지요. 두 분이 현실적으로 지역감정을 조금씩 이용하고 있는데도 한마디 말도 못하는 우리 정치인들이 문제입니다. 아무튼 '김영삼교', '김대중교'에서 벗어나야 합니다. 정치인들은 국민이 무엇을 원하는가를 알아야 하는 것입니다.

권 대여 투쟁을 하는 데 있어 야권의 협의 기구는 단계적으로 필요하다고 봅니다. 과거의 사사로움을 떠나 진실한 민주화의 성취를 위해서는 한마음 한 뜻이 되어 노력해야죠.

노 개인의 정치적 이해 때문에 두 분을 맹목적으로 따르는 측면도 있고 두 분의 정치적 지도력에 맹목적 신뢰를 보내는 부분이 함께 있다고 봅니다. 예전에 제왕은 잘못이 있을 수 없다는 것 아닙니까. 대권 경쟁을 의식한 정당의 제스처들이 나온다 이 말입니다.

"임금은 무치라 하지 않았습니까. 그러나 이젠 잘못을 비판하고 따질 것은 따지고 도울 것은 돕는 좀 더 원숙한

정치인의 모습을 야당인들이 함께 보이지 않을 때는 지
역감정의 문제는 앞으로 곧 대권 경쟁으로 가는 결과가
되는 거지요."

권 참 야구 좋아하십니까? 우리집 애들은 OB를 응원합니
다. 열광적이진 않지만 나도 야구를 아주 좋아합니다. 그
런데 자이언츠 지역에서 해태가 이기면 병이 날아가곤 하
지 않습니까? 반대의 경우도 마찬가지지요. 외국의 경우
는 대표 회사를 지칭하는 것이지 지역을 대표하는 것은
아닙니다.
노 저 또한 스포츠를 좋아합니다. 그러나 순수하지 않은
스포츠 목적 때문에 즐겨 하지는 않습니다. 집안 얘기가
나왔으니 말인데 우리 안사람은 권 의원님과 같은 안동
권씬데요. (웃음)

　저의 처가는 한말의 지방 호족입니다. 그래선지 장
모님이 어찌나 가문 자랑을 하는지 아주 신경질이 날 때
가 많아요. (웃음) 저희 노가(家)도 지방 호족인데 문벌로
따지면 좀 꿀립니다. 그래서 가끔 처가 가는 걸 제끼죠.
절대 집안 갖고 야코 안 죽이겠다는 약속을 받고 가곤 합
니다. 요즘은 나아졌어요. "너희 집안에 판사 있냐?" 이리
공갈을 치곤 해서요. (웃음)
권 제 아내는 서울 토박이죠. 그간 고생을 너무 많이 시켰

어요. 에리히 프롬은 사랑이란 서로 이해하고 나누어 가지는 것이라 했습니다만, 사랑하는 제 아내와 나눈 것이 있다면 그것은 고통과 억울하게 갇혀 있는 동안 흘린 뜨거운 눈물뿐이었습니다. 그런데 결혼해서 오래 살다 보면 싸울 때도 있는데 형무소 살이를 하고 나와 보면 다시 결혼한 느낌이 듭디다. 더욱 사랑하게 되고 섭섭해도 참아지고 그렇게 됩니다. 3번 형무소를 왔다갔다 했는데 마지막 나온 것이 1981년이니까 좀 됐군요.

노 또 다녀오셔야 되겠군요. (웃음)

권 역경에 처해 봐야 아내의 뒷바라지가 얼마나 큰지, 숨은 공이었다는 것을 알게 됩니다. 내외 사이처럼만 같다면 그 어떤 지역감정도 풀지 못할 것이 없을 겁니다. (웃음)

뫼로 가라는 까닭은

요즘정치(백화종 칼럼), 〈국민일보〉(1993년 1월 25일)

정확한 통계를 댈 수는 없으나 한국 사람들이 가장 일반적으로 존경하는 사람이라면 이순신 장군을 꼽을 수 있을 것 같다. 폭풍 앞의 등잔불 신세이던 나라를 구한 그의 공적이 평가받기 때문임은 물론이다. 그러나 그가 이처럼 후세의 존경을 받는 것은 구국의 공적도 공적이지만 그보다는 일편단심, 살신성인의 자세를 더 쳐주는 한민족의 정서 때문일 것이라는 생각을 해 본다.

이순신과 권노갑

역사적으로 볼 때 무너져가는 나라의 기둥을 바꿔 낀 사람들보다는 그 기둥과 함께 파묻힌 사람들을 더 높이 평가해온 것이 우리 민족의 정신적 전통이다.

주군에 대한 충성이 최고 가치라고 가르치면서 이를 통치의 한 수단으로 삼았던 유교의 영향이 적지 않을 것이다. 그런 면에서 보면 왕으로부터 버림 받고도 자신은 왕을 향한 한 조각 붉은 마음을 간직한 채 백의종군하면서 나라를 구한 이순신 장군이야말로 만고에 귀감일 수밖에 없는 일이다.

민주당의 권노갑 의원이 자신의 지역구인 목포를 김대중 씨의 장남인 홍일 씨에게 물려주기로 했다는 소식이다. 그것이 사실이라면 비서가 자신이 모시던 사람과 국회의원 배지를 놓고 진흙밭 개싸움을 벌인 사례가 한둘이 아닌 정치 풍토에서 자신이 모시던 지도자가 은퇴하자 그 지도자가 일선에서 차마 못 했던 2세의 정계 진출 길을 터주기 위해 자기의 자리를 버린다는 것은 분명 아름다운 애기다.

김대중 씨의 입장에서 보더라도 아버지인 자기 때문에 고생만 하고 정치에 뜻이 있으면서도 앞길이 막혔던 아들 홍일 씨가 오히려 늦은 나이로나마 뜻을 펼칠 수 있게 됨으로써 대선 실패의 아픔과 아들에 대한 부담을 얼마간 덜 수 있을 것이다.

무엇보다도 정치지도자 김대중 씨가 훌쩍 떠나버림으로써 정신적 지주를 잃은 것 같은 호남 사람들에게 홍일 씨의 등장은 허탈감을 덜어주는 신경안정제 기능을 해줄 것이라는 점에서 긍정적으로 평가하고 싶다. 홍일 씨 개인적으로 보더라도 정치 거목인 아버지 옆에서 고생 고생하며 큰 정치 수업을 했기 때문에 그 자질이 결코 다른 사람에 뒤지지 않을 것이라는 짐작이다.

큰 위안 될 것

또 홍일 씨의 정계 진출은 김대중 씨가 정치 일선에 다시 복귀하리라는 항간의 쓸데없는 소문을 잠재우는 데도 일익을 할 것으로 보인다.

홍일 씨의 거취를 놓고 딴소리가 없는 것도 아니나 기자는 이러한 여러 가지 측면에서 그의 정계 진출을 환영하는 입장이다. 다만 한 가지 본인이 정계 진출을 희망하고 민주당이 그에게 기회를 주기로 했다면 그가 지역구를 선택하는 데 있어서는 좀 더 검토하는 것이 좋겠다는 생각이다.

말을 돌릴 것도 없이 목포보다는 서울을 선택하라고 권하고 싶다는 것이다. 물론 내 사돈의 팔촌이 이곳에 살았다느니, 기차로 서울 올라오는 길에 이곳 화장실을 이용했다느니 하면서 특정 지역의 연고권을 주장하는 정치판에서 홍일 씨가 목포를 찾는 것은 전혀 어색하지 않다.

실제로 선대가 닦은 텃밭에서 그 후광으로 정계에 진출한 인물들도 여럿이다. 그러나 홍일 씨가 목포를 발판으로 할 경우 스스로 더 큰 정치적 성장 가능성을 제약하는 결과를 가져올지도 모른다. 지역구를 아버지로부터 물려받았다는 꼬리표가 평생 따라다닐 것이다. 그 대신 서울을 선택한다면 상속 재산을 마다하고 독립하여 도전을 시도하는 젊은 사업가처럼 훨씬 신선해 보일 것 같다.

서울이 목포보다야 위험 부담을 수반하는 것이 사실이고, 따라서 목포를 포기하고 서울을 선택하는 것은 길을 두고 뫼로 가는 격이라고 말할지 모르나 비속한 말로 위험한 장사가 이윤도 많은 법이다. 또 역대 선거 결과를 보더라도 서울이라면 야당으로서, 더욱이 홍일 씨로서는 해볼 만한 싸움터라고 생각한다.

그러나 목포는 좀…

서울에서 타당의 거물이라도 꺾고 올라온다면 목포에서 무투표 당선 비슷하게 올라오는 것보다 훨씬 더 큰 각광을 받으면서 정치에 정식 입문하고 그 과정에서 생긴 자생력을 바탕으로 정계에서 뻗어나갈 수 있을 것이다.

기자는 지금 한국을 움직이는 정치 지도자들의 2세 중 많은 숫자가 여론을 보면서 정계 진출의 기회를 탐색하고 있는 것으로 알고 있다. 홍일 씨의 경우는 그들에게 좋은 선례가 될 것이다. 정치 지도자의 2세가 흔히 그렇듯 아버지 때문에 참정권을 부당하게 제한받지도 말아야겠지만 아버지의 덕 하나로 국회의원 배지를 달았다는 소리가 나오면 본인에게도 거북한 일이다.

물론 정치라고 해서 아버지와 아들의 관계가 100%

남남일 수는 없는 일이지만, 그만한 인물이 되기 때문에
정치를 시작했노라고 국민을 설득할 수 있도록 자기 안방
도 아니고 남의 안방도 아닌 제3의 장소에서 객관적 평가
를 받기 위해 지도자나 2세들은 노력해야 할 것이다.

　한 가지 기우를 덧붙이자면 권노갑 의원의 순수한
뜻이 더 큰 것을 겨냥한 포석으로 오해되지 않도록 해야
한다는 점이다.

권노갑(權魯甲) 연보

소속	더불어민주당 상임고문, 김대중재단 이사장, 민주화추진협의회 공동이사장
직업	정치인
출생	1930년 2월 18일, 전남 목포 출생

학력

1949	목포상고 졸업
1953	동국대 졸업(경제학 학사)
1986	고려대 경영대학원 MBA과정 수료
1989	서울대 경영대학원 최고경영자과정 수료
1996	미국 하버드대 행정대학원 리더십최고과정 수료
1998	일본 게이오대 객원연구원
1998	경기대 명예 경제학 박사
1999	동국대 명예 정치학 박사
2000	미국 페어레이디킨슨대(Fairleigh Dickinson University) 명예 경제학 박사
2001	제주대 명예 경영학 박사
2013	한국외국어대 대학원 영어영문학 석사과정 졸업
2014	동국대 대학원 영어영문학 박사과정 입학
2023	한국외국어대 대학원 영어영문학 박사과정 입학

| 2025 | 한국외국어대 대학원 영어영문학 박사과정 수료 |
| 2026 | 한국외국어대 대학원 영어영문학 박사과정 논문 심사 중 |

경력

1957-1960	목포여고 영어교사
1965-1972	김대중 의원 비서관
1984	민주화추진협의회 발기인 상임운영위원
1987	평민당 김대중 총재 비서실장
1988	평민당 김대중 총재 보좌관
	평민당 수석사무차장
1988-1992	13대 국회의원(평민당, 목포)
	13대 국회 국방위원회 위원
1991	김대중 대표 최고위원 당무담당 특별보좌역
1992-1996	14대 국회의원(민주당, 목포)
	14대 국회 국방위원회 위원
1993-1995	민주당 최고위원
1994-1995	14대 국회 내무위원회, 정보위원회 위원
1995	민주당 부총재
1996	새정치국민회의 입당
1995-1996	14대 국회 행정위원회 위원
1995	새정치국민회의 조직강화특위 위원
1996	새정치국민회의 15대 총선 공천심사위원회 위원
	새정치국민회의 총재비서실 실장
	국회 국방위원회 위원
	새정치국민회의 경상북도 지부장
	새정치국민회의 경북 안동을지구당 지구당위원장

1996-1997   새정치국민회의 선대위 상임부의장

　　　　　　15대 국회의원(새정치국민회의, 전국구)

1999   새정치국민회의 상임고문

　　　　동국대 총동문회장

　　　　박정희 전 대통령 기념사업회 부회장

2000   민주재단 이사장

　　　　새천년민주당 상임고문

　　　　새천년민주당 선거대책위원회 상임고문

　　　　새천년민주당 최고위원

2001   미국 텍사스주 휴스턴시 명예시민, 친선대사

　　　　내외경제발전연구소 상임고문

2011   민주당 상임고문, 김대중재단 이사장

2014   민주화추진협의회 공동이사장, 호남향우회 명예회장

2015   새정치민주연합 상임고문

2016   국민의당 상임고문

2017   호남향우회중앙회 상임고문

2018   민주평화당 상임고문

2022   더불어민주당 복당, 상임고문

2025   더불어민주당 창당 70주년 기념사업 공동추진위원장

　　　　대한노인회 상임고문

수상

2000   자랑스런 목포상고인

2001   마틴루터킹 자유인권상(전미문화재단)

　　　　자랑스런 동국인상

　　　　평화의 사도상(인도 국회)

	인도 뭄바이 Dadabhai Naoroji Centenary Committee 인권상
2010	제19회 소총·사선문화상 특별상(소총·사선문화제전위원회)
2013	한국외국어대 학위수여식 특별상
2023	한민족감사패·한민족대상(아이넷방송그룹)
	제18회 올해의 인권상(국회인권포럼·아시아인권의원연맹)
2025	더불어민주당 명예공로상

저서/논문

「한국기업의 대 북방교역 조장 및 리스크 감소 정책에 관한 연구」
  (1989)

「존 F. 케네디의 연설문에 나타난 정치사상 연구」(2013, 외국어대 석
  사논문)

《백악관 가는 길》(데이빗 매라니스 지음, 풀빛, 1996)

《대통령을 만든 사람들》(석일사, 1998)

《대통령과 함께한 사람들 1》(맑은물, 1999)

《대통령과 함께한 사람들 2》(맑은물, 1999)

《누군가에게 버팀목이 되는 삶이 아름답다: 김대중 대통령과 함께
  한 40년》(살림, 1999)

《순명(順命): 권노갑 회고록》(동아E&D, 2014)

권노갑 百人 평전
민주와 포용의 한 세기

초판 1쇄 발행 2026년 3월 5일

지은이 이희호, 권양숙, 문재인 외 114명
펴낸이 김현종
기획총괄 배소라 **출판본부장** 안형태
편집 최세정 진용주 황정원 김수진 장진경
디자인 조주희 김연주 **마케팅** 김예리 신잉걸
방송사업·미래전략본부 정태준 문상철 이주리 백범선 남궁주철 김대준

펴낸곳 (주)메디치미디어
출판등록 2008년 8월 20일 제300-2008-76호
주소 서울특별시 중구 중림로7길 4
전화 02-735-3308 **팩스** 02-735-3309
이메일 medici@medicimedia.co.kr **홈페이지** medicimedia.co.kr
페이스북 medicimedia **인스타그램** medicimedia
유튜브 medici_media

ⓒ 권노갑, 2026
ISBN 979-11-5706-542-4 (03340)